처음 하는 장사 공부

처음 하는 장사 공부

작고 강한 가게들의 이유 있는 장사법

My First Business Class

권정훈(장사 권프로) 지음

라곰

서문

장사는 '스킬'이 아닌 '방향'입니다

콘텐츠 수업을 받은 적이 있습니다. 저도 처음부터 콘텐츠를 잘 만드는 사람은 아니었기에 돈을 투자한 겁니다. 그런데 강사분과 친해지다 보니까 술자리에서 이런 이야기를 해주더라고요.

"있어 보이게 만드는 게 중요해. 그래야 전문가처럼 보이거든. 겁나 어렵게 설명해야 될 때는 어렵게 설명해야 되고."

이분의 조언을 받아들여서 콘텐츠를 쭉 만들어 왔습니다. 그런데 어느 순간 가면을 쓴 느낌을 받았습니다. 그래서 아예 반대로 해봤습니다. 초등학생이 봐도 이해가 될 수 있게끔, 연세가 지긋하신 우리 엄마 아빠가 봐도 쉽게 알 수 있게끔. 그러자 좋다는 피드백이 많아지기 시작했습니다.

유독 제 채널은 40대~60대 구독자분들이 많습니다. 아마 좀 더 쉽게 설명하고, 무언가 특별하고 대단한 비법을 알려주는 느낌보다는 이해하기 쉬운 내용들이 많아서인 것 같습니다.

이번 책《처음 하는 장사 공부》역시 쉽게, 명쾌하게 쓰려고 노력했습니다. 바쁜 와중에도 슬쩍슬쩍 보고 나면 기억에 남을 수 있게요.

장사는 시간이 부족합니다. 그런데 이 부족한 시간에 공부까지 하라고 하니 미칠 노릇입니다. 그래서 어려운 이야기는 다 뺐습니다. 아니, 더 쉽게 이야기하려고 노력했습니다. 장사를 준비하는 사람도, 그리고 현재 장사를 하고 있는 사람도, 혹은 너무 힘들어서 장사를 포기하려는 사람까지 모두 통찰을 얻을 수 있도록요.

장사는 종합예술이라고 합니다. 사장 혼자서 모든 걸 해야 해서 종합예술이라고 부르는 게 아닙니다. 종합예술이라 부르는 건 각자가 처한 상황이 다 달라서입니다. 수만 가지 상황에 봉착할 수밖에 없는 게 장사이기 때문에 종합예술이라 부르는 겁니다. 즉 정답이 없다는 얘기인 거죠.

누구에게는 5000만 원의 가치가 있는 그림이지만 누군가에게는 아무런 가치가 없을 수 있습니다. 장사가 그런 거예요. 아무리 책을 읽고 강연을 찾아 들어도 본인 상황과 맞지 않으면 쓸모없는 정보가 되어버립니다.

정답을 찾으려고 하지 마세요. 통찰을 통해서 지혜를 배우세요. 지식과 정보가 난무하는 장사 바닥에서 성공하는 가장 확실한 방법은 지혜를 가지는 것입니다. 지식은 찾으면 나오지만, 지혜는 내가 깨달아야만 비로소 내 것이 되거든요.

이 책을 통해 지혜의 통찰이 깊어져 앞으로 하는 장사가 성공하길 바랍니다. 진심으로요.

2024년 5월

권정훈(장사 권프로)

차례

1부. 장사의 승패는 시작 전에 결정된다

#장사의기본

2부. 작은 가게의 특별한 장사 노하우
#장사의실천

3부. 성공할 수밖에 없는 장사 습관
#장사마인드

부록. 장사 권프로의 족집게 장사 과외

1부

장사의 승패는 시작 전에 결정된다

#장사의기본

왜 대한민국 식당의 절반은 3년 안에 폐업할까?

#맛 #마케팅 #장사마인드

이제는 익숙해진 자영업 3년 생존율 45.6%(저널 〈통계연구〉 기준)를 보면서 이런 생각이 들었어요. 분명히 비슷한 문제점들이 있지 않을까? 왜 3년 안에 창업자 절반이 폐업하는 걸까? 단순히 경쟁이 심해서 그런 걸까?

전국을 다니면서 만나본 폐업 위기의 창업자들은 어딘가 모르게 닮은 특징들이 있었어요. 단순히 경쟁이 심해서라는 뻔한 이유로 뭉뚱그려서 이야기할 수 없는 명확한 특징들이었는데, 그 부분에 대해서 이야기를 해보려고 해요.

이제 막 장사를 준비하시는 분들에게는 너무나 중요한 내용이기 때문에 꼭 이 점을 명심해서 창업에 임했으면 해요. 혹은 지금 이런 위기를 겪고 있는 와중이라면 이 글이 많은 분들에게 도움이 될 수 있다고 생각해요. 그렇기 때문에 그냥 읽기보다는 내 상황과 접목시켜서 봤으면 하는 마음도 있어요. 우리 매장을 객관적으로 점검 해볼 수 있으니까요.

오래가지 못하는 식당들의 공통된 특징 중 하나는 '똑같은 맛을 추구한다'는 거예요. 식당의 본질은 뭐니 뭐니 해도 '맛'이라는 것에는 그 누구도 토를 달 사람이 없어요. 아무리 맛보다 중요한 요소들이 많다고 하더라도 오래가는 식당들이 가지는 공통된 특징에서 맛은 빼놓을 수 없어요. 즉 음식 하나만큼은 '맛있게' 만드는 게 기본 바탕이 되어야 하는데, 이런 본질적인 부분을 흐리는 언론, 유튜브 등이 있어서 조금은 아쉽다는 생각이 들어요.

최근에 다녀온 한 돼지갈빗집은 돼지갈비의 양념맛이 그냥 마트에서 파는 양념맛과 아주 똑같았어요. 우리가 캠핑 갈 때 사가지고 가는 시판 돼지갈비 양념맛이 났는데, 실제 해당 제품을 카피한 중소업체 소스 공장의 상품을 사용하고 있더라고요. 물론 대중성을 위해서 대기업의 맛을 카피하는 건 나쁘지 않아요. 그런데 문제는 '특색이 전혀 없다'는 거예요.

예를 들면, 해당 소스를 사용해서 양념은 하되 무언가를 더 추가해서 마케팅 용도로라도 어필할 수 있는 매개체가 있어야 하는데 그런 게 전혀 없었다는 거죠. 상차림 역시도 죄다 시판 제품을 이용하고 있었어요. 심지어 어묵볶음조차도 무허가로, 대량으로 반찬을 만들어 파는 다른 곳에서 사오고 있더라고요.

요즘 창업하는 사람들이 가장 관심을 가지는 게 음식의 맛이 아니라 '선택'이라는 기사를 본 적이 있어요. 그러니까 어떤 공장의 제품이 더 맛있는지, 공장 제품으로 마진 구조를 얼마만큼 만들 수 있는지 말이에요. 일리 있는 말이에요. 인건비가 비싸지는 가운데 고된 노동으로 운영을 해야 하는 식당을 조금 더 손쉽게 할 수 있는 묘안이 되니까요. 다만, 선택을 잘하려면 많이 봐야 되고, 많이 먹어봐야 돼요. 이게 선행되지 않고 그저 인터넷으로 휙 검색해 보고 밑반찬이든 양념이든 받아서 쓰게 되면 그때부터는 정말 3년 안에 망하는 가게로 전락하기 십상이에요.

한때 유행하던 똑같은 양념맛의 불닭, 천편일률적인 이자카야의 안주, 똑같은 튀김 안주의 호프집들이 다들 망한 이유도 이 때문이에요. 어딜 가나 똑같은 맛, 똑같은 비주얼, 똑같은 완제품으로 승부를 보려고 하다 보니 생겨난 일이에요.

똑같은 식자재, 똑같은 맛, 똑같은 비주얼로 승부를 보려면 무언가 추가되거나 어필할 수 있는 매개체가 필요해요. 아까 돼지갈빗집을 예로 들면 소스 선택이야 뭐 그럴 수 있다고 쳐요. 맛은 상대적인 거니까요. 그런데 양념이 잘 밸 수 있도록 하는 방법이나, 고기의 양과 비례해서 넣어야 하는 양념의 양이나, 완제품이지만 어떠한 숙성과 추가를 통해서 조금 더 깊은 맛, 색다른 맛, 향을 낼 수 있는 연구가 필요하다는 거예요.

식품원료를 제조하는 ES기술연구소 민상대 대표는 제가 운영하는 '똑똑한 사장들의 모임' 세미나 강의에서 이런 이야기를 했어요. 본인도 식품 원료를 제조하고 소스 개발부터 다양한 사업을 하고 있지만 "완제품의 한계는 있다"라고 말이에요. 즉 완제품도 변형이 필요하고 무언가 더해져야 진짜 경쟁력을 가진다는 거예요. 현재 대부분의 제품으로 연명하고 있는 분들이 꼭 상기하고 체크를 하면 좋겠어요.

두 번째로 말씀드리고 싶은 오래가지 못하는 식당들의 공통된 특징은 '뒤늦은 마케팅 공부'예요.

식당 사업에서 가장 중요한 3가지를 꼽으라고 하면 보통 사람들은 맛, 서비스, 마케팅이라고 대답해요. 요즘 창업하는 MZ세대들은 이 중에서도 중요도 순으로 고르라고 하면 마케팅, 서비스, 맛이라고 하고요.

예전에는 마케팅을 할 수 있는 방법이 굉장히 적었어요. 고작해야

신문이나 잡지에 소개되는 게 다였고 동네 전단 광고를 했죠. 네이버 플레이스조차도 정착이 안 되어 있던 시절이었어요. 그러다 보니 대부분의 식당이 동등한 위치에서 사업을 시작해 맛으로, 서비스로, 기껏 해봐야 동네에 전단, 현수막, 또 지역 신문으로 비슷비슷한 마케팅을 했어요.

그런데 지금은 어때요? 네이버 플레이스는 둘째치더라도 인스타그램, 당근마켓만 잘 활용해도 '마케팅 잘한다'는 이야기를 들어요. 중요한 건 다들 마케팅을 열심히 한다고는 하는데 성과가 나지 않는다는 거예요. 이유는 '너무 뒤늦게 시작을 하기 때문'이고요. 창업을 하고 나서 뒤늦게 '아…… 마케팅' 하고 허겁지겁 한다는 거죠. 이러면 어떻게 될까요? 네. 마음이 조급해지고 식당일로 시간이 없어서 누군가에게 맡겼다가 사기당하고, 안 맡기더라도 내가 직접 하자니 엉망이고…….

식당을 준비하는 데 얼만큼의 시간이 걸릴까요? 이것도 재미있는 수치인데, 장사가 잘 안 되는 사람들에게 물어보면 한 달에서 두 달 정도를 이야기해요. 그런데 장사가 어느 정도 되는 사람들에게 물어보면 최소 6개월을 준비했다고 말해요. 타 매장에서 일했던 걸 포함하면 1년이 걸린 창업자들도 있었고요.

얼마 전 다녀온 경북 구미의 황금꼬짬이라는 꼬막짬뽕 전문점은

9년을 준비해서 창업을 했더라고요. 창업자금 때문에 9년이 걸렸겠지만 그만큼 길게 준비하고 오픈을 했으니 비로소 진검으로 승부할 수 있는 탄탄한 매장을 만들 수 있었어요. 창업한 지 1년도 채 되지 않았는데 시골 끝자락에서 월매출 7000만 원을 올리고 있었고요.

보통 "에이, 식당 오픈하는 데 뭐 그리 오래 걸려요" 하는 반응이 많은데 주변에 이렇게 오픈하는 사람이 없다 보니까 그런 고정관념을 갖는 거예요. 대부분 주변에 오픈하는 식당들을 보면 1개월에서 2개월, 길어봐야 3개월 정도가 걸리거든요. 상권 좀 알아보고, 메뉴 공부 좀 하고, 인테리어 계약해서 바로 공사에 들어가니까요. 그러니 마케팅 공부할 시간이 어디 나겠어요. 오픈하고 나서 뒤늦게 '아……' 하고 후회를 하게 되는 거죠.

여담이지만 '똑똑한 사장들의 모임' 세미나에 1년 동안 예비창업자로 수없이 참석하고 오픈하시는 분들이 꽤 많아요. 그분들이 과연 1~2개월 후딱 준비해서 시작하는 분들과 같을까요? 더 많이 보고, 경험하고, 공부한 상태인데요?

마케팅을 공부하는 절차나 방법에도 큰 문제가 있다는 걸 수백명을 만나면서 깨달았어요. 식당이 인스타그램으로 마케팅을 하려면 식당에 맞는 마케팅 방법을 배워야 하는데 인플루언서가 되는 마케팅 방법을 배우고 있더라고요. 물론 인플루언서가 되고 싶으면 그런 공부를 하는 게 맞지만 엄연히 다른 영역이에요. 오프라인 사업인 식당이 운영하는 인스타그램은 성격이나 방향이 판이하게 차이가 나거든요.

네이버 플레이스도 마찬가지예요. 기본 기능도 익히지 못한 상태에서 알고리즘이나 로직을 찾으려는 강의에 돈을 투자하는 사람들을 많이 봤어요. 우리 매장에 맞는 세부 키워드 찾는 법, 플레이스 광고나 지역소상공인 광고, 그리고 데이터 통계나 제대로 보는 방법을 배우는 게 먼저예요. 그전에 콘텐츠를 채워 넣는 아주 기본적인 항목부터 익히는 게 맞고요. 로직이나 알고리즘은 시시각각 변해요. 그래서 어떤 강사는 이렇게 이야기하지만 또 어떤 강사는 다르게 이야기해요. 그들이 경험해 본 로직이나 알고리즘이 각기 다르기 때문이죠.

기본에만 충실해도 최소 70~80% 먹고 들어가는 게 네이버 플레이스 마케팅인데 로직, 알고리즘에만 혈안이 되어 있는 사람들을 보면서 안타깝다는 생각이 들었어요. 이게 다 뒤늦게 마케팅 공부를 시작하니 마음이 급해지고, 마음이 급해지니 빨리 가는 방법을 찾게 되고, 그러면서 돈은 돈대로 쓰고 제대로 된 기본기를 익히지 못하는 굴레가 계속되는 게 아닌가 싶어요. 마케팅은 식당을 오픈하기 전에 선행되어야 하는 공부라는 걸 꼭 알았으면 해요.

마지막으로 말씀드릴 오래가지 못하는 식당들의 공통된 특징은 '장사치 마인드'예요.

그 누군가는 '장사치'가 되라고 이야기를 해요. 남아야 장사고 사업이 된다라고 말이에요. 그런데 장사치보다는 '장사인'이 되어야 돼요. 장사치는 내가 돈을 버는 것이고, 장사인은 남이 돈을 버는 거예요. 이게 무슨 뚱딴지같은 소리냐고 할 수 있어요. 장사는 당연히 돈을 벌기 위해서 하는 것인데 남이 돈을 벌게 한다니? 네. 맞아요. 손님이 돈을 벌게끔, 그렇게 장사인이 되어야 궁극적으로는 내가 돈을 벌 수 있어요. 사업의 전통적인 기본 로직이에요.

자, 보통은 이렇게 생각해요. '요즘 식당은 30%는 남겨야 된대.' 그리고 모든 메뉴의 마진을 30%에 맞춰요. 그런데 생각해 보세요. 식자재의 가격이 천차만별이고 시시각각 변하는데 모든 메뉴에서 30%의 마진을 본다고 하면 손님은 뭐가 남을까요? 아까도 말씀드렸지만 남이 돈을 벌어야 내가 돈을 벌 수 있듯이 손님도 남는 게 있어야 돼요. 즉 손님도 '와, 이거 혜자네. 이거 내가 이득이네'라고 생각하는 메뉴가 있어야 한다는 거예요.

우리는 모든 거래를 등가교환의 법칙에 의해서 하진 않아요. 비싸다고 다 좋은 건 아니고, 싸다고 다 안 좋은 건 아니라는 거예요. 내가 느끼는 가치가 높다면 충분히 비싼 비용을 지불할 수 있는 것이고 아무리 저렴해도 나에게 가치가 없다면 그건 돈을 주고 살 이유가 없는 거예요.

음식도 마찬가지예요. 어떤 건 원가가 50%가 넘고 또 어떤 건 20%밖에 되지 않아요. 모든 사람이 원가가 50%가 넘는 음식을 선호할까요? 아니에요. 이건 팔아보면 알아요. 원가가 20%밖에 되지 않는데, 원가가 10%밖에 되지 않는데 이걸 더 선호하는 사람이 있다는 거예요. 특히나 음식은 그날의 날씨, 기분, 상태에 따라서 선택하고 주문하게 되어 있어요. 매장의 분위기나 음식과의 페어링 관계에 따라서도 바뀌고요. 그래서 사이드 메뉴, 세트메뉴의 중요성도 늘 강조를 하는 거예요.

장사치는 '이 정도는 남겨야 나도 먹고살지'라는 생각을 가지고 장사인은 '이건 이 정도 남기니까 이건 좀 줘야겠다'라고 생각해요. 이게 되지 않으면 후식으로 나가는 커피나 식혜, 밑반찬으로 나가는 깍두기나 장조림, 손님들이 사용하는 앞치마나 물수건에서 미세한 차이가 나고 그게 결국 부메랑으로 돌아와 뒤통수를 때려요.

우리가 집에서 밥을 먹을 때 멜라민 그릇에 반찬을 담진 않죠. 왜 그럴까요? 일단 그릇을 살 때부터 당연히 도자기를 사려고 했기 때문이에요. 그런데 식당은 어때요? 당연히 멜라민 그릇을 사려고 하죠. 설거지하기 편하니까. 깨지면 이것도 다 돈이니까.

"에이, 식당에서 어떻게 도자기 그릇을 써요. 그거 얼마나 무거운데, 설거지하기도 귀찮고 금방금방 깨져요"라고 할 수 있어요. 맞아요.

맞는 말이에요. 여기서 중요한 건 멜라민을 쓰느냐, 도자기를 쓰느냐가 아니라 우리가 장사치가 되어가고 있는지, 아니면 장사인이 되어가고 있는지 생각해볼 수 있다는 점이죠.

똑같은 맛을 추구하면서 특색이 없고 어디에서나 먹을 수 있는 음식, 허겁지겁 대충대충 하게 되는 마케팅, 장사치의 생각으로 포장되어 있는 우리의 마인드. 이 3가지는 식당을 하는 데 있어서 유독 조심해야 되는 것들이에요. '혹시 이렇게 오픈하려고 했던 건 아닌가?' 아니면 '우리 매장이 지금 그렇진 않은가?' 한번 생각해 보고 만약 이 중 하나라도 해당이 된다면 천천히 바꿔나가 보면 어떨까요.

"그거 하나 차리는 데 얼마나 듭니까?"

#비용쪼개기 #예비비

우리나라 평균 창업비용은 대략 5000만 원에서 1억이에요. 그렇다면 창업 이후 가게에 들어가는 비용은 얼마나 될까요? 고민을 해보신 적은 있으신가요?

창업비용을 책정할 때는 반드시 창업 이후에 들어갈 비용까지 포함시켜야 돼요. 일단 창업한 후에는 비용을 더 들이려고 하면 아까운 생각이 들기 때문이에요. 여러 매장들을 방문해서 코칭을 하다 보면 분명히 맛있고, 서비스 좋고, 품질도 뛰어난데 잘 팔리지 않는 경우가 있어요. 몇 가지만 투자하면 문제가 해결될 것 같은데 늘 비용이 걸림

돌이 돼요.

실제 사례를 하나 말씀드릴게요. 보증금을 포함해서 총 1억 5000만 원을 들여 카페를 오픈한 30대 후반의 L사장님이 있었어요. 그 돈은 4인 가족의 미래를 탈탈 턴, 전 재산이었어요. 그런데 사장님이 놓치고 있는 부분이 있었어요. 그렇게 차려는 놓았는데, 초기에 전 자산을 몽땅 투자해 버리는 바람에 그 뒤에 들어갈 자금이 없었던 거예요.

L사장님은 3만 원짜리 배너 하나에도 손을 벌벌 떨었고, 3만 원짜리 체험단 음식 포스팅에도 부정적이었어요. 심지어 오픈 시 매장의 아이덴티티가 담겨 있던 잔이나 접시가 깨지면 그보다 훨씬 저렴한 것으로 대체하기 일쑤였고요. 이분의 잘못은 아주 명확해요. 본인이 감당할 수 없는 투자금으로 사업을 시작하신 거예요. 그러다 보니 레시피 개발, 교육, 마케팅에 써야 할 돈이 아까웠어요. 메뉴판 재정비에 쓰는 돈 역시 쉽게 지출을 하지 못하셨어요.

장사를 시작하려는 분들이 가장 많이 하는 질문이 이거예요. "그거 하나 차리는 데 얼마 듭니까?" 어느 가게에 갔다가 마음에 들어서 '나도 이런 가게 하나 차리고 싶다'라는 생각이 들면 가게 주인에게 물어봐요. "사장님, 이거 차리는 데 얼마나 드셨어요?" 그런데 정작 중요한 건 묻지 않아요. "유지하는 데는 얼마나 듭니까?"

프랜차이즈 매장을 오픈하려고 하면 최소 1억 정도의 자금이 들죠. 가장 무난하게 창업할 수 있는 금액이에요. 한마디로 대중성 있는 창업 금액이라는 거죠. 그래서 많은 프랜차이즈 회사들의 홈페이지에 가면 이 정도 금액대로 창업 자금을 표기해 놓았어요. 심지어 평수를 줄여서라도 1억 이하로 표기하려고 하는 곳들이 많죠. 일단 전화 문의까지는 어떻게 해서라도 받아야 하니까요. 하지만 정작 중요한, 오픈 후 들여야 할 금액에 대해서는 함구해 버려요.

매장 임대차 계약을 맺고, 인테리어를 하고, 집기를 세팅할 때는 10만 원이 그리 큰돈처럼 보이지 않아요. 하지만 매장을 오픈하고 어느 정도 운영을 하다 보면 슬슬 돈이 들어가기 시작하죠. 메뉴판을 갈아엎고, 배너를 만들고, 조명을 교체하고, 고장 난 의자를 새로 사고. 그때 들어가는 10만 원, 20만 원은 굉장히 큰돈처럼 느껴져요. 꼭 써야 하는 금액임에도 말이에요.

고정비와 변동비로 나눠놓기만 해도 절반은 성공한 셈이에요. 이것조차 하지 않는 가게들이 허다하니까요. 특히나 그때그때 낚여서 비용을 지출하는 곳이 많아요. 흔한 예가 바로 매장에 온 전화를 받고 마케팅 계약을 체결하는 거죠. 혹은 매장을 직접 방문해서 매장에 꼭 필요한 물건이라면서 직판을 하는 사람들에게 쓸데없는 걸 사는 경우도 있고요. 설마 하시겠지만 슬러시 기계며, 초음파 세척기, 숙취 해소 음료, 여러 가지 렌탈 제품, 영화 상품권, 제주도 여행권 등등 굳이 필요치 않은 제품들 때문에 피해를 보는 경우가 많아요. 모두 비용 책정이 되지 않은 상태에서 즉흥적으로 소비해서 생겨나는 문제예요.

마케팅적으로 보면 이 부분은 훨씬 더 심각해요. 보통 마케팅을 언제 하냐 하면 첫째, 매출이 떨어질 때, 둘째, 매출이 떨어질 때, 셋째, 매출이 떨어질 때예요. 매출이 떨어지면 그제야 마케팅을 한다는 거예요. 그런데 이건 아주 잘못된 사고방식이에요. 매출이 떨어진다는 건 마케팅의 문제가 아닐 수 있거든요. 일단 매장을 먼저 점검한 뒤에 부족한 부분을 파악·개선하고 나서 마케팅을 해야 해요.

그럼 마케팅비는 언제 지출하면 될까요? 그 답을 알기 전에 명심할 것이 있어요. 마케팅비는 매출의 몇 퍼센트로 정해서 별도로 빼놓아야 한다는 거죠. 예를 들어 나의 한 달 매출이 2500만 원이고 마케팅비에 1%를 쓰겠다고 생각했다면 매달 25만 원은 꾸준히 마케팅비로 지출해야 한다는 거예요. 작은 가게라서 그런 게 필요 없다고 하시는 분들도 많은데 마케팅은 장사가 안 될 때 하는 게 아니라 장사가 잘되든 안 되든 꾸준히 해야 하는 거예요.

저는 세금 역시 미리 빼놓으라고 말씀드려요. 사람의 심리가 그렇거든요. 세금 낼 돈을 미리 빼놓지 않으면 나중에 세금 낼 때 아까워서 '장사해서 세금 내고 나니 남는 것도 없다'가 되어버리거든요.

어느 정도 규모가 있는 매장을 운영하시는 사장님들에게는 늘 예비비가 있어요. 경영학으로 풀이하자면 '예측할 수 없는 예산지출'이라고 볼 수 있어요. '급작스러운 사태에 대비하는 돈'이지요. 갑자기 직원에게 써야 하는 돈, 기계가 고장 났을 때 써야 하는 돈 등등 매장 운영에 심각한 타격이 발생했을 경우 곧바로 지출할 수 있는 돈이라는 거죠. 이런 비용이 미리 잡혀 있으면 문제가 생겨도 비용 지출을 아끼지 않게 돼요.

매장을 운영하는 것은 기업을 운영하는 것과 같다고 하죠. 조금 과장된 부분도 없지 않지만 그렇다고 가정하고 모든 비용을 하나하나 나눠보세요. 습관으로 자리 잡으면 아주 탄탄한 기초를 마련하는 셈이 되는 거예요.

90년생들의 이기는 장사법

#팬심 #아웃소싱 #자기계발

《손자병법》에는 이런 말이 나와요. "이겨놓고 싸워라." 이렇게 싸우면 당연히 이기겠죠. 이겨놓았으니까요. 그런데 이게 현실에서 가능할까요? 가능해요. 90년대생들은 이겨놓고 시작하거든요.

MZ세대는 1980년대 초부터 2000년대 초 사이에 출생한 세대를 말해요. 이 밀레니얼세대 중에서도 90년대생들, 그러니까 지금의 20대와 30대 초반의 친구들 중에는 정말 혀를 내두를 정도로 똑똑한 사람들이 많아요. 특히나 장사판에 말이에요.

일단 이들은 '팬을 모아놓고 장사를 시작'해요. 이게 무슨 말일까요? 그들은 '팬덤'이라는 키워드가 얼마나 중요한지 익히 알고 있어요. BTS를 비롯해서 많은 팬덤 경제를 직접 눈으로 보고 몸으로 체험한 세대거든요.

가령 이들은 가게를 오픈하기 전에 SNS 계정부터 만들어요. 그리고 거기다가 본인이 무슨 장사를 어디서 시작할 건지, 어떻게 준비를 하고 있는지, 오늘은 어떤 요리를 했는지, 벤치마킹을 위해 300km 이상 떨어진 매장을 갔다 왔던 이야기까지 스스럼없이 올려요. 시작하기 전부터 말이에요. 가게 간판도 달기 전부터 팬을 모으는 작업을 하는 거예요.

심지어는 앞으로 손님이 되어줄 사람들에게 물어보기까지 해요. '이 자리 괜찮을까요?', '이 메뉴는 어떻게 생각하세요?', '5000원이 좋을까요? 아니면 6000원이 좋을까요?' 하면서 말이에요. 신기하죠. 단순히 마케팅 목적의 SNS 계정이 아니라 팬덤을 만들어 가는 계정인 거죠. 소통까지 하고 있으니까요. 좀 더 똑똑한 친구들은 '지속 가능성'까지도 생각해서 콘텐츠를 꾸준히 만들고 공유해요.

또 MZ세대들은 도구를 적극 활용해서 노동 강도를 낮춰요. 옛 어른들은 장사도 '체력이 받쳐줘야 한다'고 말씀하셨어요. 오랫동안 장사를 하다 보면 골병든다는 이야기가 괜히 나온 게 아닐 정도로 몸이 상하는 게 맞거든요. 다만, 이들은 도구를 이용해서 이런 노동의 무거움을 한풀 꺾고 오랫동안 장사할 수 있는 기틀을 마련해요.

예를 들면 세무, 노무, 마케팅 등 모든 걸 혼자 다 해야 하는 장사이지만 활용 가능한 앱과 프로그램들을 적극 활용해서 노동의 강도를 계속 줄여나가요. 모바일 근로계약서는 물론, 터치만 하면 시급이 자동으로 계산되는 프로그램을 쓰고, 5분 만에 뚝딱 영상을 만드는 어플로 매일 릴스를 올려요. 마감 후에 매번 계산기를 두드리던 옛날 장면들은 더 이상 연출되지 않죠.

심지어는 매장 구상 단계에서부터 서빙 로봇, 자동 결제 기능을 갖춘 기계를 도입할 생각을 하고 인테리어를 해요. 아주 준비성이 철저한 거죠. 어떤 스타트업 대표님은 한 매거진에서 이렇게 말했어요. "자영업자들을 위한 도구와 툴들이 제대로 활용되지 못하고 있는 건 기기를 잘 다루지 못하는 미숙함을 가진 분들이 많이 종사하고 있는 문제도 있다"고 말이에요. 그만큼 디지털 격차가 크다는 거죠.

제가 얼마 전에 만난 90년대생 J사장님은 이자카야 주점을 운영하면서 총 6가지가 넘는 툴을 사용하고 있었어요. 유료 툴들이라 비용이 꽤 많이 들지만 그만큼 매출을 올리는 방법을 택한 거였어요. 한마디로 돈으로 시간을 사는 개념이에요. 이런 이야기를 들을 때마다 전 저의 아주 예전 기억을 떠올려 보곤 해요. 고등학교 시절 집에서 학교까지 5km가 넘는 거리를 1년 이상 걸어 다녔어요. 1시간 이상 걸렸죠.

차로는 15분, 20분이고요. 당시만 해도 시간의 중요성을 전혀 몰랐으니까 그랬던 거겠죠. 좀 더 빨리 시간의 중요성을 깨우쳤다면 아마 전 버스비를 당당히 지불하고 1시간을 벌었을 거예요.

90년대생들은 '거침없는 콘택트'도 수시로 해요. 본인이 잘 모르는 부분, 혹은 꼭 알아야만 하는 것들이 있다면 기성세대들에게 스스럼없이 연락을 한다는 거예요. 궁금한 게 있으면 바로 메일을 보내서 물어보기도 하고요.

인스타를 찾아가서 댓글을 달고, 친분을 쌓은 뒤에 만나기도 하고, 온라인으로 소통하면서 노하우를 배워요. 그저 당돌하게 '만나자'가 아니라 예의 있게 본인의 상황을 설명하면서 도움을 구할 줄 안다는 거예요. 저 멀리, 아주 높은 곳에 있는 사람이라고 포기하는 것이 아니라 필요하면 내가 직접 찾아가서 무언가를 배워야겠다고 생각하는 거예요. 종이 한 장 차이일지도 모르지만 실제로는 엄청난 차이죠.

배움에는 전혀 돈을 아끼지 않아요. 강연을 하면서 느끼는 건 수강료를 지불해야 하는 강연일수록 90년대생의 비율이 월등히 높았다는 거예요. 실제 온라인 클래스를 여러 번 진행해 본 결과 확실히 90년대생들이 참 많았어요. 1만 원, 2만 원 정도의 참가비가 아니라 20강, 30강 이상 진행되는 비싼 강의임에도 말이에요. 따지고 보면 90년대생들은 40대, 50대보다 금전적인 상황이 여의치 않을 수 있는데 아랑곳

하지 않고 배움에 투자를 많이 하고 있어요.

온라인 클래스 담당자한테 슬쩍 들은 이야기로는 실제 데이터상으로도 90년대생들의 수강율이 높다고 했어요. 수강 비율에서는 비슷비슷할지 모르지만, 또 강의의 종류에 따라 나이대가 나누어지는 부분이 분명히 있지만 완강률도 90년대생들이 압도적으로 높다고 했어요. 그러니까 여유가 있는 사람들의 경우 결제를 해놓고도 끝까지 강의를 듣지 못하는 반면에 90년대생들은 금전적으로 여유는 없지만 본인이 꼭 수강하고 싶은 강의를 결제했기 때문에 끝까지 듣고 강의 내용을 실행에도 옮긴다는 거예요.

마지막으로 이들은 '엑시트까지 생각한 장사'를 시작해요. 단순히 '고깃집 프랜차이즈를 오픈해야지', '핫도그를 팔아야지', '떡볶이는 어느 브랜드가 좋을까?'를 생각하는 게 아니라 '언제 엑시트를 할 수 있을까?', '현실적으로 이게 가능할까?', '브랜드의 가치가 올라갈까?'를 생각해서 창업을 한다는 거예요.

배떡이 유행하기 전에 한 청년이 샵인샵으로 배떡 매장을 들이면서 저에게 이런 말을 했어요. "선배님, 이건 매출만 조금 띄우면 권리금 받고 팔 수 있을 것 같아요"라고 말이에요. 당시만 해도 배떡은 저도 잘 몰랐던 브랜드였지만 이후 권리금이 꽤 높이 올라갔고 재미를 톡톡히 봤죠. 그만큼 안목 있는 창업이었다는 거예요. 이뿐만이 아니라 1년 뒤에는 내가 어떤 위치에 있을지, 브랜드의 가치가 어느 정도일지를 곰곰이 생각한 뒤에 시작하는 게 바로 90년대생들이에요.

《90년생이 온다》라는 책을 읽어보셨는지 모르겠어요. 80년대생인 제가 90년대생들을 이해하는 데 큰 도움이 되었던 책이에요. 재미있는 책이기도 하고요. 이 책을 읽고 현웅재 전(前) 한국푸드테크협회 사무총장이 이런 평을 했어요. "대한민국의 미래는 한동안 그들의 무대가 될 것이다"라고 말이에요.

팬이 무엇인지 진정으로 이해하고 팬을 모으기 시작하면서 어렸을 적부터 익숙한 모바일 툴을 적극 활용하는 것, 누구에게든 스스럼없는 질문을 던지고 적극적으로 만남을 추구하는 것, 물질적인 것보다는 지식을 소비하고 그 소비를 바탕으로 수익을 창출해서 끝맺음까지 생각하고 일을 진행하는 것. 90년대생들과 함께 경쟁하려면 배움이 꼭 필요하지 않을까요?

특급 셰프도 창업하면 폭망하는 이유

#전략가 #전술가

셰프들의 전성시대라는 말이 나온 지도 꽤 오래되었죠. 온갖 미디어에서 셰프들을 섭외하고 셰프들이 시청자들의 눈과 귀를 충족시켜주면서 그들의 인지도도 높아졌고요. 덕분에 각자의 사업도 나날이 번창하고 있어요. 그래서 지금부터 드릴 이야기는 꽤나 충격적일 수 있습니다.

불과 몇 년 전만 해도 셰프들이 식당을 차리면 망한다고 했어요. 실제로 적지 않은 특급 호텔 셰프들이 차린 식당들이 망했고요. 이유는 아주 단순해요. 셰프는 '전술가'이기 때문에 그래요. 전술가인데 왜 망하느냐고요? 네, '전략'을 이해하지 못하고 전술만 잘 실행하는 전술가이기 때문이에요.

전략은 전쟁에서 이기기 위한 종합적인 계획, 책략입니다. 전술은 전투에서 이기기 위한 수단이나 방법이고요. 즉 전략이 '무엇을 할 것인가'의 영역이라면 전술은 '어떻게 할 것인가'의 영역인 거죠.

《삼국지》에서 제갈공명은 전술가일까요, 전략가일까요? 큰 범위로 놓고 보자면 전략가에 가까워요. 장비는 어떨까요? 장비는 전술가의 기질이 조금 더 강해요. 무력으로 승부를 보는 타입으로 전략보다는 전술에 능통하다는 거죠. 전투에는 능하지만 전쟁에는 능하지 못할 수 있다는 거예요.

창업에는 '전략'과 '전술'이 동시에 필요해요. 추상적인 개념이라 잘 이해가 가지 않을 수 있는데 프랜차이즈를 예로 설명해 볼게요. 프랜차이즈는 전술가에 가까울까요, 전략가에 가까울까요? 네. 프랜차이즈는 전략가예요. 대신 점주가 전술가가 되어야 하죠.

창업에서 중요한 걸 꼽으라면 상권, 아이템, 마케팅 외에도 무수히 많아요. 이것들이 다 전략과 전술로 나뉩니다. 상권은 전략이 되겠죠. 어느 상권에서 이 아이템이 잘될지, 앞으로 이 상권이 어떻게 변화할지, 경쟁점이 들어올 가능성은 얼마나 될지 등등요. 아이템 역시 전략에 해당합니다. 반대로 음식을 맛있게 만드는 건 전술에 해당하겠죠.

특급 호텔 출신 셰프들이 아주 잘하는 거요.

대형마트의 시식코너에서 전담 직원을 두고 행사를 하는 이유가 뭘까요? 대형마트라는 전략가에 의한 판매 촉진을 위해서죠. 그렇다면 전술을 펼치는 사람은 누구일까요? 네, 눈치채셨겠지만 전술가는 실제 시식코너를 운영하는 마트 직원이에요. 직원은 어떻게 하면 사람들이 이 음식을 먹어보게 할까 고민하고 더 많이 사게끔 유도하죠.

여기에 또 하나 중요한 포인트가 있어요. 전술가가 전략가의 전략을 잘 이해하고 따라줘야 시너지가 발생한다는 거예요. 만약 시식코너의 직원이 시식만 하고 구매하지 않는 손님들에게 은근히 미안함을 갖게 한다고 생각해 보세요. 반짝 매출이 상승할 수는 있어도 장기적으로는 손해가 돼요. 시식코너의 인기가 줄어들 테니까요. 그럼 결론적으로 시식코너를 운영하는 의미가 퇴색되겠죠.

특급 호텔 셰프들이 잘하는 건 일단 음식을 아주 맛있게 만들어서 눈과 귀, 그리고 혀를 즐겁게 해주는 거예요. 호텔 측에서는 전략을 통해 가격을 책정하고 손님을 끌어들여서 프로모션을 진행하지요. 이걸 본인의 실력으로 판단한 셰프들이 전략(상권, 아이템, 마케팅 등)에서 부족함을 드러내면서 폐업하는 경우가 많았던 거고요. 물론 지금은 셰프들도 혼자서 창업하지 않아요. 전략 전문가들에게 도움을 받아 부족한 부분을 채우고 창업을 하죠.

안타까운 건 일반 개인 창업자예요. 전술, 전략 등 모든 게 부족하니까요. 직장생활을 하다가 덜컥 식당을 차린다고 퇴사를 하고, 정년퇴임을 앞두고 프랜차이즈의 문을 두드리죠. 프랜차이즈는 뛰어난 전략가임이 분명하지만 전술가는 아니에요. 전술가를 자처하는 프랜차이즈 본사도 있지만 실제로는 예비 점주가 전술가가 되어야 해요. 아무리 좋은 전략도 전술 없이는 승리할 수 없고, 그 전술은 식당을 실제 운영하는 사람이 가져야 할 덕목이라는 거죠.

식당만 그런 게 아니에요. 헬스장도 비슷해요. 유명한 보디빌더가 갖가지 대회에서 우승을 하고 헬스장을 차려요. 그런데 그는 어떻게 헬스를 하면 빨리 근육이 크는지, 어떤 약을 먹는 것이 효과적인지는 잘 알아도 전략가적인 기질은 부족하기 마련이에요.

반대로 전략가가 망하는 경우도 많아요. 쉬운 예로 프랜차이즈에서 슈퍼바이저를 하는 분들이 그래요. 트렌드를 파악하고, 어떤 상권이 장사가 잘되는지, 어떤 브랜드가 뜨고 있는지 정보가 빠삭하죠. 그런데 슈퍼바이저가 창업을 하고 뚜껑을 열어보면 장사가 안 돼요. 전략은 계획적이고 뚜렷한데, 세밀한 전술이 부족했던 탓이에요.

여러분은 전술에 능한가요, 전략에 능한가요? 아니면 둘 다에 능한가요? 어느 게 부족한지 안다면 앞으로 그 균형만 잘 맞추어도 성공할 수 있어요. 또는 전략과 전술 2가지를 모두 갖지 않아도 돼요. 자신에게 무엇이 부족한지만 알면 그 부분을 채워줄 사람을 곁에 두거나 조언을 구하면 되니까요. 유비 옆에는 제갈공명이 있었듯 혼자서 모든 걸 감당하지 않아도 된다는 뜻이에요. 이 책을 읽고 있는 이유도 어쩌면 조금 더 전략과 전술을 익히기 위해서가 아닐까요?

자영업,
월 350은 버시죠?

#월소득 #매출분석

최근 자영업자의 소득 관련 뉴스를 보면 암담하기 그지없어요. 물론 평균치이기 때문에 모든 자영업자의 소득이 그렇지는 않겠지만 2022년 국세청 자료에 따르면 연평균 소득이 1938만 원이에요. 이 수치는 이런저런 이유를 막론하고 '낮다'라는 인식을 줄 수밖에 없어요.

저는 예비 창업자를 만나면 '예상 수익'에 관해서 물어보는 경우가 많은데 평균적으로 월 350만 원 정도를 이야기해요. 월 200만 원을 이야기하시는 분은 단 한 명도 없었고요. 하지만 통계에 따르면 현실은 월 161만 원. 현실과의 괴리가 큰 거죠.

제가 이 얘기를 꺼낸 이유는 현실을 직시하지 못하는 분들이 많아서예요. 현실 직시. 사실 전 이 말을 굉장히 싫어하기도 해요. 현실의 벽이 아무리 높다고 해도 '내가 열심히 하면 될 거야'라는 마인드를 갖고 있기 때문이에요. 의지와 열정, 물론 필요해요. 그런데 창업을 생각하시는 분들은 그것만 있는 경우가 많아요. 제대로 공부하고 준비해서 창업을 하라는 얘기를 드리는 거예요.

저에게 상담을 요청해 오는 예비 창업자분들을 보면 딱 2가지 부류예요. 하나는 엑셀과 파워포인트, 그리고 한글 문서로 상권, 수익성, 브랜드 인지도, 향후 방향 등 앞으로 창업할 아이템에 대해서 일목요연하게 분석하고 물어보시는 분. 그리고 또 다른 부류는 자신의 아이템에 대해 두세 줄 적고는 "이 아이템 어때요? 컨설팅 받으려면 얼마죠?"라고 물어보시는 분들. 전 두 번째 부류의 분들에게는 아예 답을 안 해요. 컨설팅을 할 수 없을 정도의 준비성이니까요.

얼마 전에는 첫 번째 부류인, 예리한 분석력을 가진 분에게서 상담 메일이 왔어요. 놀라울 정도의 분석력이었어요. 다만, 아이템이 조금 아쉬웠어요. '이 정도의 준비성과 분석력이 있다면 더 좋은 아이템이 많은데'라는 생각이 든 거죠. 제가 조언해 줄 부분도 명확해서 아이템과 관련된 이야기를 많이 해드렸어요.

'내가 오프라인에서 창업을 하게 되면 월소득이 얼마나 될까'를 한

번이라도 생각해 봤으면 좋겠어요. 10명 중에 9명은 월소득을 전혀 고려하지 않고 창업에 뛰어들어요. 지금 여러분 동네에 있는 작은 치킨집, 한 달에 얼마나 벌 것 같나요? 흔하게 보이는 30평대 고깃집은 한 달에 얼마나 벌 수 있을 것 같은가요?

감이 안 오신다면 대충 계산해 보시면 돼요. 바람도 쐴 겸, 저녁도 먹을 겸 그 식당에 가서 살펴보세요. 테이블에 손님들이 얼마나 앉아 있는지, 배달은 얼마나 나가는지, 빈 술박스가 하루에 몇 개나 쌓이는지 등등. 최근에는 '오픈업'이라는 사이트에서 빅데이터를 제공하니 이를 기반으로 다른 매장의 월매출을 유추할 수도 있어요.

이것도 저것도 복잡하다면 직접 찾아가서 안면몰수하고 최대한 정중히 물어보세요. 예를 들어 동종 업종 매장이 월 350만 원을 벌고 있다면 내가 같은 업종으로 들어갈 경우 200만 원도 못 벌어요. 인구 유입이 되지 않으면 그저 뺏어오기밖에 안 되니까요.

그럼 인구 유입이 되는 신도시에서 창업하면 되는 것 아니냐고요? 네. 신도시에서 선점 창업을 하면 그나마 나을 수 있어요. 단, 현재 어떻게 인구 유입이 이루어지고 있는지, 그 연령대는 어떤지, 앞으로 얼마나 인구가 유입될지 꼭 파악해 보세요. 그저 나라에서 번듯하게 닦아놓았다고 해서 저절로 사람들이 찾아오는 게 아니니까요.

구직자들에게 '직장에 들어갈 때 첫 번째로 보는 게 뭐냐'고 물으면 1위는 연봉이에요. 2위는 근무 환경, 근무 강도고요. 그런데 자영업은 그렇지 못해요. 이런 조사 결과 자체도 없지만 '창업할 때 첫 번째로 보는 게 뭐냐'라고 하면 소득이라고 말하는 사람은 별로 없을 거예요. 대체적으로 '나만의 근무 환경'을 꼽아요. 수익성은 전혀 고려하지 않는 거예요. 아니면 수익에 대해 착각을 하든지요.

모든 노동에는 돈이 대가로 따르고 우리는 그 돈을 벌기 위해 일을 하기 때문에 창업 역시 반드시 수익성을 첫 번째로 생각해 봐야 돼요. 아니, 생각만 하지 말고 데이터를 만드세요. 크게 어렵지도 않아요. 발품 팔아서 하나하나 적어보면 되니까요.

그도 힘들다 싶으면 전문가를 찾으세요. 그분들은 업계에서 잔뼈가 굵은 분들이에요. 시장을 들여다보는 눈이 있다는 거죠. 그냥 몇 마디 툭 하고 돈을 받는 게 아니라 혜안과 통찰을 가지고 상담을 해주는 거예요. 돈을 주고 상담을 받는다는 걸 이해하지 못하는 분들이 많은데(특히나 자영업 시장에서는) 창업비의 1%를 상담비로 사용해 보세요. 또 다른 1%는 배움에 투자하시고요.

자영업 평균 월소득. 과연 창업해서 350만 원도 못 번다면 자영업에 뛰어드는 사람이 있을까요? 현실을 직시하려면 얼마를 벌 수 있는지를 먼저 생각해 보세요. 직장 들어가듯 말이에요.

프랜차이즈 못 이길 거면 장사하지 마세요

#벤치마킹 #정보

백종원 대표의 어록 중에 가장 기억에 남는 말이 있어요. "프랜차이즈 못 이길 거면 장사하지 마세요."

우리나라 외식 프랜차이즈는 일본과 미국 등에 비해 전반적으로 아직 너무나 많이 부족해요. 일단 우리나라에는 '프랜차이즈는 사기꾼'이라는 인식이 팽배해 있어요. 온갖 갑질 사건과 본사 대표들의 도덕적 논란도 많고요. 물론 좋은 브랜드도 있겠지만 사람들은 안 좋은 것에 반응하고 귀를 귀울이다 보니 생겨난 이미지인 것 같아요.

그런데 백종원 대표는 왜 프랜차이즈를 이기지도 못할 거면 장사하지 말라고 했을까요? 이 말에는 아주 깊은 내공이 묻어 있어요.

독립 창업으로 시작해 개인 매장으로 승승장구하는 사장님들을 보면 '벤치마킹'에 뛰어나요. "벤치마킹 저도 하는데요?"라고 반문하실 수도 있지만 제가 말하는 분들은 좀 달라요. 이분들은 전국 단위, 심지어는 일본이나 미국까지 벤치마킹을 해요. 일부러 비즈니스 트립 모임을 만들어 휴가 겸 벤치마킹을 떠나시죠.

해외까지 벤치마킹을 떠나라는 말이 아니에요. 요즘은 온라인을 통해 트렌드를 읽고 또 세부적인 정보까지 접할 수 있으니까요. 여기서 중요한 건 '고수들은 늘 이런 정보를 탐독한다'는 거예요.

디지털사이니지(Digital Signage)라는 것이 있어요. 모르시는 분들을 위해 간단하게 설명드리면 디지털 이미지, 영상 콘텐츠를 모니터 같은 디스플레이를 통해 안내판이나 메뉴판 등으로 사용하는 형태라고 생각하시면 돼요. 예를 들어 카페에 걸려 있는 TV 같은 메뉴판이 대표적인 디지털사이니지예요.

처음에 디지털사이니지는 옥외 광고판이나 대형 쇼핑몰 안에서만 사용되었어요. 하지만 지금은 어때요? 작은 가게에서도 사용하고 있잖아요. 프랜차이즈 덕분이에요.

개인 창업자들은 이런 정보조차 얻기가 어려워요. 또 정보를 안다고 하더라도 신경 쓸 부분이 많아서 고가의 디지털사이니지를 덜컥 도입하기가 어려운 것도 사실이고요. 프랜차이즈의 경우는 창업비에 이미 포함되어 있다 보니 어쩔 수 없이 도입하게 되는데, 가맹점주는 사용하면서 그 활용성이 뛰어나다는 걸 느껴요.

디지털사이니지의 장점은 매번 메뉴판을 교체할 필요가 없다는 점, 생생한 화면으로 식욕을 자극한다는 점, 언제든 원하는 문구와 사진으로 교체가 가능하다는 점이에요. 이제 웬만한 프랜차이즈 카페에서는 디지털사이니지를 도입해 손님들의 뇌를 조종하고 있어요. 그리고 그때그때 맞는 문구, 메뉴, 사진을 보여줌으로써 시각을 자극하고 구매를 유발하죠.

지금은 다양한 렌탈 계약 형태로 작은 가게에서도 도입하기 비교적 쉬워졌지만, 프랜차이즈가 아니었더라면 이렇게 외식업계에 도입되기가 쉽지 않았을 거예요. 발 빠르게 벤치마킹을 한 사장님들은 프랜차이즈를 따라서 창업할 때부터 디지털사이니지를 설치해 사용하고 있고요.

인건비를 합리적으로 줄여주는 테이블 오더 서비스 역시 프랜차이즈에서 먼저 도입했어요. 다만, 초기에 우리나라에서는 이 테이블 오더가 그리 환영받지 못했어요. 왜냐하면 다양한 연령대가 드나드는 식당이다 보니 기기 사용에 익숙지 않은 사람들이 많았기 때문이죠. 40~60대 손님들은 도대체 어떻게 주문해야 하는지 오히려 불편함을 느끼면서 테이블 오더는 확장성에서 많이 뒤떨어졌어요.

그런데 이제는 아예 창업을 할 때부터 테이블 오더를 기본값으로 생각하고 도입하고 있어요. 그것도 젊은 층을 겨냥한 주점에서는 필수로 여겨지고 있죠. 인건비 측면에서도 유리하죠. 시급 1만 원인 직원을 안 씀으로써 하루 10시간 근무면 10만 원, 한 달 200만 원의 인건비를 줄여주니까요.

키오스크도 그래요. 전 키오스크를 프랜차이즈 희대의 작품으로 평가하고 싶어요. 이제는 개인이든 프랜차이즈든 누구나 편리하게 사용하고 있는 게 키오스크니까요.

이 밖에도 프랜차이즈는 내적으로, 외적으로 늘 발전하고 있어요. 방금 말씀드린 디지털사이니지, 테이블 오더 시스템, 키오스크는 그저 외부적으로 무언가를 도입하는 '물리적 시스템'일 뿐이에요. 빙산의 일각에 불과하다는 뜻이죠. 이런 유·무형의 시스템은 수없이 많지만 그나마 개인 매장을 운영하시는 분들이 이제라도 따라가는 항목에 대해서만 말씀드린 거예요.

프랜차이즈는 고도로 계획된 매장이에요. 다만, 점주님이 계획되어 있지 않으면 운영이 어려워요. 반대로 매장이 계획되어 있고 점주 역시 계획되어 있다면 개인 매장은 정말 힘껏 애를 써야 따라갈 수 있어요. 시스템적으로 불리하니까요.

'프랜차이즈 이기지도 못할 거면 장사하지 말라'는 말 안에는 고도화된 프랜차이즈는 이기기 쉽지 않다는 뜻이 담겨 있어요. 하지만 우리는 이것을 역으로 이용할 수 있어요. 프랜차이즈는 우리가 언제든 들어가 보고 벤치마킹할 수 있는 훌륭한 교재니까요.

프랜차이즈 매장에 갔을 때 획기적인 '시스템'이 있다면 그게 어디 제품이고 어떤 브랜드인지 유심히 보세요. 여러분이 디지털사이니지를 사용해야겠다면 예쁜 메뉴판이 매일매일 바뀌는 매장에 가서 슬쩍 뒷면을 본다든지, 편리하게 사용한 테이블 오더가 있다면 그게 어느 브랜드 제품인지, 간편한 사용 경험이 있었던 키오스크가 있다면 제품명과 함께 사진을 하나 찍어서 꼭 검색해 보세요. 프랜차이즈 본사는 해당 기기들을 선택할 때 꼼꼼하게 따지기 때문에 분명히 장점이 있을 거예요. A/S가 됐든, 세부적인 프로그램의 효용성이 됐든 말이에요.

앞으로는 프랜차이즈 매장에 가시면 사진을 넉넉하게 찍어놓으세요. 음식을 찍는 것도 좋지만 그들의 시스템, 노하우, 기계 등의 품번도 다 찍어두세요. 다 여러분의 재산이 되고 시간을 아껴주는 유용한 자료가 될 거예요.

3배를 받아도 잘 팔리는 이유

#타깃설정 #연령대분석

"전 제가 사 오는 가격의 딱 3배를 더 받습니다."

안상현 한국술집 안씨막걸리 대표의 말이에요. 실제 안씨막걸리에서는 1만 원에 사 온 막걸리를 3만 원에 팔고 있어요. 다른 막걸리 가게에서는 같은 막걸리를 2만 원 정도를 받고 있고요.

"정성과 맛은 조금 부족한 게 사실이에요. 30초 만에 메뉴가 나가니까요."

노량진 컵밥 아이디어로 미국에까지 진출해 300억의 매출을 달성한 유타컵밥의 송정훈 대표. 30초 만에 만들어지는 유타컵밥을 이렇게 설명했어요. 30초 만에 만들었음에도 노력과 정성을 쏟았다고 하면 반감이 들 게 분명하기 때문에 솔직한 말로 그에 상응하는 재치를 부린 거죠.

이 두 대표가 공통적으로 강조하는 게 있는데 그게 바로 지금부터 제가 강조하고 싶은 주제예요.

비싼 막걸리를 파는 안상현 안씨막걸리 대표는 막걸리 값이 비싸다고 반감을 가지는 손님은 아예 가게에 들어오지도 않는다고 했어요. 가게의 위치 자체가 뒷골목이라서 길 가던 사람이 '막걸리나 한잔할까?' 하고 들어오는 그런 가게가 아니라는 거죠. 오히려 그런 손님들을 차단하는 '위치적 장치'가 되어 있는 거예요.

송정훈 유타컵밥 대표는 기다림을 최소화한 전략을 구사했어요. 지나가는 행인들을 붙잡는 푸드트럭의 전략. 5분도 아니고 1분도 아니고 단 30초 만에 나오는 음식. 안씨막걸리와는 반대로 지나가는 모든 사람이 손님이 될 수 있다는 가정하에 최대한 빨리 음식을 내보내는 걸 선택한 거예요.

많은 사장님들이 가게를 오픈할 때 상권에 주목해요. '이 동네에는 5000세대가 살고, 저 동네에는 1만 세대가 사니까 저기가 낫겠다' 혹은 '여기는 하루 1만 명 이상의 사람이 지나다니니까 분명히 잘되겠군' 하고 말이죠. 그런데 여기에는 중요한 게 빠져 있어요. 바로 '타깃'

이에요.

타깃이란 궁술이나 사격에 쓰는 표적, 과녁을 뜻해요. 장사에서 타깃은 여러 부류로 나뉘는데 예를 들어 연령대, 성별, 직업, 취향 등등 참 많아요. 가령 5000세대가 있어도 전부 우리 음식을 사진 않을 테니까요. 우리가 간과하는 게 바로 이런 부분입니다.

여러분의 타깃은 누구인가요? 여성인가요, 남성인가요, 아니면 둘 다인가요? 보통은 둘 다라고 이야기해요. 그래야 많이 팔 수 있으니까요. 여기서 치명적인 약점이 드러나요. 물론, 남성과 여성을 분류하는 건 음식 장사에서는 크게 의미가 없어요. 제가 강조하고 싶은 건 타깃 설정을 할 때 더 디테일해져야 한다는 거예요. 연령대도 마찬가지고요. '내가 팔고 있는 것이 과연 어느 연령대에 맞을 것인가'를 대부분은 생각하지 못해요.

두끼라는 무한리필 떡볶이 프랜차이즈가 있어요. 두끼 떡볶이의 타깃 연령층은 과연 누구일까요? 지금이야 다양한 연령대가 폭넓게 즐기고 있다지만 처음에는 10대가 주요 타깃이었어요. 가격대만 보더라도 느낄 수 있죠. 초창기 성인 8900원, 초중고 학생 7900원, 7세 이하는 4900원이었어요. 다분히 의도된 가격 설정이었죠. 초중고 학생들이 메리트를 느낄 수밖에 없는 구조고요. 같은 음식을 어른들보다 더 저렴한 가격에 먹을 수 있으니까요.

반면 쿠우쿠우라는 무한리필 초밥 프랜차이즈는 다른 가격 전략을 세웠어요. 전국 지점마다 가격대가 조금 상이하긴 하지만 대체로 초기에는 1인 2만 1000원에서 2만 3000원 선이었어요. 초등학생과 미취학 아동에게만 할인 혜택이 있고요. 중고등학생은 딱히 할인을 받지 못하죠. 이 말인즉 중고등학생은 직접 타깃이 아니라는 뜻이에요. 엄마 아빠 손을 잡고 오는 초등학생과 미취학 아동이 타깃인 셈이죠. 실제로 쿠우쿠우는 초등학생과 미취학 아동을 대동한 가족 손님의 비율이 높은 편이에요.

이처럼 가격에 의해 타깃을 연령대로 구분하는 건 아주 기본이에요. 대부분의 연령대를 타깃으로 하는 인테리어, 네이밍, 콘셉트, 브랜딩, 가격 설정을 하게 된다면 모두를 잃을 수도 있어요. 그건 선두주자들만 할 수 있는 방법이니까요. 이미 완벽하게 브랜딩되어 있는 스타벅스, 맥도날드, 베스킨라빈스만 할 수 있다는 얘기예요.

동네에서 가게를 운영하는 이유는 저렴한 보증금과 월세예요. 고정비가 적게 들어가니 타깃을 좁혀서 장사를 할 수 있다는 게 엄청난 장점이에요. 그런데도 타깃에 대한 고민 없이 20대가 즐비한 거리에 투다리를 차려놓고 손님이 안 온다고 고민하거나, 40~50대가 즐비한 거리에 컵밥집을 차려놓고 사무실에 전단을 돌리는 모습을 종종 보게 돼요.

타깃 설정은 아주 기초적인 단계 중 하나예요. 그러니까 빠지면 안 되는 창업 프로세스라는 말이에요. 타깃이 결정되어야 다른 부가적인 것들을 계획하고 실행할 수 있으니까요.

타깃 설정은 수학처럼 정답이 있는 게 아니에요. 20대가 있는 곳에 30대가 있을 수도 있고, 40대가 있기도 하니까요. 남자가 있는 곳에 여자가 있고, 독특한 걸 좋아하는 사람 곁에 무난한 걸 좋아하는 사람도 함께 있죠. 그럼에도 그들 중에서 우리 아이템과 맞는 타깃을 골라 전략을 수립하는 건 굉장한 메리트가 있을 수밖에 없어요.

뇌 과학 책인 《뇌, 욕망의 비밀을 풀다》에 이런 내용이 나와요. 우리는 모든 사람의 마음을 두드린다. 이건 폭넓은 타깃군을 설정해서 무언가를 판다는 얘기예요. 다만, 책에서는 오히려 이를 주의해야 한다고 꼬집어요. 넓은 타깃을 대상으로 하는 아이템은 타깃을 설정해서 전략을 수립하는 상대에게 공격받을 수 있다는 거죠. 즉 타깃을 좁히고 들어오는 경쟁자가 있다면 손님을 모두 뺏길 수 있다는 뜻이에요.

식당을 예로 들어볼게요. 김밥천국과 김치찌개 전문점이 나란히 있다고 가정을 해봐요. 상권에 따라 다르겠지만 경험을 통해 사람들은 김치찌개가 먹고 싶을 때에는 김밥천국에 가지 않을 확률이 아주 커요. 아무래도 전문점이라는 이미지, 그리고 김밥천국에서 파는 김치찌개와 전문점에서 파는 김치찌개 맛의 차이를 느끼기 때문이죠. 김밥천국은 모든 사람을 타깃으로 삼는 반면 김치찌개 전문점은 김치찌개를 좋아하는 사람만을 타깃으로 삼은 거예요.

'뭐가 낫다'는 이야기를 하려는 게 아니에요. 그냥 타깃이라는 관점에서 두 가게의 예를 들어본 거예요. 좁고 깊게 타깃 설정을 하게 되면 넓은 타깃을 대상으로 하는 경쟁자를 압도할 수 있고 나아가 진짜 단골을 만들 수 있거든요.

타깃은 그만큼 중요해요. 옆 가게보다 2배나 비싼데도 잘 팔리는 이유는 타깃을 통한 브랜딩을 확실히 했기 때문이에요. 대충 만든 음식이 30초 만에 나오는데도 잘 팔리는 건 타깃이 넓어도 그 타깃이 가지고 있는 '상황'에 대한 통찰 덕택이에요. 유타컵밥을 사 먹는 사람들은 연령대와 성별을 떠나 '바쁜 상황'에 놓여 있어요. 그들은 맛과 정성보다는 '빨리 나오는 것'에 모든 포커스를 맞추고 있죠.

예전에 기차역에서 샌드위치를 파는 40대 아주머니에게 제가 이런 이야기를 해드린 적이 있어요. "사장님, 여기에 크게 '단 3분 안에 포장'이라고 써 붙이면 좋을 것 같아요." 제가 기차를 타기 전에 샌드위치를 포장했는데 딱 2분 30초가 걸리더라고요. 엄청나게 빨리 나오는 거죠.

다음에 갔을 때 진짜 그렇게 써 붙여놓으셨더라고요. 저도 그 기차역을 지날 때마다 매번 들르는 곳이라 인사를 드렸더니 샌드위치를 공짜로 2개나 더 주셨어요. 너무 고맙다면서요. 이제 알바생을 더 쓸 정도로 급하게 포장해 가는 사람들이 많아졌다는 거예요. 제가 알려드린 문구 하나 때문에 말이에요.

딱 5분, 10분 여유를 두고 기차역에 도착한 사람들이 그 문구를 보고 급하게 끼니를 때우기 위해 샌드위치를 주문하는 거죠. 3분밖에 안 걸린다고 하니까(요즘에는 기차역마다 1분 완성이라는 카피가 유행하고 있어요). 다른 가게에 포장이 얼마나 걸리냐고 물어보는 것도 사람들은 귀찮은 거예요. 코로나를 겪고 나서 '언택트'에 대한 선호도 일부 반영된 거고요. 타깃으로 보자면 '바쁜데 허기진 사람'이 되는 거죠.

'무엇을 팔 것인가'보다 '누구에게 팔 것인가'를 먼저 떠올려 보세요. 그러면 고민의 무게가 한층 줄어들지 않을까 싶어요.

작지만 살아남는, 이유 있는 스몰 가게

#소자본창업 #콘셉트

많은 사람들이 대박을 꿈꾸며 음식 장사에 뛰어들어요. 혹자는 "그저 월 300만 원이라도 벌었으면 해서 차린 거다"라고 말하지만 현실은 어떨까요? 월 300만 원을 벌려면 얼마나 투자하고, 어느 정도 일해야 할까요? 그리고 이게 과연 쉬운 일일까요?

얼마 전에 만난 어느 중소 프랜차이즈 대표가 이런 이야기를 하더라고요. "사람들이 조금 안정감 있는 창업을 했으면 좋겠다."

안정감. 창업에서 안정감이 있을 수 있을까요? 그 대표의 말이 조금 아리송했어요. 그래서 관심 있게 주변을 둘러보니 안정적으로 장사를 하고 계시는 분들이 꽤 많더라고요. 안정감이란 적은 비용을 투자해서 만족할 만한 수익을 올리면 되는 아주 심플한 거였어요. 억 단위로 투자하는 것이 아니라 최대한 소자본으로 가게를 차리고 꾸려가면 되는 거죠.

송파구 삼전동에 정라멘이라는 곳이 있어요(지금은 개인 사정으로 운영하고 있지 않음). 가게가 그리 크지도 않아요. 바 테이블로만 구성되어 있는 홀은 좌석이 9개 정도 있고, 일하는 인원은 고작 2명. 사장님도 꽤 젊으시죠. 창업비가 얼마나 들어갔을까요? 그리고 하루 매출은 얼마나 나올까요?

염치 불구하고 여쭸더니 하루 방문객만 50팀이 넘는다고 했어요. 테이블 단가가 2만 원가량은 되니까 일매출 100만 원이 평균 매출인 셈이에요. 쉬는 날도 있을 것이고 잘되는 날을 기준으로 50팀이라 가정한다면 적어도 월 1500만 원에서 2000만 원의 매출은 나오는 셈이죠. 마진율은 프랜차이즈가 아닌 개인 브랜드이고 면 장사임을 감안해서 조금 보수적으로 잡더라도 30%. 1500만 원 매출일 때는 450만 원, 2000만 원 매출일 때는 600만 원 남는다는 거죠.

이 가게가 살아남은 이유는 뭘까요? 친절함? 맛? 위치? 뭐, 다 포함되겠죠. 아부리소바가 시그니처이길래 먹어봤는데 정말 엄지가 저절로 올라갈 정도로 맛이 있었어요. 그런데 그보다 중요한 건 리스크를 줄이는 투자가 아닐까 싶어요. 3억, 4억씩 돈을 들이지 않았기 때문에, 그리고 비교적 월세가 저렴한 곳에 들어갔기 때문에 꾸준히 오래 살아남으면서 투자금도 빠르게 회수할 수 있었던 거예요.

재미있게도 정라멘 옆 가게도 좀 특이해서 들어가 봤더니 그곳 역시 동네에서 살아남는 이유를 제대로 보여주는 곳이었어요. 인테리어가 아주 심플한, 밀크티와 스콘 디저트를 팔고 있는 카페는 어림잡아도 객단가가 1만 원 이상이었어요. 저 역시 밀크티 한 잔에 스콘을 주문했으니까요.

30분 정도 앉아 있는 동안 아주머니, 연인, 가족 등 10여 명 정도는 방문한 것 같아요. 카페 이름이 '콰이어트'라서 그런지 다들 조용조용히 대화하는 게 재미있게 느껴졌어요. 매장이 소박해서인지 회전율도 빨랐어요. 장시간 앉아서 공부하거나 책을 읽는 그런 분위기는 아니었지요.

이 가게를 차리는 데는 대략 얼마나 들었을까요? 밀크티와 스콘 카페를 운영하기 위한 레시피 교육을 빼놓고 실비만 따진다면 아마 1억 원 이하일 거예요. 아니 5000만 원대라고 봐도 무방하지 않을까 싶기도 하고요. 월세는 역시나 옆 가게와 비슷하게 저렴하겠죠. 아주 작은 동네 상권이니까요.

우리 주변에는 이처럼 소자본으로 창업하는 사람들이 많아요. 그런데 이분들의 특징은 공부를 엄청나게 한다는 거예요. 어떻게 하면 제대로 콘셉트를 잡을지, 시간이 들더라도 손님들이 혹할 메뉴를 만들고, 사진 찍고 싶어지게 하는 특징적인 메뉴를 내놔요. 각종 SNS를 수시로 하면서 동네 사람들에게 자주 노출하고요. 동네 사람들에게만 집중해서 노출하니 효과는 더욱 좋겠죠.

블로그, 식신, 푸딘코, 캐치테이블, 인스타그램, 네이버, 카카오맵을 찾아보면 이런 가게들은 여지없이 사진이 올라와 있어요. 사진을 찍고 싶게 하는 무언가가 장착되어 있다는 뜻이죠. 콘셉트가 제대로 잡혀 있는 거예요. 저 역시 사진도 찍고 영상도 찍었으니까요.

SNS에 음식 사진을 올려주면 음료수 한 병을 주는 이벤트가 유행한 적이 있었죠. SNS 초기에 사장님들이 생각해 낸 마케팅 방법이었어요. 지금도 여전히 통용되고 있고요. 음료수 한 병의 원가가 1000원이라고 쳐도 남는 장사라고 판단했으니까요. 그런데 그만큼의 돈도 들이지 않고 손님들이 사진을 올려준다면 오히려 비용을 투자하는 게 아니라 벌어들이는 셈이 되죠. 그럼 어떻게 하면 우리 가게의 사진이 SNS에 자동으로 올라가게 할 수 있을까요? 답은 아주 간단해요. 찍고 싶게 만들면 돼요.

최근 변화한 트렌드 중의 하나는 '맛'에서 '먹음직스럽게'로, 그리고 '먹음직스럽게'에서 '찍고 싶게', 더 나아가 그렇게 찍은 사진을 '공유까지 하고 싶게' 만드는 거예요. 푸드 아티스트들은 이제 그것까지 생각해서 메뉴를 개발하고, 프랜차이즈 회사 역시 어떻게 하면 음식을 촬영하고 싶게 할지, 어느 각도에서 촬영하면 예쁠지까지 계산하고 있어요. 이런 것을 전혀 생각하지 않는다면 트렌드를 따라가지 못하는 거예요. 이걸 연구하고 개발하는 직업이 있을 정도로 이쪽 산업도 꽤 많이 발달했으니까요.

동네에서 살아남으려면 맛도 중요하고 친절함도 중요해요. 하지만 그보다 더 중요한 것은 리스크를 줄이는 투자, 트렌드를 반영하는 콘셉트, 안정감 있는 창업이에요. 손님들이 알아서 광고를 해주고 그게 꼬리에 꼬리를 무는 재방문으로 이어지고, 더 나아가 콘텐츠화가 된다면 더할 나위 없겠죠.

처음부터 잘못 설계된 가게를 성공시키기는 쉽지 않아요. 그렇기에 더더욱 살아남을 수밖에 없는 이유를 생각하고 창업하셨으면 좋겠어요. 설령 지금 우리 가게가 곤두박질치고 있더라도 무엇을 바꾸면, 무엇을 버리고 새로 들이면 콘셉트가 달라질지, 상권에 맞는 걸 팔 수 있을지 고민해 보는 시간을 가지면 어떨까요?

신세계 신년사가 의미 있는 이유

#비전 #행동변화

이번 이야기는 다소 지루할 수 있지만 반드시 도움이 되는 이야기임이 분명해요. 저 역시도 이것을 장사에 접목해 무너질 뻔했던 가게를 다시 살릴 수 있었거든요.

몇 해 전 정용진 신세계그룹 회장의 신년사 영상을 봤어요. 그룹 전체에 보내는 신년사를 모두가 공개적으로 볼 수 있는 유튜브에 올렸는데 그게 굉장한 이슈가 되었어요. 일단 보통의 대기업들은 신년사를 유튜브에 공개하진 않아요. 그런데 정용진 회장은 대중에게 공개했고 더 나아가 대중의 공감을 불러일으켰어요.

신세계그룹은 자산 규모로 봤을 때 우리나라에서 10위 안에 드는 대기업이에요. 우리 같은 아주 작은 스몰 비즈니스, 동네에서 가게를 운영하는 사람들하고는 비교가 안 되죠. 혹자는 "내가 신세계그룹 신년사와 무슨 상관이냐"고 하실 수도 있을 것 같지만 그렇지 않아요.

'비전 선포'라는 말을 들어보셨는지 모르겠어요. 정용진 회장이 신년사에서 비전을 선포했어요. 비전 선포는 대기업이든 중견기업이든 중소기업이든 모든 회사에 필요해요. 정용진 회장의 비전 선포는 대중들의 반응을 불러일으키는 비전 선포였어요. 동네 장사에서도 공감을 일으킬 수 있는 비전 선포가 중요해요.

직원이 한두 명, 아니 알바생만 있는 가게도 비전은 있어야 해요. 아예 직원이 없고 부부끼리만 운영을 해도 서로가 공감할 수 있는 비전은 꼭 필요하고요.

예를 들어 휴대폰 판매점을 한다고 생각해 보죠. 올해 비전을 이런 식으로 세울 수 있겠죠. "판매에 집중하기보다는 친절한 설명에 집중하자" 혹은 "매달 새로운 이벤트를 열어서 신규 고객을 유치하자". 이건 비전이라기보다는 계획에 좀 더 가깝긴 하지만 어쨌든 이런 비전과 계획을 서로 공유하고 적어놓음으로써 생각보다 굉장히 크게 마음가짐이 바뀌게 돼요.

저는 매년이 아니라 매달 또는 분기별로 알바생들에게 비전을 전달했어요. 거창한 영상을 만들지 않았고 사내 이메일(?)을 보내지도 않았어요. 그냥 마주 보고 앉아 목표 의식을 설명하는 수준이었어요. 다만 반복해서 들려줌으로써 인지하게 했을 뿐이죠.

가령, 이번 달이 3월이라면 "3월은 모두가 기지개를 켜는 달이니까 좀 더 활짝 웃자"가 비전이 되었고, 4월이라면 "이번 달만큼은 손님의 클레임에도 쓴웃음보다는 미소로 보답하자"가 비전이 되었어요. '그게 무슨 효과가 있을까' 싶을 수도 있지만 알바생들은 아예 다른 사람인가 싶을 정도로 태도가 변했어요. 저는 깜짝 놀랄 수밖에 없었죠. 분명히 무뚝뚝한 녀석이었는데 방긋방긋 웃으면서 서빙하는 걸 보고 '이게 교육의 힘인가?' 하고 느꼈죠.

〈매일경제신문〉에서 윤석화 서울대 경영대학 교수가 쓴 칼럼을 읽은 적이 있어요. 제목이 "공감 못 받는 비전은 공허한 메아리일 뿐"이었어요. 이 대목을 보자면 비전은 대기업보다 스몰 비즈니스에 더 유리해요. 많은 사람들을 공감시키는 비전을 만들기는 어렵지만, 우리는 몇 명, 몇십 명 정도니까요. 아주 작지만 현실적인 비전을 충분히 제시할 수 있다는 거죠.

요즘은 모르겠지만 예전에는 집에 다들 가훈이 있었죠. 회사에는 사훈이 있고요. 매장에도 가훈과 사훈처럼 하나의 철학이 필요해요. 슬로건이라고 하면 더 와 닿을 것 같아요. 가훈, 사훈, 슬로건보다 좀 더 구체적이게, 하지만 계획보다는 좀 덜 구체적이게 길을 제시하는 게 비전이에요. 매년, 혹은 분기마다 비전을 선포하면 나도 직원들도 마음가짐이 달라지는 걸 느낄 수 있어요.

정용진 신세계그룹 부회장은 비전 선포 때 이런 말을 했어요. "고객은 절대 다시 돌아오지 않는다." 코로나 이전의 모습은 잊으라는 뜻이었겠죠. 하지만 전 여기에 다른 뜻도 내포되어 있다고 느꼈어요. '한 번 변심한 손님은 붙잡을 수 없다'는 거예요. 그래서 제가 처음 선포했던 비전이 '처음 온 손님을 반드시 한 번 더 오게 만들겠다'였고요. 실제로 이 비전을 이루기 위해서 많은 노력을 했던 게 기억나요.

예전에 일당 아르바이트로 벽돌을 나르거나 모래를 분리하는 작업을 한 적이 있어요. 현장에서 제 몸뚱아리는 한낱 기계 부품이더라고요. 그런데 현장을 지휘하는 감독에게는 뚜렷한 목표와 비전이 있었어요. 벽돌을 쌓아야 완성되는 건축물의 미래 모습을 보면서 확실한 길을 제시하는 거죠. 제가 벽돌을 조금이라도 다르게 쌓으면 바로 지적을 했고요.

전 이 건축물이 어떻게 지어지는지 모르고 그저 시키는 대로 벽돌만 옮기다가 중간에 완성된 조감도를 보게 되었어요. 그러자 일이 한결 쉬워졌죠. '감독님이 조금만 더 일찍 조감도를 보여줬더라면……' 이라는 생각이 들었어요. 내가 지금 일하는 것은 물론 돈을 벌기 위해서였어요. 하지만 내가 쌓은 벽돌이 결국에는 멋진 건축물이 되리라는 사실을 알게 되었을 때는 새로운 목적의식이 생기면서 없던 힘이 솟아났어요. 그날 제가 깨달은 거예요.

작은 가게를 운영하지만 그저 오늘 팔아서 내일을 살고, 내일 팔아서 모레를 사는 것보다는 한 달이 지났을 때 우리 매장은 어떤 변화를 겪었는지, 6개월이 지났을 때는 또 얼마나 성장했는지를 돌이켜 볼 수 있는, 일종의 가이드 역할을 하는 비전은 반드시 필요해요.

가고자 하는 방향이 정확하다면 무슨 수를 써서라도 가게 되어 있어요. 중간에 장애물이 나오거나 갈림길이 나와도 새지 않고 곧바로 간다는 뜻이에요. 장애물이 안 나올 리 만무하고, 샛길도 분명히 나오기 마련이겠죠. 다만 우리 매장의 비전이 확실하다면, 서로 같은 비전을 공유하고 있다면 뚜벅뚜벅 걸을 수 있고 분명히 발전할 수 있을 거예요.

왜 우리 동네 교촌치킨은 10년째 망하지 않을까?

#시그니처메뉴 #브랜드

얼마 전, 지인이 전화해서 그러더라고요. 자기 동네에는 본인이 어렸을 때부터 교촌치킨이 있었는데 10년째 장사를 하고 있다고요. 3년이면 절반이 망한다는 자영업 시장에서 그 교촌치킨은 어떻게 살아남을 수 있었는지 궁금하다고요.

"교촌은 프랜차이즈니까"라는 답은 너무나도 뻔하죠. 하지만 자세히 뜯어보면 교촌도 결국 동네 가게에 불과해요. 일반 자영업자, 가맹점주가 운영하는 곳이니까요. 그러니 분명 무언가 이유가 있어요. 그게 없었다면 10년이나 버티기란 쉽지 않았을 거예요.

10년 이상 유지되는 가게들에는 어떤 공통점이 있을까요? 바로 '시그니처 메뉴'라는 공통점이 있어요. "시그니처 없는 곳이 있나?"라고 반문하고 싶으시다면 동네 가게들을 한번 떠올려 보세요. 시그니처 메뉴가 있나요? 본인 가게에는요? 가게 메뉴판에 제일 크게 붙어 있는 메뉴가 있나요? 아니면 시그니처 메뉴가 2개, 3개, 4개씩 되진 않나요?

오래전 〈나 혼자 산다〉에서 이규형 배우가 전주에 뮤지컬 공연 연습을 하러 갔다가 여러 매장에 들러서 음식을 포장하는 장면이 나왔어요. 거기에서 이규형 배우는 모든 매장에 들어가서 "시그니처 메뉴가 뭐예요?"라고 물어요. 처음 방문하는 가게인 만큼 '실패하고 싶지 않다', '잘하는 걸 먹고 싶다'는 바람을 가진 거죠. 적어도 시그니처 메뉴는 그 가게의 얼굴이기 때문에 실패하지 않을 거라는 기대를 하는 거고요.

시그니처 메뉴는 고급스러운 식당에만 있는 게 아니에요. 음료를 파는 곳에도 반드시 있어야 되고요. 손님에게 선택권을 넘기기 전에 '당신, 우리 가게에서 이건 꼭 먹어봐야 돼'라는 강한 푸시가 필요한 거예요.

상담심리학을 전공한 이항심 교수는 《시그니처》에서 이런 이야기를 했어요. "누구도 대체하지 못하는 나만의 대표적인 강점이 곧 미래의 성공 동력이 되어줄 시그니처"라고 말이에요. 물론, 책에서는 사람의 시그니처에 대해 말하고 있지만 매장을 인간으로 비유해 보면 '대표적인 강점, 대표적인 메뉴, 대표적인 서비스'가 시그니처인 거예요.

교촌치킨의 시그니처는 역사가 오래된 만큼 몇 번 변하긴 했지만 우리나라 사람이 다 알 정도로 유명해요. 문제로 나오면 교촌치킨을 먹어본 사람은 쉽게 답을 이야기할 수 있을 정도죠. 그중에서도 대표적인 것이 허니 시리즈예요. 허니 시리즈는 매장당 하루 평균 35개, 전국에서 1년에 총 1300만 개가 팔렸어요(2019년 기준). 우리나라 인구 4명 중 1명이 한 번은 먹은 셈이에요. 이걸 본사에서 연일 보도하고 사람들에게 알리는 이유가 있어요. 굳건히 하기 위해서예요. 그리고 시그니처가 계속되길 희망하는 거고요. 허니 시리즈를 많이 팔기 위해서죠.

우리 가게에도 이걸 응용해 적용할 수 있어요. 시그니처로 만들고 싶은 메뉴가 있다면 이렇게 손님에게 푸시하는 거죠. "손님의 98%는 스모크 치즈 돈가스를 주문합니다." 배달 메뉴에도 적어놓을 수 있겠죠? '하루 157장 이상 판매되는 프리미엄 스모크 치즈 돈가스'라는 식으로 말이에요.

주점을 운영하는 H사장님을 컨설팅하며 50가지가 넘는 안주판을 손수 수정해 드린 적이 있어요. H사장님은 이것저것 다 팔고 싶어 하셨지만 손님들은 그런 메뉴판을 좋아하지 않아요. 혼란만 줄 뿐이죠. 우리나라 사람은 특히 더 선택하는 것을 좋아하지 않아요. 그래서 짬짜면이 등장했을 때 돌풍과 같은 인기를 얻었고요. 오래 살아남으려면 당연히 그 집 하면 머릿속에 팍! 떠오르는 메뉴가 있어야 돼요.

그리고 또 하나의 공통점은 바로 '브랜드의 힘'이에요. "교촌은 프랜차이즈니까, 본사에서 광고를 많이 해주니까 인지도가 높지. 동네 가게는 그렇게 못 하잖아?"라고 하실 수 있어요. 네. 그 말에 모든 힌트가 들어 있어요.

우리는 기업형 가게가 아니라 동네 가게를 운영하는 거예요. 동네 반경 1km의 손님들에게만 브랜드를 알리면 된다는 뜻이에요. 다른 동네도 필요 없어요. 멀리서, 전국 각지에서 찾아오는 맛집이 아니라는 거예요. 그런데 과연 동네 사람들이 일상생활을 하는 중간중간 느낄 수 있도록 우리 가게를 노출하고 있나요? 단지, '우리 집 맛있다. 싸다. 할인해 줄게'만 어필하고 있지는 않나요?

아직도 기억에 남아 있는 두 매장이 있어요. 한 곳은 한우를 파는 집이었어요. 매달 매장 밖에 현수막을 걸어놓는데 어버이날이 있는 달에는 어버이들께 인사하고 국군의 날이 있는 달에는 국군들께 인사하고 농민의 날이 있는 달에는 농민들께 인사했어요. 문구도 참 특이했죠. 국군의 날에는 '최강 ○○부대 ○○동을 지켜주셔서 감사합니다!'라고 적어놓으셨더라고요. 그 주위의 부대랑 동네 이름이었고요. 이 한우 집은 동네에서만큼은 브랜드가 확실했어요.

또 한 곳은 학원이었어요. 그곳은 '원생 모집' 현수막을 거는 게 아니라 자기 학생들에게 보내는 메시지를 현수막으로 걸었어요. "우리 예비 중학생들, 이번 시험 너무 고생했어", "방학 때는 공부보다 놀이에 집중해 주세요, 어머님!"과 같은 식이었죠.

물론, 각자의 상황에 따라서 브랜드 인지도를 높이는 작업이 필요 없다고 생각할 수도 있어요. 하루하루 바빠 죽겠는데 무슨 수로 거기에까지 신경을 쓰냐는 거죠. 그런데 오래도록 매장을 유지하고 싶으시다면 브랜드 인지도에 반드시 신경 써야 해요.

교촌치킨의 브랜드 힘은 자타가 공인할 만해요. 갑질 사건 때문에 그 위세가 잠시 떨어진 적도 있었지만 땅 밑까지 추락하기 전에 수습했고 살아남았죠. 교촌의 가맹점들이 10년째 가게를 운영할 수 있었던 것도 바로 그 브랜드의 힘 덕분이에요.

실제 정보공개서를 보더라도 2022년 계약 해지는 단 3건뿐이에요. 명의 변경은 140건이고요. 양도양수를 통해 폐업하지 않고 가맹점들이 오래 살아남을 수 있었던 거죠. 브랜드의 힘과 시그니처가 뒷받침해 주니까요. 지인이 본 교촌도 그렇지 않을까 하는 생각이에요.

10년 이상 유지되는 가게들이 가지고 있는 또 하나는 '쓸데없는 욕심을 버리는 것'이에요. 우리 동네 치킨집의 한 달 순이익은 얼마나 될까요? 우리 동네 백반집은요? 떼돈을 벌려고 시작하는 사람들은 그리 오래 버티지 못하는 게 자영업이에요. 요즘은 부푼 꿈을 가지고 1억 투자해서 1000만 원을 벌려는 사람들이 넘쳐나요.

요즘 돌아가는 상황을 보면 1억 원 투자에 500만 원 정도만 가져가도 꽤 괜찮은 수익이라는 분위기예요. 아니, 이것조차도 대박이라고 표현하는 사람들이 있죠. 너무나 힘드니까요. 그래서 소자본으로 창업하는 거고요.

모두가 알고 있듯이 자영업은 고정 급여가 아니에요. 매달 들어오는 돈이 다르기 때문에 매년 평균을 따져봐야 돼요. '내가 평균적으로 한 달에 얼마를 벌고 있는지' 실질적인 산출을 해봐야 한다는 거예요. 하지만 대부분의 사람들이 본인을 과대평가해요. 저 역시 그랬으니까요. 어쩌다 한 달에 1000만 원을 벌고 나서는 어딜 가나 나는 한 달에 1000만 원을 버는 사장이 되어 있었어요, 이미.

욕심을 버린다는 건 내가 투자한 금액에서 적정 수익을 얻는 것에 만족하는 거예요. 만약 거기에 만족하지 못할 거라면 창업해서는 안 돼요. 프랜차이즈 매장도 마찬가지예요. 조금 부풀리는 부분이 있겠지만 예상 매출을 얼추 얘기해 줘요. 교촌치킨도 상담을 받아보면 해당 지역에 오픈했을 때의 예상 매출을 얘기해 줘요. 그간 쌓아온 데이터가 있으니까요. 여기서 욕심을 부리고 '나는 벌어가는 돈이 더 중요하니까 어떻게든 많이 남길 거야'라는 마인드로 전락하면 외식업의 가장 큰 명언인 '초심'을 잃은 식당이 되어버립니다. 소스도 사입하고(본사에서 납품받지 않고 직접 외부에서 구입), 식재료도 싼 것만을 찾게 되죠.

30년 이상의 노포들이 똑같이 말하는 게 있어요. '욕심을 부리던 때도 있었지만 다 부질 없게 느껴져서 버렸다'는 거예요. 적당한 수익을 정하고 꾸준히 꾸려나가면 우리도 교촌처럼 10년 이상 오래 운영할 수 있어요. 지금 바로 우리 가게의 시그니처 메뉴는 무엇인지, 동네 사람들에게 우리 가게를 어떻게 인지시키고 있는지 살펴보세요. 그게 10년 이상을 운영하는 힘이 되니까요.

배달창업의 숨겨진 함정

#변동비 #마진율

코로나 이후 배달시장이 급격히 성장했어요. 코로나 전부터 계속 성장하는 추세였는데 코로나를 기점으로 폭발적으로 성장한 거죠. 물론 지금은 그 추세가 조금 사그라들긴 했지만 여전히 많은 분들이 배달창업에 관심을 가지고 있어요.

매장 장사는 점점 어려워지다 보니 저자본으로 창업이 가능한 배달 장사를 고민하시는 분들이 늘고 있어요. 일단, 배달창업은 홀매장보다 운영이 편해요. 신경 쓸 게 줄어들기 때문이죠. 작은 매장으로도 운영할 수 있으니 임대료도 덜 들어가고요. 그런데 과연 배달창업이 매력적이기만 할까요?

배달창업에는 아주 치명적인 함정이 하나 있습니다. 바로 '마진율'이에요. '임대료가 적어지니 당연히 배달창업의 마진율이 높지 않나?'라고 생각하기 쉬운데, 그건 하나만 알고 둘은 모르는 얘기예요. 현재 배달 전문 매장을 운영하시는 분들조차 간파하고 있지 못하거든요.

제가 상담한 케이스 중에 어느 지방 배달 프랜차이즈가 있었어요. 그 매장의 마진율은 10%가 채 되지 않았어요. 놀랍지 않나요? 홀매장의 마진율이 25~35%인데, 배달 매장이 10%밖에 안 되다니. 왜 그랬을까요?

이유는 다름 아닌 변동비였어요. 배달창업은 인건비도 임대료도 홀매장에 비해 적지만, 변동비는 홀매장보다 높기 때문에 마진율이 올라가기 힘든 구조거든요.

변동비는 매달 변하는 비용이라고 생각하시면 돼요. 배달 전문점은 앱 수수료와 배달 대행료가 큰 변동비에 속해요. 배달을 하면 할수록 앱 수수료와 배달 대행료가 똑같이 올라가는 거예요. 그래서 홀매장은 매출이 올라가면 올라갈수록 마진율도 올라가는 반면 배달창업은 매출이 올라가도 마진율이 똑같거나 아주 미세하게만 상승할 뿐이에요. 배달을 하면 할수록 변동비도 같이 오르니까요.

게다가 배달창업은 '경쟁의 끝판왕'이에요. 홀매장도 똑같지 않냐고요? 아니에요. 배달창업이 홀매장보다 훨씬 더 치열해요. 새로 생겨나는 업체 수와 프랜차이즈 수도 굉장히 많고요. 심지어 최근에는 같은 브랜드의 매장이 배달 앱에서 5개 이상 뜨는 영업 권역 파괴가 심해지고 있어서 동일 브랜드끼리 같은 동네에서 경쟁하는 경우도 많아요.

배달창업은 창업비용에 있어 매력적이라 많은 분들이 큰 고민 없이 시작해요. 홀매장 하나를 차리려면 적어도 1억 원 이상은 들여야 하는 반면 배달매장은 2000~3000만 원으로도 시작할 수 있거든요. 더불어민주당 강병원 의원실에서 배포한 자료에 따르면 2018년 2만 7500개였던 배달 업체는 2019년에 4만 7900개로 늘어났고, 코로나를 기점으로 2020년에는 14만 9000개로 폭증했어요. 어마어마하죠. 2018년과 비교하면 배달창업이 540% 이상 증가한 꼴이에요. 2023년에는 30만 개가 넘었고요. 지금은 더 많아졌겠죠.

배달창업을 하는 분들 중에는 무경험자가 많아요. 진입장벽이 아주 낮기 때문이죠. 그래서 실패 확률이 높아요. 홀매장의 경우에는 사람의 눈을 보면서 이야기하고 진심이 담긴 표정으로 사과하면 어떠한 클레임이라도 무마되는 경우가 많지만 배달은 고객의 파워가 너무나 세요. 가차 없이 별점 테러를 남기니까요. 게다가 홀매장이 누릴 수 있는 오픈빨, 신장개업의 효과도 누리지 못해요. 리뷰와 평가 점수가 없는 매장을 알리기가 매우 어렵거든요. 오히려 오픈 초기에 오픈빨이 아니라 비용을 광고에 좀 더 쏟아부어야 자리를 잡을 수 있어요.

게다가 미흡한 포장, 음식 퀄리티 저하 등의 문제가 발생하기 쉬워요. 그럴 때 홀매장은 주변 가게 사장님이나 알바생들에게서 조언을 받기도 쉽지만 배달창업에는 그런 조언자가 없어요.

배달창업에는 적은 투자금으로 많은 수익을 내고 싶은 기본적인 심리가 깔려 있어요. 어느 배달 프랜차이즈에서 예비 창업자들을 대상으로 설문을 실시한 결과 창업비 3000만 원에 예상 월 순이익금을 500만 원이라고 답한 경우가 절반 이상이었어요. 아무리 배달이 급부상하고 있다고 해도 매달 16% 이상을 순이익금으로 바란다는 것은 글쎄요, 홀매장으로 친다면 1억 원을 투자해서 월 1600만 원을 벌기 바라는 셈인데, 이게 과연 쉬운 일일까요?

장사 기술과 무관하게 배달 장사를 하시는 분들 가운데 우울증에 시달리는 사람들이 많다는 것도 눈여겨봐야 돼요. 배달 장사를 하는 분들은 대개 혼자 주방에서 조리를 해요. 인건비를 줄이기 위해서죠. 그러다 보면 조리만 하는 기계가 되어가고 점차 지칠 수밖에 없어요. 하루 10시간, 12시간씩 조리만 하다 보면 별 생각이 다 들기도 하고요. 웬만한 멘탈의 소유자가 아니라면 '나 지금 뭘 하는 거지?'라는 생각에 빠져들기 쉬워요. 특히나 지방의 소규모 상권에서는 더더욱 그렇고요.

그래서 공유주방 업체를 이용하는 사장님들도 있어요. 실제 공유주방 업체들은 사장님들의 커뮤니티를 조성하기 위해 노력하기도 하고요. 주방에서 기계처럼 조리만 한다는 것은 공장에서 똑같은 일을 반복하는 것과 비슷해요. 그리 쉬운 일이 아니죠. 함정 속의 함정에 다시 빠지게 되는 셈이죠. 그런데 음식만 반복적으로 만드는 것은 그나마 다행일지 몰라요. 사장이라면 리뷰 관리, 즉 소통과 커뮤니티 능력까지 지녀야 하기 때문에 정신적인 피폐함은 홀매장보다도 오히려 더 심각한 수준이라는 것을 꼭 아셨으면 좋겠어요. 아, 배달 어플 기능을 끊임없이 배워야 하는 건 아주 기본 중에 기본이라는 점도 간과하지 않으셨으면 하고요.

이제 권리금 많이 주면 큰일 납니다

#권리금 #공간의힘

자영업을 말하면서 빼놓을 수 없는 게 권리금이에요. 상가건물임대차보호법 제10조는 권리금을 이렇게 정의하고 있습니다. "임대차 목적물인 상가건물에서 영업을 하는 사람 또는 영업을 하려는 사람이 영업시설·비품, 거래처, 신용, 영업상의 노하우, 상가건물의 위치에 따른 영업상의 이점 등 유형·무형의 재산적 가치의 양도 또는 이용 대가로서 임대인, 임차인에게 보증금과 차임 이외에 지급하는 금전 등의 대가를 말한다." 말이 좀 어렵죠. 한마디로 '보증금 이외에 금전적 대가'를 의미하는 거예요.

이런 권리금이 몇 년 전만 해도 당연했어요. 하지만 최근에는 권리금을 많이 쳐주지 않는 게 대세로 바뀌고 있어요. 코로나 이후 사정이 많이 바뀌었거든요. 바닥권리금(초 중심상권이나 입지가 아니라면 바닥권리금은 서서히 없어지고 있는 추세예요)과 영업권리금(매장에서 월 단위로 벌어들이는 금액에 대해 1년을 기준으로 매겨지는 금액이며 매장마다 상이해요)에 대해서는 예비 창업자 입장에서 쉽사리 수긍하지 못하는 분위기도 팽배해지고 있어요. 그나마 시설권리금(매장 안의 시설에 매겨지는 금액으로 고가의 장비가 아닌 이상 크게 의미가 없어요) 정도를 인정하는 추세죠.

파는 사람은 권리금을 많이 받기 위해 주변 바닥권리금의 시세, 온갖 매출 자료나 수익 자료를 보여줘요. 하지만 이제 사는 사람은 이 권리금을 예전과 같은 가치의 권리금으로 보지 않아요. 왜 그럴까요?

이제 권리금은 더 이상 보존받지 못하는 돈이라는 생각이 지배적이기 때문이에요. 내가 바닥권리금으로 1억 원을 줬을 때 과연 이걸 회수할 수 있을까를 먼저 생각하는 거예요. 코로나로 인해서 바닥권리금도 회수하지 못한 사람들이 넘쳐났거든요. 또 경기침체로 인해 권리금을 온전히 회수하지 못할 거라는 생각도 널리 퍼졌고요.

명동에 3억 원 가까운 바닥권리금을 주고 들어간 P대표님은 그 매장 하나 때문에 홍대와 신촌에 있는 가게까지 위태위태해졌어요. 홍대와 신촌에 있는 술집은 그나마 버틸 만했는데 투자금이 가장 높았던 명동 때문에 법인 매출이 급감하고 대출을 계속 받아야 했거든요. 아무리 다시 명동을 찾는 사람이 늘어나고 있다 해도 그만큼의 권리금을 내고 들어갈 사람이 있을까요? P대표님은 권리금을 받고 아무런 손해 없이 그 매장을 나오려면 한참을 더 기다려야 할지도 몰라요.

권리금에 대한 법적인 보호장치가 생기긴 했지만 사실상 바닥권리금과 영업권리금은 제대로 측정해 주는 곳이 없어요. 파는 사람과 사는 사람의 눈치게임으로 금액이 정해지는 측면이 많거든요. 그렇다 보니 '선수들' 사이에서는 시장에 눈이 밝지 않은 사람들을 벗겨먹는 수단으로 사용되고도 있어요. 실제로 어떤 가게는 컨설팅사마다 권리금이 다르게 책정되어 있어요. 이쪽에서는 권리금이 2억 원인데 저쪽에서는 1억 5000만 원이고 또 다른 곳에서는 5000만 원이에요. 주인에게 직접 물어보면 권리금 없이 지금 당장 계약할 수 있다고 하는 경우도 있고요. 저에게 상담 요청을 하시는 분들 중에도 권리금을 허공에 날린 사례가 있을 정도고요.

이제는 공간의 힘을 믿는 사람들이 많아졌어요. 상권의 힘을 믿고 권리금을 많이 주는 대신에 '공간에 그 돈을 투자해서 사람들을 끌어모은다'는 거죠. 인스타그램과 유튜브가 대세가 되면서 이런 경향이 점점 더 강해졌어요. 이제는 손님을 끌어들이는 매장을 만들기 위해 조명에 돈을 들인다거나 건물 외부(파사드) 인테리어에 신경을 써요. 그래야 노출이 잘되고 그 가시성으로 인해 사람들의 입에 오르내릴 테니까요. 매장의 집기, 타일, 메뉴판까지 이색적이거나 고급스럽게, 콘셉트를 맞춰서 디자인하는 거예요. 사람들에게 소문이 나도록 말이죠.

신림에서 매장을 3개 운영하고 있는 J대표님은 매장 콘셉트에 맞는 그릇을 구하기 위해 일주일을 돌아다니다가 결국 수입을 택했어요. 일반인들이 보기에 집착 아니냐고 할 정도로 세밀함이 돋보여요. 저와 함께 사업을 하고 있는 B2K Branding 김도현 대표도 그릇 하나 집기 하나에 온갖 심혈을 기울여요. 투자할 곳에는 과감히 투자를 하고요. 권리금을 많이 주지 않는 전략을 취하기에 가능한 일이에요. 아낀 돈을 시설, 집기, 콘셉트에 투자하는 거죠.

버거킹, 공차, GS 등 여러 프랜차이즈에서 수년간 전략 점포개발을 했던 이홍규 상권분석 전문가는 제가 운영하는 '똑똑한 사장들의 모임' 세미나에서 '가성비 점포 개발'에 대한 전략을 제시했어요. 돈을 적게 줘도 가성비 있는 자리를 충분히 찾을 수 있다고요.

게다가 이제는 많은 예비 창업자들이 예비비를 준비하세요. 창업 이후 적어도 6개월은 자리를 잡는 기간, 알리는 기간, 사람들에게 인지시키는 기간이 되어야 한다는 거죠. 그러려면 좀 더 버틸 수 있는 여유가 필요하기에 권리금 대신 예비비를 만드는 거예요.

이제 고가의 권리금, 고가의 인수 창업이 매출을 담보해 주지 않아요. 장사를 한 번도 해보지 않은 사람이 상권이 좋다고, 영업이 이미 잘 된다고 운영을 잘할 수 있을까요? 모든 것이 내가 이루어낸 결과물이 아니기에 운영 역시도 쉽지 않은 거죠.

얼마 전 만난 L사장님은 지방에서 중식으로 월 1억 원의 매출을 올렸지만 서울로 진출하고 나서는 고작 월 2000만 원을 팔고 있어요. 홍대 상권 2층에서 400만 원이 넘는 월세를 내고 말이에요. 만약 이 사장님의 전략이 중심상권이 아니라 외곽상권이었다면 어땠을까요? 임대료와 보증금을 절반으로 낮추고 공간에 힘을 더 줬더라면 이런 결과가 나오진 않았을 거예요.

최근 상권을 둘러보다가 다시 권리금이 생겨나는 것을 발견했어요. 하지만 이제 똑똑해진 창업자들이 그 권리금을 제대로 된 권리금으로 평가하지 않는 분위기도 역시 팽배해요. 초보 창업자일수록 권리금을 많이 주면 큰일 난다던 백종원 대표의 말이 떠올라요. '권리금을 많이 줘야 좋은 매장을 살 수 있다'는 말이 정답은 아니라는 것, 꼭 기억했으면 해요.

쪼개고, 쪼개고, 쪼개라

#포지셔닝 #세분화

폐업하는 가게들 주변에는 유독 꿋꿋이 버티면서 살아남는 곳들이 있어요. 대체 어떤 가게들일까요?

마케팅 전략 중에 STP라고 들어보셨을 거예요. 세그멘테이션(Segmentation), 타기팅(Targeting), 포지셔닝(Positioning). 그중 '포지셔닝'에 대해 이야기하고 싶어요. 포지셔닝을 제대로 취해야 생존하고, 또 돈을 버니까요.

경영학에서는 포지셔닝을 이렇게 정의해요. "소비자들의 마음속에 자사 제품의 바람직한 위치를 형성하기 위한 과정." 보통은 쉽게 이

걸 '이미지'로 이야기하는 경우가 많아요. 나의 이미지가 사람들에게 어떻게 비치는지, 우리 가게의 이미지가 동네 사람들에게 어떤 식으로 보여지는지 말이죠. 그런데 이미지라는 게 추상적이잖아요. 그래서 제가 다시 한번 쉽게 말씀드려 볼게요.

우리 동네에 24시간 콩나물 국밥집이 하나 있어요. 현재 7년 이상 운영하고 있는데 24시간 가게로는 장사가 제일 잘돼요. 누구도 따라갈 수가 없어요. 이유는 24시간 가게가 이것 하나밖에 없기 때문이죠. 적어도 3km 근방에는 24시간 식당이 없어요. 그럼 줄곧 24시간 가게가 없었느냐. 그건 아니에요. 다 문을 닫았을 뿐이에요. 확실한 포지셔닝을 취하지 못한 거예요.

24시간 식당은 언제 가더라도 똑같은 응대, 쉬는 날도 없이 장사를 하는 게 포지셔닝이에요. 새벽 3시에 만취해서 가든, 명절 당일날 야근을 하고 가든 매장 문이 열려 있어야 한다는 거죠. 새벽 5시에 갔더니 근무자가 졸다 일어난다거나 간판은 24시간인데 24시간은 가끔만 한다거나 하면 포지셔닝이 뒤틀리고 있는 거죠. 동네에 있는 다른 24시간 가게들이 그랬어요. 심지어는 새벽에 가면 직원이 자고 있기까지 했고요. 결국 오래가지 못했죠. 하지만 살아남은 24시간 콩나물 국밥집은 달랐어요. 늘 한결같았거든요. 이게 바로 포지셔닝에서의 '이미지'예요.

포지셔닝을 또 다르게 쉽게 이해하려면 '위치와 자세'로 생각하면 돼요. 스포츠에서도 포지셔닝은 '위치와 자세'로 통하고 있고요. 축구에서 공격수의 자세는 늘 상대편 골문을 예의주시하는 것이죠. 위치는 전방이고요. 한편 공을 무조건 잡거나 쳐내야 하는 골키퍼의 자세는 늘 양손이 위로 들려 있어요. 위치는 우리 골문 바로 앞이고요.

저의 직접적인 사례도 있는데요, 제가 첫 회사에 입사했을 때만 하더라도 지방 촌구석에서 서울로 취직한 터라 숫기가 없고 쭈뼛쭈뼛 적응이 쉽지 않았어요. 그런데 어느 날 상급자인 디자이너분의 컴퓨터가 고장 나서 도와드리게 되었어요. 상급자가 도움을 청하니 '이것이 혹시 기회인가?'라는 생각에 열심히 열의를 다 했죠. 수리라고 해봐야 포맷하고 윈도우를 설치하는 정도였는데 그게 회사에 소문이 나서 전 전략기획팀이었는데도 컴퓨터를 수리하고 심지어 납땜까지 하는 지경에 이르렀어요. 제 포지셔닝은 기획을 했어야 했지만 컴퓨터를 수리하는 사람으로 가고 있었던 거죠.

처음 가게를 오픈할 때 우리는 포지셔닝에 대해 유심히 생각해 봐야 돼요. 누군가는 '포지셔닝은 제일 마지막에 하는 것'이라고 하면서 인물화에서 눈을 마지막에 어떻게 표현하느냐에 따라 그림의 성질이 결정된다고 하죠. 하지만 가게는 눈부터 먼저 그리고 시작하는 것이 맞아요. 눈을 순진하게 그릴 건지, 매섭게 그릴 건지, 또는 바보처럼 표현할 건지 말이에요.

확실한 캐릭터를 가지고 오픈하라는 이야기예요. 가게를 차려놓고는 '이런 음식을 좋아하는 손님이 많을 것 같아'라면서 급하게 포지셔닝을 하려고 하면 시간과 비용 그리고 노동 면에서 이루 말할 수 없을 만큼 비효율적이기 때문에 기획할 때부터 심혈을 기울여야 돼요.

예를 들어 아이템을 정할 때에도 동네를 쭉 조사해 보고 분류별로 항목을 나눠서 다 체크해 보는 게 좋아요. 그저 '나는 분식집을 오픈할 거야'가 아니라 '여기서는 뭘 하면 괜찮을까'로 접근해야 한다는 거죠. 경쟁자를 파악하고, 매출 범위도 보고요. 경쟁 강도가 심하지 않은 곳을 제대로 포지셔닝해서 들어간다면 승산이 있으니까요. 우리는 돈을 벌려는 것이지 취미생활을 하려는 게 아니잖아요.

요즘은 인터넷으로 조금만 검색해도 모든 상권 정보를 볼 수 있기 때문에 웹에서 한 번 점검한 뒤에 실제 현장에 나가보면 훨씬 더 많은 정보가 눈과 귀에 들어와요. 그 말인즉, 확실한 포지셔닝을 처음부터 정해놓고 시작해야 한다는 거예요.

저는 동네에서 탕수육을 먹으러 갈 때에는 꼭 한 집만 가요. 이 집이 제 입맛에 잘 맞거든요. 제가 찹쌀로 튀긴 걸 좋아하고 그 집은 질 좋은 등심을 이용해서 냄새도 전혀 나지 않아요. 이 중국집은 포지셔닝을 제대로 하고 있는 거예요. 배달을 하지도 않고, 고급 메뉴도 같이 팔아요. 그래서 손님 접대가 필요할 때면 이 중국집을 찾죠. 지난 코로나 기간에 배달을 시작하셨을 법도 한데 끝까지 안 하시더라고요. 오히려 신메뉴를 내놓으면서 버티셨어요. 지금은 다시 손님이 많아졌고요.

더 쉬운 예로 스타벅스와 메가커피를 들 수 있어요. 둘의 포지셔닝은 확실히 다르죠. 브랜딩과는 또 다른 이야기인데 고급과 가성비로 나뉘는 대표적인 케이스예요. 반대로 애매한 포지셔닝의 브랜드들도 많죠. 고급스러운 이미지를 내세우지만 전혀 고급스럽지 못함에도 가격이 비싸고 맛도 그저 그런. 애매한 포지셔닝에 소비자들이 선택하지 않게 되는 그런 브랜드들 있잖아요.

마케터라면 한 번쯤 읽어보셨을《포지셔닝》이라는 책에 이런 내용이 나와요. 바로 '세 대의 비행기'예요. 대서양을 횡단한 최초의 비행사는 찰스 린드버그지만 사람들은 세 번째 횡단에 성공한 에어하트라는 사람도 잘 알고 있어요. 아니, 1등만 기억하는 이 더러운 세상에서 3등까지 기억하는 이유는 뭘까요? 에어하트는 여성 비행사로는 최초로 대륙을 횡단했기 때문이에요. 최초의 여성 비행사. 인류 역사상 대륙 횡단의 최초는 아니었지만 여성 비행사로서는 최초인 셈이었죠. 포지셔닝에 세분화, 즉 세그멘테이션이 더해진 거예요.

경제경영의 대가들은 세분화하고 또 세분화하라고 해요. 포지셔닝을 취하려고 하다 보면 이미 많은 경쟁자들이 포진해 있기 때문에 거기에서 더 세분화해서 포지셔닝을 하라는 거죠. 이건 비단 장사에만 국한되는 이야기가 아니에요. 삶에서 나의 포지셔닝도 가끔은 뒤돌아볼 필요가 있어요. 내가 하고 있는 일에서 '나는 과연 제대로 포지셔닝을 하고 있나' 하고 말이에요.

1% 고수들의 루틴

#333법칙 #97%

'333법칙'을 알고 계신가요? 저 역시 많이 활용하고 있는 법칙이고, 동네에서 소주와 맥주를 팔던 청년이 월 3000~4000만 원을 꾸준히 벌게 해준 핵심 법칙이기도 해요. 제가 이 청년을 알게 된 것은 2년 정도 되었어요. 처음 만났을 때 그 스토리가 너무나 재미있어서 시간 가는 줄 모르고 푹 빠져서 들었던 기억이 나요.

'333법칙'이란 '3권의 책을, 3번씩 읽고, 30일 동안 집중하는' 거예요. 자기계발서에 흔히 나오는 뻔한 이야기 같죠? 저도 처음에는 그렇게 생각했어요. 그런데 제가 실제로 활용해 보니까 생각보다 어려웠어요. 하지만 어떤 분야에든 써먹을 수 있는 기술이었지요.

예를 들면 이런 거예요. 만약 내가 장사를 하고 싶다면 해당 분야의 책 3권을 골라서 3번을 읽고 30일 동안 거기에만 죽어라 집중하는 거죠. 더 자세하게 설명하면, 어떤 일을 시작하든지 간에 일단 책으로 먼저 접하라는 거예요. 그것도 3권을 3번씩, 30일간 집중해서 파보면서 말이죠. 그렇게 확실하게 이해한 뒤에 실행에 옮기는 거예요.

과연 이게 소용이 있을까 하는 생각이 드실 수도 있어요. 네, 있어요. 왜냐하면 일단 책 3권을 읽는 것에서 적어도 50%는 나가떨어지거든요. 저도 책을 읽어보지 않고 그대로 장사를 시작했어요. 정말 엉망진창이었죠. 물론 그 뒤에 어깨수술을 하게 되면서 병원에 입원을 하고, 그때부터 책을 읽으면서 많은 변화를 겪었죠.

책은 해당 분야의 깊고 방대한 지식을 압축해서 정리한 거예요. 그래서 많이 읽으면 읽을수록 좋아요. 다만, 자신이 하고자 하는 일에 대한 책을 고를 때는 분야별로 아주 세세히 다룬 것을 골라야 돼요. 그리고 그걸 3번 이상 읽고 30일간 집중하는 거죠. 가령 내가 장사를 할 거라면 무슨 장사를 할지, 그러니까 식당을 할지, 편의점을 할지, 옷가게를 할지 등으로 분류가 나뉘죠. 여기에서 식당이면 식당, 편의점이면 편의점, 옷가게면 옷가게 분야의 책을 읽는 거예요.

관련 책을 3권 골라서 독파하면 30%는 알아듣고 70%는 그냥 잊어버리게 돼요. 그래서 3번을 읽어야 한다는 거고요. 책을 두 번째 읽게 되면 대부분을 흡수하게 되고 마지막 세 번째 읽었을 때는 저자의 의도까지 모두 파악하게 된다는 거죠.

사실 내 생사가 걸린 문제이기 때문에 3번을 읽는 게 그리 어려운 일도 아니에요. 저도 그렇게 실행을 하고 있고요. 물론, 주의해야 할 점이 있어요. 바로 실전과 관련된 책 2권과 이론서 1권이라는 비율이에요.

책에는 본인의 경험담을 토대로 자세히 설명한 책이 있는가 하면 학술적으로 풍부한 이론을 담은 책이 있어요. 둘 다 필요한데 하나에만 쏠리게 되면 편향되고 잘못된 정보를 흡수할 수도 있기 때문에 2가지로 분류해서 구입하라는 거예요. 3권의 책에서 비슷하게 이야기하는 부분이 있다면 그건 경험자들의 꽤 가치 있는 정보이기 때문에 반드시 참고해야 하고요.

책을 읽었는데도 머릿속에 아무것도 남지 않은 경우가 많을 거예요. '그 뭐였더라……' 하면서 말이죠. 그래서 외우는 게 아니라 이해할 수 있도록 꼭 3번을 읽어보셨으면 좋겠어요. 그렇다고 3번 완독하라는 의미는 아니에요. 정 어려우시면 영화를 두 번 볼 때의 감동을 생각해 보시면 실행에 옮기기가 더 쉬울 거예요.

1% 고수들은 '333법칙' 말고도 또 실행하는 것이 있어요. 바로

'97%'에 집중한다는 거죠.

무슨 말이냐고요? 97%의 사람들이 원하지만 97%의 가게들은 하지 않는 것을 찾아야 한다는 거예요. 이 내용은 김종봉·제갈현열 님이 쓰신 《돈 공부는 처음이라》에도 나와요. 획기적이고 특별한 아이템을 찾기보다는 대중이 원하는 것 중에 기존 가게들이 하지 않는 것을 찾으라는 의미예요.

이미 무섭게 성장한 두찜 역시 그렇게 탄생했어요. 두 마리 치킨은 있는데 왜 두 마리 찜닭은 없냐는 생각에서 시작된 브랜드예요. 한때는 트렌드에 맞춰서 한 마리는 바로 먹을 수 있게, 나머지 한 마리는 밀키트로 배달해 주기도 했죠. 한 마리의 가격이 1만 원이라면 두 마리의 가격은 2만 원이 아니라 1만 5000원이에요. 좀 더 저렴해 보이는 가치를 담았죠. 배달 마진을 생각해서 단가를 높이는 대신에 그만큼 값어치 있게, 사람들이 주문할 수 있게 밀키트까지 접목시킨 거예요. 우리나라 97%의 사람들이 좋아하는 닭요리이지만 97%의 찜닭 가게에서는 하지 않았던 서비스를 선보인 거죠.

두끼라는 브랜드도 그래요. 두끼는 분식집인데 뷔페 조리식이에요. 한창 성장할 나이에 아무리 많이 먹어도 배가 부르지 않은 청소년들과 대학생들을 타깃으로 했고요. 저도 두끼에 갔다가 깜짝 놀란 기억이 있어요. 제 나이가 제일 많았거든요. 심지어 일하시는 분들도 죄다 20대였고요. 97%의 10대, 20대가 좋아하는 분식을 97%의 분식집들이 하지 않는 서비스로 승화시켰어요.

이 두 브랜드가 정답이라는 말은 아니에요. 다만, 분명히 생각해 봐야 할 부분들이 있다는 거죠. 왜 짜장면 위에 복어튀김을 얹어 줬을까, 왜 짬뽕에 갈비를 넣었을까, 왜 돈가스로 비냉세트를 만들었을까를 생각해 보면 좀 더 와 닿지 않을까 싶어요.

'333법칙'과 '97%'도 중요하지만 1% 고수들에게 가장 중요했던 건 결국 '시간과 노력'이에요. 너무 뻔하다고요? 아뇨. 뻔하지 않게 말씀드릴게요.

제가 만나본 1% 장사 부자들의 과거에는 반드시 '시간과 노력' 그리고 '꾸준함'이 있었어요.

그분들 중에는 한 번에 매장을 2개씩, 3개씩 확장하신 분이 단 한 분도 없었고요. 심지어 수천 개의 가맹점을 운영했던 김승호 회장 역시 1개의 매장으로 시작했지요. 다들 돈이 많아서, 금수저라서 장사도 사업도 처음부터 잘했을 거라고 생각하지만 정확히 그 반대였어요.

매장 20개를 가진 32세의 젊은 대표를 보고 누군가는 이렇게 말하더라고요. "부모가 돈이 많은가 보네"라고요. 아니에요. 제가 직접 두 눈으로 봤는데 평일엔 무조건 매장에 나가고 8000원짜리 육개장을 사 먹는 손님에게도 90도로 인사를 하시더라고요. 첫 매장을 오픈했을 때에는 1년간 혼자서 15평 남짓의 매장에서 하루도 쉬지 않고 12~13시간씩 일을 했고요. 지금도 그 감을 잃지 않기 위해 평일에 몇 시간은 현장에 간다고 해요.

엠제이 드마코의 저서《부의 추월차선》에 이런 내용이 나와요. 람보르기니에서 내리는 사람을 보고 세 사람이 보여주는 반응이에요. 첫 번째 사람은 "이야, 저 자식 좋은 집에서 태어났나 보네?"라고 했고 두 번째 사람은 "뭘로 저렇게 돈을 벌었을까?"라고 했어요. 그런데 마지막 세 번째 사람은 "안녕하세요. 정말 죄송한데 혹시 질문 하나 해도 될까요? 혹시 무슨 일을 하시는 분이신가요?"라고 했어요.

첫 번째 사람은 그저 부러움 반, 시기 반으로 '부모가 돈이 많을 거다'라고 넘겨짚은 것이고, 두 번째 사람은 궁금한데도 직접 물어보진 않았지요. 마지막 세 번째 사람은 뚜벅뚜벅 걸어가서 정중하게 물어봤고요. 그게 바로 엠제이 드마코였던 거죠. 이 이야기에는 작은 실행이 갈수록 격차를 벌린다는 진리가 담겨 있어요.

1% 장사 부자들이 처음부터 장사 부자였던 것은 아니에요. 그들은 말 그대로 허리가 끊어지게 노력해서, 하루도 안 쉬고 일해서, 끊임없이 자아성찰을 해서 현재의 성공을 이루어 냈어요. 반면 그들을 만나는 99%의 사람들은 처음부터 이렇게 물어보죠. "혹시 요즘 좋은 아이템 없습니까?"

일전에 어느 강연에서 수강생이 강연자에게 질문을 했어요. 당시 강연자는 업계 유통 쪽에서 내로라하는 분이셨는데 수강생의 질문은 '좋은 공장을 찾는 법'이었어요. 그러니까 강연자님이 잘 알고 있으니까 소개를 좀 해주세요라는 속내가 있었던 거죠.

강연자는 시원하게 해답을 줬어요. "마트로 달려가세요"라고요. 마트에 가서 자신이 평소 괜찮게 생각했던 식품의 라벨을 보고 공장 주소와 전화번호를 확인한 뒤에 연락을 해보라는 거였어요. 수강생이 고개를 갸우뚱거렸어요. 그러자 강연자는 "그것도 해보지 않고 물어보는 것 자체가 잘못됐다"고 일침을 놓았죠.

직접 발품을 팔아봐야 알아요. 모든 분야가 그래요. 장사로 치면 동네에서 잘나가는 가게들의 쓰레기통을 뒤지는 것, 어떤 재료를 어떤 제조사에서 가져오는지 혹은 얼마에 떼오는지 알고 싶으면 쓰레기통까지 뒤지라는 것이었어요. 예전에 〈백종원의 골목식당〉에 나왔던 지하의 햄버거 매장이 '쓰레기통을 뒤진 적이 있다'고 해서 백종원 대표의 칭찬을 받은 적이 있죠. 그만큼 절실하면 하게 되어 있어요.

그리고 '망설임 없이' 실행해야 해요. 앞서 소개했던 엠제이 드마코가 람보르기니 주인에게 '혹시 직업이 무엇입니까'라고 망설임 없이 물어봤던 것과 같은 맥락이에요.

거리를 지나가다가 '저 건물은 가격이 얼마일까?', '저 점포는 월세가 얼마일까?' 궁금해져도 부동산에 전화해서 바로 물어보는 사람은 소수입니다. 제가 한번은 미국의 백종원이라 불리는 틸만 페르티타의 책《부자 탄생 시크릿》을 읽고, 매일 차로 왔다 갔다 하는 거리를 걸어서 왔다 갔다 해봤어요. 그랬더니 정말 책에 쓰인 것처럼 안 보이던 것이 보였어요. 그만큼 실행은 그 값어치가 어마어마해요.

장사에서 실행은 수없이 많아요. 가장 기본적으로는 QSC(퀄리티, 서비스, 클린). 그리고 이걸 세세하게 나눠서 점검하는 것. 이게 귀찮고, 힘들고, 별로 중요하지 않다고 생각되면 그만 장사를 접어야 하는 시기가 되었다는 뜻이에요. 작은 실행도 하지 못하니까요.

어제 만난 모 스타트업 대표가 이런 이야기를 해주더라고요. "이거 따지고 저거 따지면 할 수 있는 게 뭐가 있겠어요. 일단 해봐야 아는 거죠." 광고 효율과 관련된 이야기를 하다가 "아, 효과가 있을까요……?"라는 제 말에 대한 대표님의 대답이었죠.

창업 전이라면 첫 번째로 말씀드렸던 '333법칙'을 실행해 보셨으면 좋겠어요. 3권의 책을 3번씩 읽고 30일간 집중하는 것이죠. 현재 너무 뻔하게 장사를 하고 있나 하는 생각이 드신다면 두 번째로 말씀드렸던 '97%'에 집중해 97%의 사람들이 원하지만 97%의 가게들이 하지 않는 것을 생각해 봐야 하고요. '무언가 특별한 방법이 없을까' 하는 생각이 드신다면 모든 고수들은 '시간과 노력, 꾸준함'이 있었다는 것을 잊지 마셨으면 좋겠어요. 그리고 무엇보다 중요한 실행. 실행에 옮기지 못한다면 그냥 말짱 도루묵이라는 사실을 기억하세요.

2부

작은 가게의
특별한 장사 노하우

#장사의실천

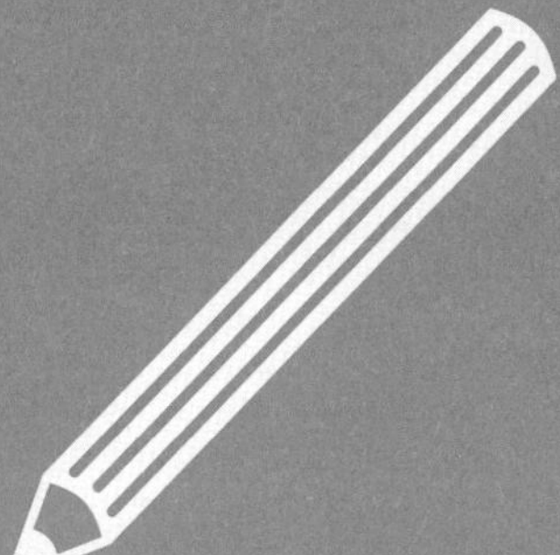

1만 원짜리 멜론을 30만 원에 파는 방법

#경험적소비 #판매서비스

30만 원짜리 멜론에 대해 들어보신 적 있으신가요? 일본 센비키야라는 과일 전문점에서는 가격이 무려 30만 원인 멜론을 판매해요. 우리나라에서는 상상할 수도 없는 일이죠.

그럼 이 멜론은 왜 30만 원이나 하는지 궁금하지 않으세요? 여러 유통 단계를 거치면서 판매자 마진이 많이 붙어서? 아니면, 멜론 속에 무언가 특별한 것들이 들어 있어서? 혹은 유전자 변형을 통해 약으로 쓰일 만한 성분이 만들어져서?

'베블런 효과'라는 것이 있어요. 가격이 비싸면 비쌀수록 더 잘 팔리는 현상을 일컫는 말이에요(미국 사회학자 베블런이 발견했기에 베블런 효과라 명명했어요). 샤넬 같은 명품들은 경제 불황 속에서도 가격을 마구 올리잖아요. 그럼에도 사람들은 명품을 적극적으로 소비하죠. 이런 것을 베블런 효과라고 해요. 하지만 30만 원짜리 멜론이 팔리는 건 베블런 효과 때문도 아니었어요.

이 멜론이 30만 원에 팔리는 이유는 '맛이 뛰어나서'예요. 너무 단순한가요? 저도 그래서 순전히 맛 때문에 30만 원을 받는다는 것 자체가 처음에 이해되지 않았어요. 제가 30만 원짜리 멜론을 소비하는 사람이 아니기 때문에 더더욱 그렇겠죠.

센비키야는 일본 SNS에서도 굉장히 유명해요. 물론 비싼 과일을 팔아서 유명하죠. 하지만 그것 말고도 '남다른 판매 서비스' 덕분에 극찬을 받고 있어요. 예를 들어 한국인 여행객이 센비키야에 가서 30만 원짜리 멜론을 구매하려고 하면 직원이 막아선다고 해요. 하나라도 더 팔아야 하는 판국에 팔지 않는다니 이유가 뭘까요?

멜론은 후숙을 해야 제 맛이 나는데 여행객들은 후숙의 타이밍을 맞추지 못하고 멜론을 먹을까 봐 미리 안내를 한다는 거예요. 센비키야의 멜론은 5일 뒤에 먹어야 제일 맛있대요. 그런데 여행을 짧게 왔다면 숙소에서 멜론을 먹게 될 것이고, 그러면 30만 원어치의 값어치를 못 느낀다는 거죠. 이런 설명에 구입을 포기한 사람들이 많았다고 해요.

이는 고객에게 나쁜 경험을 시켜주지 않기 위한 일종의 거름망 작업일 수 있어요. 예를 들어 30만 원짜리 멜론을 먹고 돈이 아깝다고 느낄 만한 고객에게는 아예 판매를 하지 않는 거예요. 그런 고객에게 멜론을 팔면 단기간은 매출을 올릴 수 있을지 몰라도 장기적 관점으로 보면 소문은 삽시간에 퍼지니까요.

일본 SNS에는 센비키야에 대한 일화가 참 많이 나오는데요, 택배 배송 날짜를 지키지 못하면 그 즉시 사과의 뜻을 전하고 구매 금액보다 더 많은 과일을 보낸다고 해요. 물론, '비싸니까 당연히 그렇게 해야지'라고 생각할 수도 있지만 막상 내가 당사자가 되면 이런 응대가 쉽지 않아요.

한정식 식당을 운영하는 J사장님은 시대의 변화에 맞춰서 택배 판매를 하고 있어요. 그 시행착오에 대해 들으면서 진짜 노력을 많이 하셨구나 하는 걸 느낄 수 있었죠. 그중에서도 특히 하나의 에피소드가 참 재미있었어요. 한번은 택배를 받은 고객에게서 전화가 왔다고 해요. 국물이 새서 불쾌하다고 말이죠. 지역을 물어보니 차로 30분 거리였어요. 그래서 지금 당장 교환을 해주러 갈 테니 그대로 두라고 말하고 부리나케 달려갔죠.

그때는 고객의 마음을 돌린다는 생각보다는 '왜 국물이 흘렀을까?'

라는 생각부터 먼저 했다고 해요. 고객에게 사과를 하고 음식을 교환해 드린 다음 국물 자국을 확인해 보니 포장 시에 묻은 것이었어요. 흐른 게 아니고요. 참 허탈했겠죠. 배송이나 용기의 문제가 아니라 단순히 포장 과정에서 묻은 국물이라니. 그래도 직접 가보지 않았으면 어떻게 알았겠냐며 많은 걸 배웠다고 하셨어요. 택배 판매가 처음이니 그런 우여곡절도 겪으며 시행착오를 줄여나가는 것이 중요했죠. 지금은 온라인 판매 부서를 따로 만들어야 할 만큼 규모가 커졌지만 말이에요. 센비키야처럼 비싸게 팔지도 않았는데 직접 찾아가는 서비스, 이 사장님은 뭐가 달라도 달랐어요.

센비키야의 직원들은 손님들 개개인의 상황을 하나하나 물어보고, 그에 맞춰서 과일을 팔아야 한다는 철칙을 머릿속 깊숙이 가지고 있어요. 실제 멜론을 수확하자마자 맛을 보게 하고 또 하루가 지난 뒤, 이틀이 지난 뒤 계속해서 맛을 경험하게 해준 거죠. 그래야 왜 이 멜론을 5일 차에 먹어야 하는지, 지금 이 손님이 이 멜론을 구입하면 왜 30만 원어치의 가치를 느낄 수가 없는지 진심으로 이야기해 줄 수 있으니까요.

예전에 저는 등산복 판매 아르바이트를 한 적이 있어요. 100만 원짜리 고어텍스재킷도 잘 팔린다는 걸 처음 알게 된 계기였어요. 그런데 그런 고가의 등산복을 구매하는 사람들에게 가격은 크게 중요한 게 아니더라고요. 그걸 사장님은 알고 있었고 늘 저에게 고가의 등산복을 입고 있게 했었죠.

가격보다 놀라운 건 해당 브랜드 회사에서 직원들과 아르바이트생을 매년 등산 학교에 보내준다는 거였어요. 저도 거기에 다녀왔어요. 처음에는 시간이나 때울 요량이었지만 점차 등산복이 이렇게 중요하구나, 등산에서 장비가 정말 8할 이상의 몫을 하는구나 하는 점을 느낄 수 있었어요. 덕분에 손님들에게 더 자세하게 각각의 장비, 원단, 효용성 등을 설명할 수가 있었죠. 매출이 오르는 건 당연지사였고요.

센비키야는 직원들이 멜론의 생산지에 직접 가서 멜론을 체험해 보게 해요. 직원들도 궁금하지 않겠어요? 30만 원짜리 멜론은 도대체 어디에서 생산되는지 말이에요. 판매 스킬을 더 많이 가르치는 것이 아니라 멜론의 가치를 직접 경험하게 해주는 거죠. 이게 왜 30만 원짜리인지 말이에요. 단순히 과일을 보여주는 것이 아니라 수십, 수백 번의 품질 개량을 통해 최고의 맛을 내도록 재배하는 시스템을 보여주는 거예요. '이거 진짜 30만 원은 받아도 되는구나' 하는 걸 직원들에게 경험적으로 알려주는 거예요.

가끔 익숙지 않은 음식점에 가면 메뉴가 궁금할 때가 있어요. 늘 먹던 음식이 아니라 처음 보는 메뉴를 먹어보고는 싶은데 실패할까 봐 막상 주문하기는 꺼려지는 거죠. 그래서 직원에게 물어보고 나면 대부분은 주문을 포기해 버려요. 이유는 직원의 설명이 그다지 마음에 들지 않기 때문이에요.

직원에 대한 서비스 교육이 제대로 이루어진 음식점에서는 신메뉴를 자신 있게 주문하는 손님이 많아요. 직접 물어보지 않고 약간의 호기심을 보였을 뿐인데도 제대로 된 설명을 해주거든요. 사실 직원이 먹어보지 않았다면 그 음식에 대해 제대로 설명을 못 해주는 게 당연해요. 그래서 제대로 된 음식점은 직원들이 모든 메뉴를 먹어보게 함으로써 직접 경험하게 해요. 그래야 손님이 물어봤을 때 솔직한 본인의 감정을 전달할 수 있거든요.

센비키야는 186년의 역사를 가지고 있어요. 단순히 하루아침에 이뤄낸 고급 과일 음식점은 아니라는 거죠. 6대째 가업을 물려받아 지금 대표를 맡고 있는 오시마 히로시는 영국에서 '노포 경영학'을 배우고 와서는 과일만 팔던 센비키야에서 케이크, 잼, 젤리, 주스 등 다양한 상품들을 출시하고 다시 한번 변화를 이뤄냈어요. 거품 경제가 꺼지고 가성비가 대두되는 일본의 상황에 맞게 멜론 한 통에 30만 원만 고수하는 대신 가성비를 찾는 사람에게 맞는 또 다른 메뉴들을 선보인 거죠. 덕분에 가공품의 매출이 80%를 넘어섰고요. 만약 이런 변화가 없었다면 멜론의 가격을 점차 낮추게 될 것이고 이전에 30만 원짜리 멜론을 사 먹은 사람들, 그리고 단골 고객은 천천히 줄어들어서 힘든 경영을 해야 했을 수도 있어요.

중요한 건 센비키야가 본질에 대한 철학, 고급 과일을 판매하는 철학을 지키면서 변화에 맞서 살아남았다는 것, 그리고 고급이든 고급이 아니든 무언가를 팔기 위해서는 그걸 파는 직원들의 경험과 서비스가 핵심이라는 거예요.

우리도 여기서 배워야 할 점이 여러 가지가 있겠죠. 과연 우리 매장의 메뉴를 직원들이 직접 경험을 해봤느냐. 그리고 제대로 된 가치를 직원 스스로가 느끼고 있느냐. 이외에도 한 번 더 골똘히 생각해 봐야 할 문제가 많을 것 같아요. 사장님만 우리 브랜드의 매력을 알면 절대 소문이 나지 않으니까요.

매주 새로운 게임기를 선보이는 오락실

#자이가르닉효과 #재방문

아마 이 이야기는 생소한 부분이 많을 거예요. 초반에는 이해가 잘 되지 않을 수도 있지만 끝에 가면 고개를 끄덕이면서 도움이 될 만한 내용이니까 조금 이해가 안 되더라도 그냥 한번 끝까지 읽어보세요. 분명히 도움이 될 거예요.

초등학교 시절 저는 일주일에 한 번은 목욕탕에 가야 했어요. 그게 아버지의 원칙이었거든요. 시골에 살다 보니까 따뜻한 물이 잘 안 나왔고 샤워도 자주 못 했어요. 목욕탕은 버스를 타고 가야 해서 여간 귀찮은 게 아니었어요. 그럼에도 새로운 세상에 눈을 뜨고 나서는 일주일에 한 번 목욕탕에 가는 게 그렇게 기쁠 수가 없었어요. 바로 오락실 때문이었어요. 당시 유행하던 오락실 게임은 '스트리트 파이터', '보글보글', '킹오브파이터' 등이었어요. 이건 뭐, 해도 해도 재미가 있어서 오락실에 가기 위해 목욕탕을 가는 그런 느낌이었어요.

당시는 오락실 사업이 꽤나 잘되던 때라 그런지 한 상권에만 해도 5개 이상의 오락실이 있었어요. 그중 제가 유독 자주 가던 오락실에는 특징이 있었어요. 새로운 게임을 계속 들여놓는 것이었어요. 일주일만에 가보면 듣도 보도 못한 게임을 계속 업데이트해 줘서 그 재미에 그 집만 갔어요. 사장님이 게임 공략법도 직접 알려주셨고요.

왜 뜬금없는 오락실 이야기를 꺼냈냐 하면 바로 여기에 손님을 계속 오게 하는 마약 같은 마법의 법칙이 있기 때문이에요. 그 오락실은 일주일에 한 번 새로운 게임을 계속 들여놓았고, 인기 없는 게임은 바로바로 퇴출시켰어요. 그러니까 A그룹, B그룹, C그룹…… 이런 식으로 게임 프로그램 가격에 따라 게임을 분류하고 저렴한 게임은 일주일에 한 번씩, 그보다 비싼 게임은 한 달이나 분기 등으로 교체해서 오락실을 찾는 이들에게 기대감을 갖게 했어요.

손님을 계속 오게 하는 게 사실 그리 쉬운 일은 아니에요. 여러 가지 복합적인 문제를 해결해야 하는데 업종에 따라서는 그 방법이 너무나 다양해서 콕 집어 이야기할 수 없거든요. 다만, 딱 하나의 법칙만 알면 어떤 장사에든 적용할 수 있다는 말씀만은 드릴 수 있어요.

'자이가르닉 효과'라는 말이 있어요. 러시아 심리학자 블루마 자이가르닉이 내놓은 심리학 이론이에요. 자이가르닉은 레스토랑에서 음식을 주문하다가 웨이터의 행동에 의문을 갖게 돼요. 웨이터들은 어떻게 적지도 않고 두세 테이블의 여러 가지 주문 내용을 기억할까? 그런데 더 흥미로운 건 주방에 주문을 넣기 전까지는 생생하게 기억하다가 주문을 넣고 나서는 다 잊어버린다는 거였어요. 다시 말해 이미 완수한 일은 기억에서 깨끗이 사라져 버리고, 끝내지 못한 과업은 오래도록 기억에 남게 된다는 거예요.

김밥천국이 처음 나왔을 때로 돌아가 볼까요? 김밥천국의 전략은 저렴한 가격, 다양한 메뉴, 빠른 서빙, 부담 없는 공간이었어요. 그런데 여기서 가장 잘 먹혔던 게 바로 '다양한 메뉴'였어요. 여러 명이 가서 다양한 메뉴를 이것저것 시킬 수 있었기 때문에 서로 음식을 나눠 먹는 한국인의 정서에는 더할 나위 없이 좋은 구성이었죠.

이게 자이가르닉 효과와 무슨 연관이 있느냐고요? 이 효과 덕분에 김밥천국이 손님들의 마음속에 '잊히지 않는 곳'으로 남았기 때문이에요. 김밥천국의 수많은 메뉴를 다 먹어보지 못한 마음에 다음에는 이것도 먹어봐야지, 저것도 먹어봐야지, 신메뉴로 냉면이 나왔네, 다음엔 고구마 돈가스를 먹어야지 하는 효과가 생겼다는 거죠.

2023년에 2주 정도 미국에 다녀오면서 라스베이거스의 카지노에도 들렀어요. 여기는 다시 와야 되는 이유가 100가지쯤 되더라고요. 모든 술과 음식이 무료이고, 처음 보는 옆 사람들과도 아주 쉽게 친해지며, 듣도 보도 못한 게임들이 즐비하다 보니까 눈이 휙휙 돌아갔죠. 큰돈 들이지 않고 1센트로도 게임을 할 수 있는 머신들도 많고요.

여기도 자이가르닉 효과가 엄청나게 많이 적용된 공간이라는 생각이 들었어요. 이 게임도 해보고 싶고, 저 게임도 해보고 싶고, 저 음식은 어떤 맛일까, 다음에는 저 술을 마셔봐야지 등등 잘 짜인 지상낙원을 표방하는 업계의 끝판왕이라는 생각이 들었죠.

독일의 심리학자 에빙하우스는 망각의 곡선을 통해 인간의 기억력을 설명해요. 사람은 학습을 하고 10분 뒤부터 망각이 시작되어 하루 만에 70%를 잊어버린다고요. 그래서 우리 매장 역시 손님들의 머릿속에서 지워지지 않게 스토리를 만들어야 해요.

〈오징어게임〉, 〈수리남〉, 〈카지노〉, 〈글로리〉…… 다들 보셨나요? 어떠셨어요? 한번 보기 시작하면 끊을 수가 없죠. 그래서 저는 웬만하면 주말 하루를 텅 비워놓고 볼 때가 많아요. 이 드라마들의 전개 방식도 자이가르닉 효과를 사용한 거예요. 미친 듯이 궁금하게, 다음 편을 보지 않으면 잠이 오지 않게 말이에요.

얼마 전 회원이 끊이지 않는 헬스장에 대한 글을 어디선가 본 적이 있어요. 그 헬스장은 늘 새로운 기기를 도입하기로 유명하더군요. 기본적인 기기 외에 한 공간을 별도로 운영하면서 계속 새로운 기기를 도입해서 회원들이 체험해 보고 의견을 줄 수 있게 했어요. 제가 예전에 다녔던 오락실이 게임기를 계속 업데이트했듯이 말이에요.

제가 오래전에 다니던 미용실은 가끔 "이렇게 해보는 건 어떠세요?" 하고 스타일 변화를 제안했어요. 스크래치를 넣는다든지, 머리색을 변화시킨다든지, 컷의 종류를 바꾼다든지 등등 지루할 틈을 안 주는 거죠. 바버샵을 다니시는 분들은 커트 비용이 3만 원, 5만 원이라도 그곳을 끊지 못해요. 계속 손님의 취향에 맞춰서 헤어 디자인을 해주기 때문이죠. 지루할 틈이 없어요. 심지어는 패션까지 코디해 주는 바버샵도 있어요.

얼마 전에 지인이 오픈한 야키토리(일본식 닭고기 요리) 식당에 간 적이 있어요. 위스키 종류가 엄청나게 많아서 또 가고 싶다는 생각이 들더라고요. 저는 위스키를 엄청 좋아하지는 않지만 가끔 마시거든요. 칵테일은 좋아하는 편이고요. 그런데 거기에는 제가 좋아하는 칵테일이 없어서 아쉬운 마음이 들었어요. 그 순간 메뉴판에 '커스텀 제조'도 가능하다고 쓰여 있는 것이 보였어요. 가격은 1만 원이었고요. 당장 원하는 칵테일을 주문해 마셨는데, 새로웠어요. 다음에 와서는 뭘 주문해 볼까 하는 생각도 들었고요.

장사가 일회성으로 끝나면 계속 새로운 손님을 유치해야 돼요. 엄청나게 어려운 일이죠. 하지만 한번 왔던 손님을 또 오게 하는 건 비교적 쉬워요. 손님이 지루해질 때쯤 일종의 이벤트를 하면 돼요.

여기서 말하는 이벤트는 단순한 가격 할인이나 증정 이벤트가 아니라 앞에서 계속 이야기했던 자이가르닉 효과를 적용시키는 걸 의미하고요. 우리는 좀 더 기억에 오래 남아 다시 가고 싶고, 먹고 싶고, 경험하고 싶은 걸 만들어 내야 한다는 거예요. 또 오고 싶게, 기억에 잊혀지지 않게, 아직은 정복이 안 된 그런 브랜드로 말이에요.

저는 언젠가는 라스베이거스에 다시 가볼 계획을 가지고 있어요. 그때는 아내 없이 친구들하고 가고 싶은데 좋은 명분이 떠오르지 않아요. 그만큼 자이가르닉 효과는 강력한 것 같아요.

7000원짜리 돈가스 집에서 배운 것

#4P #서비스마인드

얼마 전 소상공인시장진흥공단에 강연을 하러 갔어요. 조금 일찍 도착한 탓에 주변에서 혼자 밥을 먹기로 했죠. 평소 돈가스를 좋아해서 여기저기 찾다가 건물 지하에 있는 한 식당에 들어갔어요. 그러다 본의 아니게 옆자리에서 들려오는 강연 아닌 강연(?)을 듣게 되었어요. 옆자리에 앉은 분은 사업을 하는 것 같았고 저는 7000원짜리 돈가스를 먹으면서 70만 원짜리 강연을 듣는 느낌이었습니다.

4P라는 말 들어보셨나요? 오프라인 매장을 평가하는 지표예요. 제품(Product), 유통경로(Place), 판매가격(Price), 판매촉진(Promotion).

제롬 맥카시 미시간주립대학교 교수가 1960년에 처음 소개한 개념으로 '마케팅 믹스'라고도 불러요. 요즘은 여기에 3P까지 더해서 전략을 짜요. 3P는 과정(Process), 물리적 근거(Physical Evidence), 사람(People)입니다. 이걸 장사에 적용해 볼까요? 4P는 제품, 위치, 가격, 서비스가 될 것이고, 3P는 접객, 인테리어, 직원이 됩니다.

7P까지는 차치하고, 일단 4P, 4가지만으로도 오프라인 매장의 성패가 결정돼요. 실제 많은 맛집 앱이나 외식 플랫폼 등을 보면 이 4가지를 평가기준으로 점수를 매기는데 아이러니하게도 매장을 운영하고 있는 대부분의 사람들은 이를 간과하는 경우가 많아요.

제 옆자리에서 식사를 하면서 열변을 토했던 분의 핵심 메시지도 이 4가지에 집중하라는 거였어요. 어느 것 하나만 뛰어나다고 해서 롱런할 수 있는 게 아니다. 그러니까 맛만 뛰어나다고 해서, 서비스만 뛰어나다고 해서, 분위기와 위치만 좋다고 해서 장사가 잘되지는 않는다는 거예요.

그러다 그분은 맞은편에 앉아서 이야기를 듣는 분께 지금 당신이 운영하는 매장을 생각했을 때 4가지 요소 중에 가장 뛰어난 부분이 무엇이냐고 묻더라고요. 질문받은 분이 대답을 못 하자 이번에는 "지금 이 돈가스집 분위기가 어떠냐"고 물었어요. 사실 돈가스집 분위기는 굉장히 별로였어요. 그런데 손님은 많았어요. 제가 4인 테이블에서 혼자 돈가스를 먹기가 죄송할 정도로요.

맛, 분위기, 서비스, 위치, 이 4가지가 좋으면 더할 나위 없이 손님이 많이 찾아와요. 하지만 모든 걸 완벽하게 운영하는 사람은 있을 수 없어요. 어느 집은 맛이 좋을 수 있고, 어느 집은 분위기가 깡패인 경우도 있죠. 다만, 맛만 좋거나 분위기만 좋거나 서비스만 좋거나 위치만 좋은 건 꼭 피해야 하는 운영 방식이에요.

그분이 볼링을 예로 들어 설명하길래 저는 밥을 다 먹었는데도 그 자리에 좀 더 앉아 감탄하며 들었습니다. 볼링은 1프레임, 2프레임…… 이런 식으로 10프레임까지 10번의 승부를 하고 난 뒤 그 평균 점수로 승부가 가려진다는 거예요. 그분은 오프라인 매장도 그것과 같다고 했어요. 그러니까 맛, 분위기, 서비스, 위치가 골고루 좋아야 비로소 오래가는 가게가 된다는 이야기였어요.

제가 첨언을 하자면, 과연 이 4가지 중에서 가장 중요한 건 뭘까? 그러니까 모든 게 평균값일 때 어느 부분을 가장 중요하게 생각해야 하냐는 거죠. 전 단연코 '서비스'에 집중하자고 말하고 싶어요. 실제 제가 그날 먹은 돈가스집의 맛은 평균이었고, 위치 역시 지하 식당가라서 별로였어요. 분위기도 그렇고요. 하지만 서비스는 정말 좋았어요.

서비스도 오프라인 매장에서는 크게 2가지로 나뉘어요. 바로 유형과 무형이에요. 유형은 직접 보고 만지고 느끼는 것인데 이를테면 메뉴판, 편안한 의자, 청결한 화장실 등이죠. 무형은 포괄적으로 말해서 직원의 응대가 될 수 있고요. 제가 돈가스집의 서비스가 최고라고 느낀 건 서빙하시는 분이 계속 웃는 얼굴로 응대를 하셨기 때문이에요.

맛이 뛰어나고, 위치도 좋고, 분위기도 깡패지만 서비스가 평균 이하라면 경쟁력이 많이 떨어져요. 시중에 나와 있는 책만 보더라도 '서비스'에 관련된 책이 상권이나 분위기와 관련된 책보다 압도적으로 많아요. 제가 주로 읽는 경영 관련 책들을 보더라도 내용의 3분의 1 이상은 사람, 마인드에 대해 말하고 있고요.

식당 폐업률을 보면 진짜 장사가 쉽지 않다는 말이 절로 나오죠. 경쟁 심화가 제일 큰 문제겠지만 '서비스 마인드'가 아예 처음부터 없는 사람들이 장사를 시작하는 경우 서비스에 문제가 생겨요. 맛은 레시피를 사서 어느 정도 끌어올릴 수 있어요. 상권 역시 전문가를 통해 좋은 자리를 최대한 저렴하게 구할 수 있고요. 분위기 역시 꼼꼼하게 트렌드에 맞춰서 인테리어할 수 있어요. 하지만 고객 응대를 돈 주고 배우는 사람은 글쎄요, 식당 창업을 하시는 분들 중에 있을까 싶어요.

《왜 맛있을까》의 저자 찰스 스펜스는 냄새, 색깔, 소리, 분위기, 그리고 서비스로 맛이 평가절하된다고 이야기해요. 다시 말해 맛은 다른 부분으로 충분히 채울 수 있다는 뜻이에요. 지구상에 존재하는 최고의 맛에 대한 정의가 없다는 이야기이기도 하고요. 맛은 늘 그렇지만 상대적이고 주관적일 수밖에 없으니까요.

김성오 메가넥스트 대표가 쓴 책《육일약국 갑시다》에도 이런 내용이 나와요.

"요즘 감동경영이라는 말을 많이 한다. 감동경영은 말로만 되는 것이 아니다. 손님을 향한 마음에 혼을 담을 때만 가능하다. 모든 곳에 내 마음을 녹여 넣고 상대방의 마음이 내게로 움직이게 하는 것, 나는 이를 '마음경영'이라 부른다."

실제 김성오 대표는 이를 계속 실천했더라고요. 4.5평의 약국으로 시작해 기업형 약국으로 발전시키고 나아가 제조 업체의 대표로, 그리고 온라인 교육 사업의 대표로 발돋움하면서 제일 중요하게 생각한 게 바로 사람이었다고 해요. 조금 풀어서 이야기하면 서비스, 응대법에 중점을 뒀다는 거예요.

서비스, 응대를 할 때 사람에게 집중하면 맛도 올라감은 물론, 분위기까지 덩달아 좋아져요. 설사 위치, 즉 상권이 좋지 않더라도 이는 시간이 해결해 주는, 별 대수롭지 않은 문제가 될 수 있다는 점도 우리는 잊어선 안 되겠죠.

7000원짜리 돈가스를 먹으면서 70만 원짜리 강연을 들은 기분. 제가 다시 그 근처로 갈 일이 있고 밥을 먹어야 한다면 서비스가 좋았던 그 돈가스집에 갈 것 같아요. 혼자서 어쩔 수 없이 4인 테이블을 사용했음에도 웃으며 환대해 줬던 그 기억 때문에라도 말이에요.

바로 옆에
경쟁 업체가 들어온다면?

#열등감콤플렉스 #강점부각

경쟁은 피할 수 없는 숙명이에요. 경제 활동에서 경쟁을 하지 않는다는 건 앞으로의 발전 역시 없다는 뜻이니까요.

동네에서 가게를 운영하는 사장님들 중에는 경쟁을 힘들어하는 분이 많아요. 한때는 너도나도 잘되는 가게를 운영하던 때가 있었어요. 요즘은 그렇지 않죠. 누군가는 도태되어야 내가 살아남게 되니, 옆 가게가 잘되는 꼴을 보면 배가 아프기 시작해요.

동네 상권에서 경쟁을 하려면 우선 '열등감'부터 없애야 해요. 열등감은 내가 열등감을 느끼는 그 존재보다 '못하다'는 판단에서 시작돼요. 내가 잘났다고 생각하면, 그러니까 자존감이 높다면 열등감은 생기질 않아요. 하지만 열등감은 인간이라면 누구나 조금씩 가지고 있는 감정이고, 없애고 싶다고 해서 하루아침에 없앨 수 있는 감정이 아니에요.

자영업을 하다 보면 불쑥불쑥 이 열등감이 올라와요. 누군가가 식당을 오픈해서 승승장구하는 모습을 보면 '그게 바로 오픈빨이라는 거다. 좀 있으면 매출 떨어진다'라는 생각이 들어요. 또 누군가가 장사가 잘된다고 이야기하면 무조건 부정하면서 매출 장부를 보여달라고도 해요. 매출 장부를 보여주면 또 순이익은 얼마 안 될 거라고 말하고요.

얼마 전에 카페를 운영하는 한 사장님이 고민 상담을 요청하셨어요. A카페를 차리고 1년이 채 안 되었을 때 50m 거리에 또 다른 카페(B카페)가 들어왔어요. A카페는 개인 카페였고 B카페는 요즘 잘나간다는 저가 커피 프랜차이즈였어요. 역시나 프랜차이즈 카페가 생기고 나서는 A카페의 매출이 많이 떨어졌죠. 거의 50% 이상 급감했어요.

A카페 사장님은 그 가게 앞을 지나갈 때마다 속이 상하고 그 카페 사장의 얼굴만 봐도 화가 난다고 하셨어요. 경쟁 상대를 이길 방법은 딱히 떠오르지 않는다고도 하셨고요. 사장님은 열등감으로 인해 하루하루를 힘들게 보내고 계셨어요. 프랜차이즈 카페에서 이벤트 현수막

이라도 걸면 당장에 찢어버리고 싶은 마음까지 들었다고 했으니까요.

동네 가게는 이런 부분에 있어서 심리적인 컨트롤을 하기가 굉장히 어려워요. 열등감의 주된 원인을 아예 차단해 버리는 방법조차 통하지 않으니까요. 내 시야에서 사라지면 열등감 역시 자연스럽게 사그라지지만 오프라인은 절대 그렇게 될 수 없는 물리적인 한계가 있거든요. 불도저로 밀어버릴 수도 없는 문제고요.

이럴 때 방법은 딱 하나예요. '강점'을 부각시키는 거예요. 그리고 손님층을 구분해서 내가 가장 잘하는 것으로 우리 가게의 자존감을 높이는 거죠. 열등감을 경쟁심으로 변화시켜서요.

A카페는 로스터리 카페(직접 생두를 볶아 원두를 만드는 카페)예요. B카페보다는 커피의 전문성 면에서 탁월하죠. 그럼 고객층도 다를 수밖에 없겠죠. 포기해야 하는 고객층은 버리고 로스터리라는 강점을 부각시켜서 좀 더 구매력 높은 고객층을 사로잡는 방법을 구사해야 돼요. 또는 차별되는 맛으로 가격을 오히려 더 높게 받고 고급 전략으로 갈 수도 있고요.

여기서 상대방 매장의 흠집 내기를 하는 사람들이 있는데 이건 결코 바람직한 방법이 아니에요. 이를테면, '난 커피를 직접 볶아. 그래서 품질이 좋아. 그런데 옆 가게는 그렇질 못해. 품질이 낮아'라고 하는 건 본인 가게의 이미지 역시 깎아먹는 행동이에요.

대구에서 빵집을 5년째 운영하고 있는 C사장님은 작년 말 같은 상권에 프랜차이즈 빵집이 들어와서 힘들어하셨어요. 상담을 하시면서 폐업까지 고민하셨거든요. 하지만 지금은 오히려 확장해서 따님까지 빵집을 하고 계세요. 그것도 프랜차이즈 빵집이 있는 곳을 골라 그곳에다가 가게를 내면서요.

C사장님이 했던 것이 바로 강점을 부각시킨 마케팅이었어요. 가공이스트를 사용하는 프랜차이즈 빵집과 달리 C사장님의 빵집은 천연발효종으로 빵을 만들었거든요. 그래서 그걸 부각시키고 스토리를 입혀서 차별화한 것이죠.

반대의 경우도 있어요. 부천에 사시는 P사장님은 배달 전문 족발 프랜차이즈를 운영하며 수제 족발집과 정면승부를 벌였어요. P사장님이 강점을 부각시키는 방식은 2가지였어요. 첫 번째는 맛이었고 두 번째는 브랜딩이었어요. 수제 족발집의 족발 리뷰는 호불호가 강했고 브랜딩이라고는 딱히 찾아볼 수가 없었지만 P사장님의 프랜차이즈 브랜드는 맛도 평균 이상인 데다 브랜딩이 확실히 잘되어 있었어요. 덕분에 아직 단골 매장이 없는 손님들, 즉 공중에 떠 있던 족발 수요를 끌어당길 수 있었던 거죠.

자영업자의 경쟁은 피할 수 없는 숙명이에요. 아니, 오히려 이렇게 경쟁에 적극적으로 뛰어들면서 기존 수요를 내 것으로 만드는 사장님들도 있어요. 제가 자주 가는 항아리 상권(어느 정도 배후 세대가 갖추어져 있지만 더 이상 확장하지 못하는 권역을 얘기해요)에 보면 한쪽으로 아동복집이 몰려 있어요. 먹자골목 끝자락에 대여섯 개의 아동복집이 포진되어 있죠. 그런데 뜬금없이 반대쪽 상권에 아동복집이 하나 생겼어요. 그것도 유명한 브랜드 가게로 말이에요. 이분의 판단은 그곳이라면 월세가 저렴한 데다 다른 아동복집들과 경쟁을 피할 수 있겠다는 것이었는데 결과는 좋지 못했어요. 지금은 아예 가게를 뺀 상태고요.

집객이 제대로 되지 않았던 것이 원인이었어요. 그 상가 위로는 직장인들이 사는 오피스텔, 타지에서 온 사람들이 주중에 잠만 자는 그런 공간이 있었기에 이렇다 할 손님층이 없었던 거예요. 그럼 이 사장님은 이런 사실을 사전에 몰랐을까요? 본인이 들어간 건물이 오피스텔 건물이라는 걸 모를 리 없죠. 그럼에도 저렴한 월세에, 경쟁을 피하고 싶다는 마음에 그저 선택한 자리였던 셈이에요. 순간의 판단으로 수천만 원이 왔다 갔다 한 거죠. 월세 차이는 고작 10만 원 수준밖에 되지 않았으니까요.

경쟁을 두려워하고 피하는 건 자신의 발전 역시 포기하는 거예요. 경쟁을 하다 보면 배우는 게 정말 많거든요. 아예 경쟁이 되지 않게 차별화를 만들어 버리기도 하고요.

인천 차이나타운에 만다복이라는 중국집이 있어요. 사실, 짜장면은 차별화하기가 쉽지 않아요. 그런데 만다복에서는 짜장면에 차별화를 줬어요. 아예 경쟁 대상이 되지 않게요. '100년 짜장'이라고 많이들 들어보셨을 거예요. 그게 만다복의 차별화된 짜장면이에요. 그렇게 콘셉트를 정하고 스토리까지 입혔죠. 우리나라에 짜장면이 들어온 게 거의 100년이 넘었는데 그걸 모티브로 한 거예요. 전통 방식 그대로 만들었다는 걸 강조하면서 말이에요.

전통 방식 그대로라면 화학조미료인 MSG를 넣지 않았을 것이고 그걸 역시 손님들에게 어필하면서 메뉴의 브랜딩을 해나간 거죠. 추가로 맛있게 먹는 방법까지 표기해 놓음으로써 '특별한 음식'으로 만들어 버렸어요. 결과는 엄청나게 대박을 쳤어요. 아예 HMR 상품(Home Meal Replacement, 짧은 시간에 간편하게 조리하여 먹을 수 있는 가정식 대체식품으로 밀키트보다 더 간편한 요리를 지향해요)으로 롯데마트에서 출시까지 하게 됐고요. 물론, 맛에는 호불호가 있어요. 다만, 만다복에서 행한 콘셉트와 브랜딩, 그리고 네이밍을 통해 특별할 수 없는 걸 특별하게 만든 점에는 박수를 안 쳐줄 수가 없어요.

마지막으로 경쟁은 하는 게 맞지만 경쟁을 피해야 되는 가게들도 있어요. 아니, 경쟁을 피하지 말라고 여태껏 말하다가 왜 뜬금없이 경쟁을 피하라고 하는 거냐고요? 포인트는 역시 '열등감'이에요. 만약 나로 인해 다른 사람이 열등감을 느끼면 오히려 내가 손해 보는 형국이 될 수도 있거든요. 그래서 이왕 장사가 잘되고 우리 가게가 1등이라고 생각된다면 굳이 다른 가게들을 자극할 필요는 없어요. 1등 가게가 2등, 3등 가게를 아예 죽여버리겠다고 발 벗고 나서는 일은 하지 말라는 거예요. 포용할 줄 아는 지혜도 경쟁에서 이기는 법, 이미 잘나간다면 그 잘나감을 유지하는 법 역시 1등의 자질이라는 것도 기억하시면 좋겠어요.

손님의 발길을 사로잡는 5단계 프로세스

#한정메뉴 #퍼포먼스

모든 장사에는 '손님을 이끄는 프로세스'가 필요해요. 각 단계별로 손님을 이끄는 방법이 있다는 건데요, 오프라인 매장에도 당연히 정형화된 프로세스가 있어요.

물론, 어디에나 똑같이 들어맞는 건 아니지만, 제가 여러 사장님들의 매장을 컨설팅하거나 코칭을 해주면서 공통점을 찾았어요. 5000명을 만나고 나니 오프라인 매장의 판매 프로세스를 정의할 수 있겠더라고요. 이것만 알고 계셔도 자신의 매장과 비교해 보면서 판매에 큰 도움을 받으실 수 있을 거예요. 모든 장사와 사업은 이런 프로세스를 비교 분석하면서 발전해 나가거든요.

1단계, 욕구를 만들어 내야 한다.

여기서 욕구란 '필요성'을 의미해요. 음식을 판다면 내 음식이 얼마나 사람들에게 필요할까를 먼저 생각해 봐야 한다는 거죠. 내가 팔고 있는 음식과 상품, 그게 무형이든 유형이든 필요성으로 해석하는 게 중요합니다.

예를 들어볼게요. 양옆으로 학교가 나란히 있고 유동인구의 80%가 중고등학생인 대로변 2층에서 양꼬치집을 한다고 해보죠. 이건 필요성을 전혀 인식하지 않은 거예요. 반대로 1층에서 패스트푸드 점을 한다면 해당 상권에 굉장한 필요성이 동반되는 음식을 파는 것이기 때문에 1단계 프로세스를 통과하는 거예요. 고깃집이 즐비한 거리에 팥빙숫집이 하나 덩그러니 있으면 쌩뚱맞지만 오히려 고깃집보다 매출이 더 좋은 디저트 가게가 될 수도 있는 거예요.

실제로 제가 운영하는 B2K Branding 팀에서는 홍대에 있는 스테이크 전문점을 해장국집으로 바꾼 사례가 있어요. 홍대에는 이렇다 할 해장국집이 없거든요. 밤새 놀 수 있는 곳과 클럽은 많은데 그 이후에 갈 곳이 없는 거죠. 속을 달래고 싶은 사람들의 아지트, 영업 후 소주 한잔하면서 한 끼 먹고 싶은 니즈가 많은 자영업자들이 찾는 공간을 만든 거죠. 이렇듯 늘 필요성을 체크하고 입지를 선정해야 한다는 거예요.

2단계, 손님의 문제를 해결해 준다.

물건의 경우에는 손님이 문제 해결을 위해 구매하는 경우가 많아요. 예를 들면 전동드라이버 같은 것이 그래요. 1단계 필요성을 느끼고 문제 해결을 위해 주문하는 거죠. 그럼 음식은 어떨까요? 음식은 맛이 문제를 해결해 줄 수 있어요. 전동드라이버는 편하게 피스를 풀고 조이는 문제를 해결해 주고, 음식은 맛이 있냐 없냐로 문제 해결 능력을 보여주죠.

예를 하나 들어볼게요. 3000세대 아파트에 돈가스집이 두 곳 있어요. 이 돈가스집들은 서로 경쟁하겠죠. 그럼 어느 돈가스 가게가 문제 해결 능력이 뛰어나냐에 따라 손님의 선택은 달라져요. 궁극적으로는 맛으로 문제 해결을 해야 하는데, 어디가 더 그 해결을 잘해주느냐가 핵심인 거예요. 방법은 여러 가지가 있겠죠. 연령대를 파악해 돈가스 스타일을 바꾼다든지, 유행하는 돈가스 스타일을 선보인다든지, 더 친절하게 손님을 응대한다든지, 주거 환경을 분석해서 가격 대비 맛으로 승부를 본다든지. 어쨌든 한곳이 문제 해결에 더 뛰어난 모습을 보인다면 분명 그곳이 더 잘될 거예요.

3단계, 제3자의 후기나 추천을 통해 확신을 심어줘라.

아주 기본적이지만 다들 잘 못하고 있는 부분이에요. 1단계 필요성에 의해 가게를 찾거나 배달을 시키고 2단계인 맛으로 문제를 해결해 줬는데, 3단계 후기나 추천에 밀려서 되레 경쟁 가게에 참패하는 경우가 허다하다는 얘기예요.

배달 앱, 플레이스, 블로그, 지역 카페 등 후기를 간과하는 사장님들이 많은데 이건 큰 그림을 보지 못하는 거예요. 손님들의 구매 욕구가 최고조에 달했을 때 결정을 내리도록 이끄는 것이 바로 이 후기거든요.

비슷비슷한 맛의 두 돈가스 가게가 있는데 한 곳에 악플이 달린다면 이건 치명적이에요. 그래서 경쟁 가게에 일부러 악플을 다는 작업도 하는 거고요. 심지어는 악플이나 온라인 어뷰징을 통해 그 가게를 문 닫게 해준다는 나쁜 업체들도 있어요. 마케팅에서는 이걸 '사회적 증거'라고 하는데, 이해관계 없는 제3자의 좋은 리뷰는 음식 주문에 강력한 영향을 미친다는 것, 꼭 명심해 주셨으면 좋겠어요.

4단계, 음식 먹는 방법을 다양화하라.

뜬금없어 보이지만 3단계까지 동점이라고 치면 이 음식 먹는 방법에 따라 손님의 선택이 달라지게 되어 있어요. 모든 서바이벌 프로그램들을 보면 늘 다방면으로 퍼포먼스가 좋은 사람들이 우승을 하잖아요. 실력으로 판가름 날 수 없는 부분이기 때문에 다양한 곳에서 운이 작용하는 거죠.

돈가스를 예로 들어볼게요. 쌈무에 싸 먹는 돈가스가 있고, 그냥 평범한 돈가스가 있다고 해보죠. 왠지 쌈무에 싸 먹는 돈가스는 머릿속으로 퍼포먼스가 그려지지 않나요? 실제로 어느 보쌈집의 경우 떡을 고기와 같이 싸 먹게 해요. 뭔가 조합이 안 맞을 것 같지만 나름 특이한 맛이면서 식감이 좋아요. 신기하죠. 퍼포먼스가 있기 때문이에요.

5단계, 희소가치를 만들어라.

이건 바로 이해가 가시죠. 예를 들어 음식의 수량을 제한해서 판다든가, 테이블 수를 줄이는 거예요. 4단계까지 동점이라면 5단계에서 손님이 꽉 찬 작은 가게를 가고 싶을까요, 아니면 널찍하고 텅텅 빈 가게를 가고 싶을까요? 당연히 사람들이 많이 찾는 것처럼 보이는 가게를 가고 싶겠죠.

최근 외식 시장이 많이 힘들기 때문에 이 이론이 훨씬 더 마음에 와 닿는 사람들이 많을 거예요. '좀 더 작게 오픈할걸' 후회하시는 분들이 많거든요. 음식 수량을 한정하는 것이 부담스럽다면 새로운 메뉴를 하나 만들어 놓고 한정으로만 팔아보세요. 꼭 그걸 찾는 손님들이 있어요. 당연히 크게 써 붙여야겠죠. 한정 수량 다 팔렸다고요. 그럼 다음에 그걸 먹기 위해 다시 오는 손님들이 분명히 생겨요. 호기심을 자극하는 거죠. 계속 선순환도 이루어지고요.

또는 원가 대비 마진을 줄여서 비주얼에 크게 신경 쓴 메뉴를 한정으로 팔아도 돼요. 즉 원가에 많이 투자해서 비주얼을 높이고 나서 한정으로만 파는 거예요. 바이럴이 될 수 있는 한정 신메뉴를 만드는 거죠. 얼마 전에 유행했던 레몬탑 하이볼이나 치즈카츠버거 또는 고가의 원재료인 새우나 소고기가 많이 들어간 메뉴를 비주얼 좋게 만드는 거예요.

제가 운영하는 B2K Branding 팀에서 족발 프랜차이즈 본점을 브랜딩할 때에도 이런 신메뉴를 만들었어요. 원가가 1만 원인 랍스타 막국수를 만들었는데 이걸 9900원에 팔았거든요. 당연히 이목이 집중될 수밖에 없었죠. 바이럴은 자동으로 되는 거고요. 이런 메뉴의 특징은 팔아도 남는 것은 없지만 자연스럽게 바이럴이 될 수 있는 비주얼을 갖췄기 때문에 마케팅 효과가 있는 거예요. 한정이기 때문에 손해를 보는 것도 아니고요. 가성비 있는 바이럴 마케팅을 전략적으로 하는 하나의 방법이 되는 셈이죠.

5단계의 판매 프로세스. 자신의 매장과 비교해 보시면 과연 나는 단계별로 손님을 이끄는 프로세스를 잘 짜놓았는지 체크해 보실 수 있을 거예요. 업종에 따라서는 6단계, 7단계가 되기도 하지만 5단계로 우선 시작해서 우리 동네에서만이라도 1등이 되어보시면 좋을 것 같아요.

“나는 그저 철판에서 무언가를 볶았을 뿐”

#노포 #6개월비상금

요즘 누구든 쉽게 따라 해볼 수 있는 마케팅이나 보고 배울 수 있는 강연들이 참 많아졌어요. 굳이 돈을 안 들이더라도 유튜브를 보고 따라 할 수 있고 경험해 볼 수 있죠. 그런데 유독 장사하시는 분들은 잘 안 해요. ‘장사가 안 될수록 더 배우고, 마케팅에 힘써야 하는 것 아니야’라고 본인 스스로도 생각하지만 실천으로 이어지지는 않아요. 특히나 요즘같이 장사가 안 되는 시기일 때는 더더욱 그래요.

장사는 굉장히 긴 마라톤이에요. 42.195km를 뛰는 마라톤 선수들은 아주 비슷한 속도로 같은 페이스를 유지하면서 달려 나가죠. 장사도 이와 똑같아야 돼요. 하지만 많은 사람들이 실수하는 부분이 바로 초반에 힘을 다 뺀다는 거예요.

인적이 드문 동네 끝자락에서 시작해 지금은 어엿한 전국적인 프랜차이즈가 된, 3단계 숙성카츠로 유명한 시올돈 본사 대표는 저와의 인터뷰에서 이런 이야기를 했어요. "창업 준비에 전체 에너지의 90%를 쏟으니까 창업하고 나면 다들 여유자금과 에너지가 없다. 그 점이 참 안타깝다"라고요.

초반에 어떻게든 달려 나가려고만 하고 페이스에 신경을 안 써요. 오픈 이벤트도 거대하게 하고 음식을 막 퍼주기도 해요. 할인 이벤트도 빵빵하게 해서 동네 모든 손님들을 죄다 우리 가게로 불러 모으기에 바쁘죠. 그래서 초반 스타트가 참 좋아요. 100m까지는 치고 나가거든요. 그런데 100m부터 힘에 부쳐요. 그때부터 뒤에 있던 사람들이 나를 앞서 나가요. 완급 조절이 잘된 뜀박질로 앞서 나가는 거죠.

초기 장사에서 가장 중요한 건 완급 조절이에요. 완급 조절을 하지 못하면 또다시 지치고 힘을 비축해야 되는 시기를 맞이하게 되니까요. 그렇다면 무엇이 완급 조절일까요? 완급 조절은 아주 작은 것에서부터 시작돼요. 청소는 제대로 했나, 물컵에서 냄새는 나지 않나, 손님이 들어왔을 때 인사는 제대로 하나.

너무나 기본적인 거라서 '겨우 이거라고?'라고 생각하실 수도 있지만 이런 걸 체크하지 못하는 사장님들이 너무나 많아요. 매뉴얼화되어 있지 않고 그때그때 필요할 때만 체크를 하니 놓쳐버리는 거예요. 100가지 항목을 만들어 놓고 주간 단위로 매일매일 체크하는 매장의 매니저가 저한테 이런 말을 했어요. "사소한 걸 사장님들은 많이 놓친다. 그래서 프랜차이즈 회사에서는 매뉴얼을 만드는 것이다. 그리고 그게 곧 실력이다."

예를 하나 들어볼게요. 물비린내가 나는 컵이 있어요. 손님들이 단지 이 컵에서만 물비린내가 난다고 할까요? 아니면 전체적인 위생 상태가 더럽다고 느낄까요? 대부분의 손님들은 후자예요. 음식을 주문한 이상 해당 음식은 먹겠죠. 이미 음식이 나왔는데 단지 컵에서 물비린내가 난다고 환불을 해달라고 할 순 없으니까요. 다만 재방문은 절대 일어나지 않아요. 결코요.

장사가 안 되면 무기력해지고, 내가 가게에 서 있는 이유조차 모를 때가 많아져요. 그런데 공부하라느니, 강연을 들으라느니 하는 조언이 무슨 소용이 있을까요? 과연 강연 듣고 책 본다고 해서 안 되던 장사가 잘될까요? 차라리 가게를 한번 점검하는 시간을 가지는 게 훨씬 나아요. 그냥 둘러보지만 말고 항목을 쭉 나열해 보는 거예요. 1번, 청소 상태. 2번, 음식의 맛. 3번, 마케팅. 이런 식으로 말이에요.

여기서 중요한 건 두루뭉술하게 적으면 안 된다는 거예요. 두리뭉

술하면 실행을 하지 않게 되거든요. 이런 체크리스트를 적을 때는 아주 구체적이어야 돼요. '1번, 화장실 변기 청소 상태의 심각성. 지린내가 약간 난다. 2번, 음식의 맛. 솔직히 조금 평범한 맛인 것 같다. 3번, 마케팅. 마케팅을 안 한 지 1년이 넘어간다' 등등.

가게에 손님이 없는 건 사장님 탓이 아닐 수 있어요. 코로나19 사태처럼 어쩔 수 없는 상황에 놓일 수도 있고, 상권이 축소되는 경우도 많죠. 또는 경쟁 가게의 등장으로 매출이 급격히 하락하는 경우도 있고요. 나는 이제 10km 정도를 달려왔는데 처음 시작한 사람이 전력질주를 하면 어떡하시겠어요? 그를 쫓아간다고 똑같이 전력질주할 건가요? 금방 지쳐 떨어져 나갈 경쟁 가게에 너무 힘을 쏟지 마세요. 에너지 낭비니까요. 그대로 페이스를 유지하면서 체크리스트를 만들어서 내실을 다지세요.

전국의 노포들을 한번 떠올려 보세요. 그들의 매출에 굴곡이 있을까요? 그러니까 매출이 갑자기 치고 올랐다가 뚝 떨어지는 그런 경험들을 했을까요? 아니에요. 꾸준해요. 특히나 일본의 노포들은 훨씬 더 그래요.

철판 요리를 하는 일본의 어느 사장님이 잡지에 기고한 글을 본 적이 있어요. 장사 경력만 30년째이신데 이렇게 말씀하시더라고요. "나는 그저 철판에서 무언가를 볶을 뿐이고 손님들에게 그걸 먹으라고 강요하지 않았다." 이 말인즉, 자연스럽게 오래가는 가게가 되었다는 뜻이에요. 치고 달려 나가려는 마음이 없었다는 거죠.

창업할 때 적어도 6개월 이상은 가게를 유지할 수 있는 비상금을 늘 자기 자본금에 놔두라고 이야기해요. 그런데 그걸 지키는 사람은 10%도 안 돼요. 아니, 장사를 시작하면서 대출을 최대치로 받았기 때문에 그럴 여유가 없어요. 해서는 안 되는 장사를 시작한 거예요. 반대로 6개월의 가게 유지비를 늘 가지고 가는 사장님들은 코로나 기간도 슬기롭게 이겨냈어요. 대출과 비상금, 지원금으로 버틴 거예요. 매출도 그리 나쁘지 않고요. 단지 수익금이 좀 줄어들었을 뿐이죠.

자영업 절벽, 좀비 가게들이라고 어떤 기자분이 표현하셨는데, 장사가 안 될수록 무기력해지지 않으셨으면 좋겠어요. 오늘은 속는 셈치고 체크리스트 하나 만들어 보세요. 내실을 다지기 위해서 말이에요.

맛도 그저 그런데 잘되는 식당의 비밀

#소비심리학 #새로움

맛도 그저 그런 식당에 또 가는 사람들이 있어요. 엄청 맛있는 것도 아닌데 왜 사람들은 그 식당을 찾는 걸까요? 여러 통계 자료와 소비심리학에 기반해 그 이유를 알아볼게요.

첫 번째는 바로 가격입니다. 가격은 역시 무시 못 할 무기임이 분명해요. 아무리 맛이 있어도 가격이 어마어마하게 비싸면 쉽게 가지 못해요.

요즘은 저렴한 가격을 무기로 가성비 전략을 내세운 가게들이 많아요. 어느 유명한 맛집 블로거는 박리다매로 판매한다는 식당에 연일 손님들이 줄을 서는 걸 리뷰하면서 '최고의 마케팅은 역시 가격인가?'라는 의미심장한 문구를 남기기도 했어요.

요즘 새롭게 등장하는 프랜차이즈들을 보면 맞는 말인 것 같기도 해요. 딱히 내세울 게 없어 보이지만, 가격만큼은 강력하죠. 햄버거 하나에 2000원, 한정식 뷔페가 고작 6000원, 여러 가지 고기를 무한대로 먹는 게 2만 원이에요. 천상의 맛은 아니겠지만 지갑 얇아진 사람들의 이목을 끄는 건 어쩔 수 없는 일이에요. 소비심리가 위축된 사람들이 좀 더 싼 것, 저렴한 것, 가성비가 뛰어난 것을 찾거든요.

두 번째는 추가 혜택이에요. 추가 혜택의 가장 대표적인 예는 '포인트'고요. 말 그대로 음식을 먹고 계산을 하고 나면 결제 금액의 일부를 적립해 줘요. 또는 스탬프를 찍어주기도 하고요. 아주 흔한 식당과 카페의 전략 중 하나예요.

포인트 적립 프로그램을 만드는 서비스 회사들은 다들 입을 모아 이렇게 이야기해요. "월 몇만 원이면 몇십만 원의 추가 매출을 올릴 수 있기 때문에 오프라인 매장에서는 필수다."

단순히 포인트만 준다고 손님들이 오는 건 아니에요. 포인트가 얼마나 쌓였는지, 다음에 오면 어떤 혜택을 받을 수 있는지 꼼꼼하게 문자로 전송까지 해주기 때문에 사람들이 재방문을 하는 거예요. 저 역시도 엊그제 어느 카페에 갔다가 재방문 시 무료로 사이즈를 업그레이드해 준다는 문자 쿠폰을 받고는 단골 가게를 패스하고 바닐라 라테 빅 사이즈를 하나 테이크아웃 했어요. 역시 혜택 앞에 장사 없는 것 같아요.

요즘은 다양한 혜택을 많이 제시해요. 맛의 평준화 때문에 이런 혜택에 사람들이 몰리는 건 어쩔 수 없는 문제예요. 네이버 쿠폰, 예약 혜택, 뽑기 혜택, 인스타그램 팔로우 혜택, 카카오 채널 친구 추가 혜택 등등 셀 수 없을 정도로 많아요. 리뷰 혜택으로 아예 메인 메뉴까지 주는 곳들도 등장한 만큼 다양한 혜택도 생각을 해봐야 되는 트렌드가 지속되고 있어요.

세 번째는 신메뉴 광고예요. 어제 저도 신메뉴가 나왔다는 패스트푸드점에 갔어요. 거의 1개월 만의 재방문이었어요. 새로운 시도를 좋아하다 보니 신메뉴가 나오면 꼭 가보는 편이거든요. 즉 신메뉴는 그만큼 도전을 좋아하는 성향을 가진 사람들에게 어필하는 힘이 커요. 사람은 늘 새로움을 추구하는 동물이기도 하고요.

경기도에서 10년째 카페 3개를 운영하는 사장님이 저에게 이런 이야기를 한 적이 있어요. "신메뉴는 맛이 없어도 정기적으로 계속 출시해야 합니다. 그게 마케팅이기 때문이죠."

맛이 없더라도 출시해야 한다고 하셨지만, 사실 카페의 신메뉴가 맛없기는 어려워요. 그리고 반응이 별로라면 없애면 되고요. 메뉴 개발 비용이 100만 원씩 들어가는 건 아니기 때문에 가능한 일이겠죠. 납품 받아서 후가공을 좀 더 한다거나 하는 식으로 말이에요.

네 번째는 친절과 감동이에요. 아마 많은 사람들이 공감할 것 같아요. 엄청난 맛을 자랑하지 않아도, 가격이 조금 비싸도, 포인트 적립을 해주지 않아도 친절과 감동이 있다면 그 식당을 재방문하게 된다는 걸요.

갑자기 쏟아지는 비에 우산을 건네는 사장님, 비에 흠뻑 젖어 들어선 가게에서 수건을 건네는 직원, 추운 겨울날 따뜻한 보리차를 대접하는 식당, 잃어버린 귀고리를 끝까지 신경 써서 찾아줬던 사장님. 이런 작은 것들이 모여서 그 집의 단골이 돼요.

제가 직접 경험했던 감동의 식당도 있는데요, 바로 음식으로 봉사활동을 하는 사장님의 가게였어요. 주변 고아원에 정기적으로 봉사 활동을 다니시면서 아이들에게 먹을 걸 만들어 주시더라고요. 어느 사진작가가 그런 사장님의 모습을 촬영해 선물하고 그걸 가게에 걸어놨어요. 이 일이 언론에 소개되자 손님이 늘어났고요. 아무래도 본인이 아닌 제3자가 알렸기 때문에 더 유명해지지 않았나 싶어요.

마지막 다섯 번째는 직원의 인성입니다. 예쁘고 잘생긴 아르바이트생을 고용했더니 매출이 달라졌다는 이야기가 있죠. 맞아요. 가게 아르바이트생의 외모는 중요해요. 하지만 더 중요한 건 직원의 인성이에요.

대구에서 해장국집을 5개나 운영하는 K사장님은 저에게 이런 이야기를 들려줬어요. "A라는 친구가 일을 하게 되면 꼭 그 매장의 월 매출이 달라진다"고요. K사장님 말의 핵심은 A알바생의 인성이었어요. 손님들이 늘 A라는 알바생을 찾는다는 거였죠.

식당을 한 번이라도 운영해 본 사람은 한결같이 입을 모아 식당은 쉽게 운영할 수 있는 게 아니라고 말해요. 이유를 물어보면 '식당 운영은 종합예술이기 때문'이라고 하고요. 전체적으로 다양한 능력치가 필요한데, 이걸 예술로까지 승화시켜야 그나마 기반을 잡고 꾸준히 오래 할 수 있다는 말이에요.

경쟁력 있는 가격, 혜택, 새로움, 친절, 인성까지. 우리 동네에는 이런 가게들이 있나요? 아니면 우리 가게가 그런 가게인가요? 한 번쯤 곰곰이 생각해 볼 필요가 있지 않을까 싶어요.

세금 많이 내시는 분들께

#노란우산공제 #IRP

보통의 자영업자들은 매출을 올리는 데에만 급급해요. 매출을 올려서 돈을 벌어야 한다고만 생각하니까요. 여기서 조금 더 나아간 자영업자들은 지출을 줄이는 노력을 하고, 여기서 더 나아가면 세금을 줄일 방법을 고민해요. 지금 이야기하고 싶은 게 바로 이 세금에 대한 거예요.

얼마 전에 상담을 해드린 고깃집 A사장님은 올해 종합소득세를 527만 원 내셨대요. 누군가는 그렇게 이야기하죠. "세금을 527만 원 낼 정도면 얼마나 돈을 많이 번 거야?"라고 말이에요. 하지만 돈을 많이 벌어서 527만 원의 세금을 낸 게 아니라 내지 않아도 될 세금을 낸 것이었어요.

A사장님은 '절세'에 대해서 전혀 감이 없으셨어요. 그저 나라에서 정한 세율이니 번 만큼 낸다는 것이었고, 본인이 혼자 세금 처리를 못하니 전문가에게 일임하고 있었죠. 매달 세무사에게 돈을 갖다 주고, 또 소득세 신고를 할 때에는 세금을 적게 내게 해준다는 명목하에 추가로 더 많은 돈을 세무사에게 주고 있었어요. 저는 1시간 상담으로 이분이 적어도 200만 원 이상을 더 벌게 해드렸어요. 아주 쉽게, 핸드폰 하나로, 터치 몇 번으로 말이죠.

세무 대리인들은 이런 이야기를 해주기가 쉽지 않아요. 수십, 수백 명의 자영업자들을 위해 세금을 처리하느라 개별로 디테일하게 상담할 시간이 없으니까요. 그저 있는 자료를 대입하고 "이번 세금은 이렇게 나왔습니다"라고 통보하는 게 보통의 세무사들이에요.

자영업자들은 대체적으로 근무시간이 길어요. 일을 많이 하다 보니 세금에 신경 쓸 겨를이 없다는 얘기예요. 그러다 보니 부가세, 종합소득세를 내고 나면 남는 게 없다고 말씀하시는 분들이 많아요.

고깃집을 운영하시는 사장님은 사실 손볼 게 많았어요. 부가세 신고부터 의제매입세액공제까지 정말 수십 가지도 더 됐어요. 다만 시간이 한정되어 있어서 아주 간단하고 간편하게 그 자리에서 세금을 덜

낼 수 있는 방법을 알려드려야 했어요. 그래서 저는 '소득을 줄이는 것'과 '세액을 줄이는 것'에 대해 설명드렸어요.

언뜻 들으면 '소득을 줄여서 세금을 줄인다? 매입을 많이 잡아서 세액을 줄이는 거 아냐?'라고 생각할 수도 있지만 그게 아니에요. 바로 노란우산공제와 IRP(개인형 퇴직연금)로 소득과 세액을 줄이는 거예요.

아마 많은 자영업자들이 노란우산공제에는 가입하셨을 거예요. 장사를 시작하면 노란우산공제에서 전화 연락이 오니까요. 하지만 일부 자영업자분들, 아니 꽤 많은 자영업자분들이 당장 다달이 돈이 나가야 한다는 생각에 가입을 꺼리세요. 그저 노란우산공제에서 영업을 한다고만 생각하고 전화를 끊어버리죠.

노란우산공제는 자영업자라면 필수로 가입해야 하는 금융상품이에요. 소득을 줄여서 세금을 적게 내게 해주기 때문이죠. 소득을 줄인다고 해서 하루 50만 원 팔 걸 30만 원만 판다는 말이 아니에요. 소득은 똑같지만 나라에서 인정하는 범위 내에서 소득신고를 적게 할 수 있다는 뜻이에요.

가령, 내가 1년에 3000만 원을 벌었다고 해요. 이 금액은 매출이 아니라 실제 내가 번 금액이에요. 고기를 1000만 원어치 사서 1년 동안 다 팔았더니 이것저것 제하고 남은 게 3000만 원이라는 거예요. 이게 소득금액이에요. 1000만 원은 재료비가 되는 거고요. 그럼 나는

3000만 원을 벌었으니 3000만 원에 상응하는 세금을 내야 해요. 그런데 이 소득을 나라에서 합법적으로 줄여준다면 여러분은 어떻게 하실 건가요? 불법이 아니라 합법적으로 소득을 줄여줘서 세금을 적게 내게 해준다면 당연히 이용해야겠죠? 노란우산공제가 바로 그 역할을 하는 금융상품이에요.

소득 구간에 따라 다르지만 노란우산공제에 가입하면 1년에 최대 500만 원의 소득공제가 가능해요. 그러니까 노란우산공제에 1년에 500만 원을 넣으면 500만 원을 덜 벌었다고 나라에서 인정해 준다는 거예요. 이 500만 원은 고스란히 내 돈이 되는 거고요. 매월 정기적금을 넣는다고 생각하시면 돼요. 더 자세하게 이야기할 부분이 있지만 그럼에도 노란우산공제는 그만큼 혜택이 많아요. 생계형 자영업자들에게는 더더욱이요. 매달 42만 원 정도는 적금 든다 생각하시고 소득공제를 받으셨으면 좋겠어요.

노란우산공제가 소득을 줄여주는 기능을 한다면 개인형 퇴직연금인 IRP는 세액공제를 해주는 상품이에요. 그러니까 실질적으로 내야 할 세금을 줄여준다는 뜻이에요.

많은 분들이 소득공제와 세액공제를 헷갈려하세요. 앞서도 말씀드렸지만 소득공제는 내가 번 금액을 줄여준다는 뜻이고, 세액공제는 내야 할 세금을 줄여준다는 뜻이라고 생각하면 쉬워요. 노란우산공제가 소득을 줄여줬다면 IRP는 세금을 줄여줍니다. 가령 내가 내야 할 종합소득세가 300만 원인데 100만 원 세액공제가 된다면 200만 원만 내면 되는 거예요.

IRP는 연금저축과 함께 최대 연간 900만 원에 대해서 공제를 해줘요. 여기서 중요한 건 900만 원에 대한 이해예요. 900만 원에 대해서 공제해 준다고 하면 다들 '그럼 세금을 내지 않아도 될 정도로 공제를 그렇게 많이 해준다고?'라고 착각하면서 말도 안 되는 소리로 치부해 버리거든요. 900만 원에 대한 공제라는 말은 실제 900만 원의 세금을 안 내게 해준다는 뜻이 아니라 900만 원의 16.5%(지방소득세포함)에 대한 세액을 공제해 준다는 뜻이에요. 그러니까 결정세액에서 148만 5000원을 덜 내도 된다는 뜻이죠.

역시 IRP도 설명할 게 많아요. 가령 좀 전에 제가 말씀드린 148만 5000원은 가게에서 벌어들인 소득이 5500만 원 이하일 경우에 덜 내도 되는 금액이고 소득이 5500만 원 초과라면 13.2%에 해당하는 118만 8000원을 덜 내도 돼요(둘 다 IRP와 연금저축을 조합해서 900만 원을 납입했다고 가정했을 경우의 공제액이에요). 이것도 믿기 어렵다고요? 하지만 사실이고 덕분에 세금을 적게 내시는 분들이 참 많아요. 그냥 여러분이 몰랐던 것뿐이죠.

노란우산공제도 IRP도 설명드릴 것이 참 많아요. 이 돈을 운영하는 방법부터 중도 해지, 이자에 대한 세금, 55세 이후에 수령해야 이자를 제대로 받을 수 있다는 점 등. 하지만 제가 강조하고 싶은 것은 그 모두를 고려하더라도 소득과 세액을 줄이는 건 자영업자분들이라면 반드시 하셔야 된다는 거예요.

매출을 올리는 것도 중요하지만 세금 때문에 머리 아프고 남는 게 없다는 생각이 드는 분들은 노란우산공제와 IRP에 대해 조금 공부해 보셨으면 좋겠어요(추가로 청년창업중소기업 세액 감면까지요). 이 2가지를 알고 나면 다른 것들도 눈에 들어오게 되고 그러다 보면 절세하는 방법, 원천적으로 세금을 적게 내는 팁까지도 알게 될 테니까요.

"맛 없어요"라고 말하는 고마운 손님

#장사반응 #손다이크고양이실험

1898년에 에드워드 손다이크라는 심리학자가 실험을 하나 했어요. 오늘날까지도 영향을 미치고 있는 이 실험은 상자 안에 고양이를 집어넣는 거예요. 그 상자는 안에 설치된 줄을 잡아당기거나 버튼을 누르면 문이 자동으로 열리면서 밖으로 나올 수 있게 설계되어 있었죠. 상자 밖에는 맛있는 먹이가 놓여 있었고요.

고양이들은 상자 안에 들어가자마자 대부분 나오고 싶어 했어요. 당연하겠죠. 사방이 막힌 비좁은 공간이니까요. 외부로 향하는 구멍에 코를 대고 냄새를 맡기도 하고 앞발로 상자를 긁기도 했죠. 그러다 우연히 버튼을 누른 고양이가 상자의 문이 열리는 걸 발견했어요. 그렇게 밖으로 나오게 됐고 곧바로 맛있는 먹이를 먹게 됐어요.

처음에는 탈출까지의 시간이 160초 정도였지만 이 시간은 갈수록 줄어들었죠. 90초대, 60초대, 30초대, 10초대, 급기야 7초대까지. 이는 한 고양이만이 아닌 대부분의 고양이가 나타낸 수치였어요. 반복하면 반복할수록 탈출 속도는 줄어들었어요. 손다이크는 이런 학습 과정을 이렇게 묘사했어요. "만족스러운 결과를 내는 행동은 반복되는 경향이 있고, 불쾌한 경험을 일으키는 행동은 덜 반복되는 경향이 있다."

제가 이 실험에 대해 이야기한 이유는 '장사에서의 반응'을 말하고 싶어서예요. 우리가 장사를 하다 보면 앞선 고양이처럼 손님의 이야기에 반응하게 되어 있어요. 피드백을 받으면서 성장한다는 거예요.

손님이 "맛없어요"라고 하면 어떤 기분이 드시나요? '아니 이렇게 정성스럽게 만들었는데 맛이 없다고? 손님 입맛이 이상한 거 아니야?' 라고 생각하시나요? 사실 맛없다고 말해주는 손님은 100명 중 1명도 안 돼요. 대개 사장님들은 손님들이 말하지 않으니까 아무런 문제가 없다고 느껴요. 손님들은 짜고, 싱겁고, 느끼하고, 냄새 나도 이야기하지 않거든요. 그저 다음에 방문하지 않을 뿐이죠.

손님한테 직접 피드백을 듣기란 쉽지 않아요. 물어보기도 애매하고요. 계산 직전 "맛있게 드셨어요?"라고 진심으로 묻는다고 한들 손님들은 계산하고 가기 바빠요. 그저 인사치레로 치부될 수밖에 없기도 하고요.

그래서 우리는 온라인에서 반응을 느껴야 해요. 우리 가게에 대한 전체적인 평가, 맛에 대한 평가, 응대에 대한 평가를 지금 당장 네이버, 구글, 인스타그램, 페이스북, 카카오맵, 푸딘코에서 검색해 보세요. 적어도 악평보다는 선평이 많을 거니까 너무 두려워하진 마시고요.

이런 반응들을 늘 체크하는 가게들이 있어요. 돈암동에서 삼겹살집을 운영하는 B사장님은 털 박힌 삼겹살이 손님상에 나가는 걸 전혀 모르고 있었어요. 어느 손님이 인스타그램에 사진을 남겨서 알게 되었죠. 즉시 고기가 나가기 전 털 검수를 할 수 있는 절차를 만들었고, 고기 도매 업체에도 이야기해서 문제를 해결했어요. 좀 늦었지만 그 손님에게는 DM으로 사과했고요. 사진을 내려달라느니, 육가공 업체의 실수라느니 하는 핑계를 대진 않았고요. 자연스럽게 사진은 내려갔고 오히려 재방문을 통해 칭찬을 한가득 올려준 사례로 남았어요.

B사장님은 한 번의 좋은 기억으로 이걸 아예 시스템으로 만들어 버렸어요. 어떻게 검색해야 우리 가게가 잘 나오는지 연구하게 됐고, 각종 태그와 단어를 조합해서 웹상에 흩뿌려져 있는 가게의 평가를 이메일을 통해 자동으로 받고 있죠. 손님의 안 좋은 기억을 좋은 기억으로 재탄생시키고 나아가 오히려 온라인 활동이 활발한 고객들을 만

족시킴으로써 홍보에 대한 선순환 구조를 만들어 버린 거예요.

'칭찬은 고래도 춤추게 한다'라는 말은 '칭찬을 하면 더 잘하게 된다'로 해석되곤 해요. 하지만 오히려 칭찬만 받다 보면 그 자리에서 멈추어 버리는 결과를 초래하기도 해요. 매번 같은 음식을 파는 가게의 경우는 그게 더욱더 심해요. 앞선 고양이 실험을 예로 들게요. 만약 고양이를 수백 번 이상 그 상자에 넣는다면 반응은 이내 시들해질 거예요. 그저 똑같은 탈출을 반복하게 해서 똑같은 먹이를 먹게 될 테니 반응이 줄어들게 되는 거죠.

식당 운영 역시 똑같아요. 늘 주변 사람들과 지인들에게 맛있다, 친절하다, 가게가 예쁘다는 소리를 들으면 거기에 빠져 있을 수밖에 없어요. 블로그 체험단을 동원해서 수십, 수백 개의 리뷰 글을 올려놓으면 마음이 든든하죠. 우리 가게에 대한 칭찬 일색이니까요. 그러고는 숨겨져 있는, 진실된 쓴소리에 반응하지 않는다면 얼마 가지 못해 가게는 위험해질 거예요.

손님의 반응을 너무 따라갈 필요는 없지만 그 반응을 내 걸로 만들 필요는 있어요. 같은 음식을 만들고, 같은 이야기를 해야 하는 공간이기에 손님의 반응을 이끌어내고 이에 대한 내 반응 역시 생겨나면 더 재미가 있어요. 두려워하지 말고 손님들의 피드백을 적극적으로 수용해 보세요. 오히려 발전하는 계기가 될 거예요.

가격, 이제 당당히 올리세요

#뉴아이템 #리네이밍

혹시 가게 마진율이 어떻게 되시나요? 20%도 채 되지 않나요? 설마 15%도 되지 않아서 3000만 원을 파는데도 450만 원도 남지 않는 장사를 하고 있진 않나요?

최근 저는 이런 분들을 꽤 많이 만나요. 한 고깃집 프랜차이즈를 운영하시는 분은 매달 5000만 원 이상을 파는데도 마진율이 고작 13%였어요. 배달집이냐고요? 아니에요. 배달은 전혀 하지 않고 홀에 15개 테이블을 운영하는 아주 이상적인 고깃집이었어요. 그런데도 마진율이 13%. 가격을 올려야 하는데 손님들을 빼앗길까 걱정이 있으셨어요.

장사에서 가격은 매우 중요해요. 손님이 많이 오고 객단가도 높으면 당연히 좋겠지만, 장사를 하다 보면 손님수와 객단가는 반비례한다는 걸 알 수 있어요. 단가가 높으면 손님이 오지 않고, 단가가 낮으면 손님이 많이 온다는 거죠.

하지만 여러 가지 재료비 상승과 물가상승으로 인해 박한 마진의 시대로 접어들고 있어요. 그러니 가격 인상은 피할 수 없는 현실이에요. 그렇다면 어떻게 반발 없이, 고객들이 합리적으로 받아들일 수 있게 가격을 올릴까요? 5가지로 정리해서 이야기를 해볼게요.

첫째, '뉴 아이템(New Item)'을 만드세요.

가격을 올리라면서 웬 새로운 메뉴 개발이냐고요? 자, 우리가 가격을 올리는 궁극적인 이유를 먼저 생각해 볼게요. 마진 때문이죠. 인건비도 올라가고 재료비도 올라가고 공과금도 올라가서 마진이 남지 않는다는 거죠. 그렇다면 제일 먼저 생각할 수 있는 것이 비용을 줄이는 거예요. 그런데 식당에서 비용을 아낀다는 건 인건비나 식재료에 손을 댄다는 의미이기 때문에 서비스와 음식의 질을 떨어뜨리는 최악의 방법이 될 수 있어요. 그렇기 때문에 '뉴 아이템'으로 마진을 올리자는 거예요. 그것도 살짝만 변형한 뉴 아이템으로요.

갈비탕을 1만 3000원에 판다고 칠게요. 그냥 가격을 올리면 분명 손님들이 반발할 거예요. 근처의 다른 경쟁 매장으로 가겠죠. 올려봐야 고작 1000원 정도일 텐데, 손님수가 줄어들 것 같다면 고민이 되겠죠. 과연 이게 맞는 건가? 그래서 갈비탕은 그대로 판매하고, '한방 보양 인삼 갈비탕'을 1만 6000원에 새로 출시하는 거예요. 그럼 3000원을 더 받으니까 객단가가 올라가겠죠. 재료비는 일반 갈비탕보다 1000원 정도 더 써서 한방 재료를 넣어주고요.

여기서 명심할 것이 있어요. 절대 '가격만' 올려선 안 된다는 거죠. 올린 가격에서 최소 3분의 1은 재료비에 그대로 투자하셔야 돼요. 저는 2분의 1을 추천드려요. 그럼 어마어마하게 '혜자'스러운 뉴 아이템이 탄생할 수 있어요.

실제로 2만 5000원짜리 불고기 전골을 팔던 집에서 3만 5000원짜리 '목포 남도 뻘낙지 불고기 전골'을 새로 출시했어요. 그 결과 곧바로 객단가가 상승했고, 지난해에는 동월 대비 매출이 25%나 늘었어요. 마진율도 8%나 올랐고요.

얼리어답터라고 들어보셨죠? 새로운 전자기기를 남들보다 먼저 사용해 보는 사람들을 일컫는 말이에요. 저는 '얼리어먹터'도 있다고 늘 강조해요. 제가 약간 그런 스타일이거든요. 신메뉴가 나오면 무조건 먹어봐야 돼요. 심지어 육개장 전문점에서 여름에 장사가 잘 안 되니까 급하게 출시한 냉면도 저는 꼭 먹어봐요. 어떤 제품으로 만들었나, 맛이 있나, 요즘은 냉면 원팩 육수가 어디까지 발전했나 궁금해서요.

'뉴 이펙트(New Effect)'라는 말이 있어요. 새로운 음식을 탐구하고 싶은 사람들이 느끼는 감정이에요. 이런 사람들은 별 생각 없이 신메뉴를 주문하고 스스로 뿌듯해해요. 저가 커피 브랜드에서 하루가 멀다하고 신메뉴를 출시하는 이유가 '뉴 이펙트'를 활용해서 손님을 잡아두기 위해서예요.

게다가 그냥 가격을 올리는 것보다는 신메뉴로 새로운 선택지를 주게 되면 손님들의 반발심도 현저하게 낮아져요. 1000원 올리면 뭐라고 하는 손님들도 신메뉴, 특히나 가치를 담은 신메뉴는 오히려 궁금해하고, 먹어보고 싶어 하죠.

두 번째, 혁신(Innovation)하세요.

식당에도 혁신이 필요해요. 대기업에서 하는 거대한 혁신 말고요, 우리가 할 수 있는 작은 혁신이요. 제가 자주 사용하는 방법은 그릇의 혁신이에요. 3000원짜리 멜라민 그릇을 사용했다면 도자기 그릇이나 진짜 방짜는 아니어도 방짜 스타일을 표방하는 놋그릇으로 교체를 해요. 종종 그릇 각각에 특색을 담는다면서 종류별로 바꾸시는 분도 계신데요, 스스로 감이 없다고 판단된다면 세트가 가장 좋아요.

그리고 중요한 게 바로 '무게'예요. 그릇과 수저의 무게. 이 무게 때문에 사람들은 가치가 있다거나 없다고 판단하게 되거든요. 의식적으로 판단하기보다는 무의식적으로 판단하는 거죠. 실제로 무게와 관련된 가격 이론은 옥스퍼드대학교 감각교차연구소의 연구 내용에도 나와요. 똑같은 음식이라도 그릇이나 수저에 따라 무게가 달라지면, 즉 무거워지면 손님은 약 15% 정도 돈을 더 지불할 의사가 있다고요. 생각해 보세요. 5성급 호텔에서는 멜라민 그릇을 사용하지 않아요. 죄다 무거운 사기그릇이나 놋그릇을 사용하죠. 다 이런 이유 때문에 그래요.

그릇에 혁신을 입혔다면 이제 테이블 매트에도 혁신을 입히세요. 그냥 일반적인 테이블 매트가 아니라 우리 매장의 스토리가 들어가도록, 메뉴가 어떻게 만들어지고 어떻게 맛있을 수밖에 없는지를요. 음식을 먹기 전부터 침이 나오게 만드는 거죠. 이건 뇌의 측좌핵을 이용하는 방법인데 먹기 전에 이미 '맛있다'라고 뇌를 조종해 놓고, 즉 뇌의 보상 중추가 도파민을 분비하게 해놓고 음식을 먹게 하면 절반 이상은 우리가 조종한 대로 '맛있다'고 느낄 수밖에 없어요. 뇌의 보상 중추가 도파민을 분비하거든요.

그릇, 수저, 테이블 매트에 이어 마지막으로 혁신해야 하는 건 바로 플레이팅이에요. 그릇과 수저, 그리고 테이블 매트가 '그냥' 혁신이라면 플레이팅은 '대혁신'이에요. 음식의 고명과 곁들임 그리고 가니쉬

(Garnish, 음식을 장식하기 위해 곁들이는 것)를 어떻게 하는지, 전골이라면 안의 내용물을 어떻게 위로 보이게끔 쌓아올리는지에 따라서 우리의 뇌는 이미 '맛있다'고 생각하고 먹을 수밖에 없어요. 침을 흘리게 만드는 거예요. 혁신을 하면 당당하게 가격을 올려 받으셔도 돼요. 이미 맛있다고 생각하고 먹을 게 뻔하니까요.

세 번째, 무언가를 더 주세요(Giving).

가격을 올리기 위해서는 2가지를 모두 다 줘야 돼요. 하나는 유형, 하나는 무형. 유형은 일종의 덤이에요. 쟁반짜장을 시키면 짬뽕탕을 주는 거죠. 그냥 작은 그릇의 짬뽕 국물을 턱 하고 성의 없이 주는 게 아니라 실제로 판매되고 있는 짬뽕탕을 주는 거예요. 여기서 사이즈를 줄이느냐 마느냐에는 대표님의 판단이 필요하지만 웬만해서는 사이즈를 줄이지 않고 주는 것이 중요해요. 혹시 그릇 가득 주고 싶다면 그릇의 사이즈를 조금 줄이는 방법도 좋고요. 이건 매장마다 메뉴가 다르니까 원가를 생각하고 계획해야겠죠.

오래전 저희 팀이 브랜딩을 마친 한 냉삼집은 냉삼을 주문하면 닭갈비탕을 푸짐하게 줘요. 원가를 최대한 낮춘 덕분에 손해가 아니라 오히려 이득이에요. 이곳은 대학생이 많은 상권인데 냉삼을 시켰더니 닭갈비탕을 준다? 손님들이 미친 듯이 좋아할 수밖에 없겠죠. 실제로 그런 리뷰도 많고요. 저희 동네에 있는 막창집은 막창을 시키면 달걀

찜, 떡볶이, 팥빙수 등 모든 걸 다 줘요. 그것도 단계별로 말이에요. 일반 막창집과 이 막창집 중에서 선택하라고 하면 당연히 이 집을 선택하겠죠. 가격을 조금 올려 받아도 전혀 문제가 없어요.

아마 지금 이 순간 머릿속에 번뜩 떠오르는 아이디어들이 있을 거예요. 그걸 실행하시면 돼요. 생각만 하지 말고 실행.

그리고 유형의 것을 줬다면 무형의 것도 줘야겠죠. 무형의 것은 바로 '인포메이션(information)', 즉 정보예요. 앞서 테이블 매트에 우리 매장의 스토리나 음식의 가치를 담으라고 말씀드렸었죠? 그런데 메뉴판에 해당 메뉴에 대한 정보를 최대한 적음으로써 유형과 무형에서 두 번의 펀치를 맞은 손님은 가격을 올려 받아도 전혀 반감이 들지 않아요. 특히나 이런 정보를 더 길고 자세하게 적을수록 손님들은 집중하고 몰입하게 되고요.

이를테면 떡볶이 메뉴의 설명글이 '햅쌀 100%로 새벽 4시에 갓 만든 떡에 48시간 숙성시킨 조숙자 할머니의 3대 전통 비법 양념과 직화로 구운 국내산 삼겹살 토핑으로 풍미를 더해줍니다'라고 되어 있을 때와 아무런 설명이 없을 때가 있어요. 손님은 어디에 더 가치를 느낄까요? 메뉴판을 보는 사람들은 여기에 몰입할 수밖에 없어요. 유형과 무형, 모든 걸 주게 되면 어쩔 수 없이 사람은 '가치가 있다'고 생각하고 비싸게 보지 않아요. 오히려 저렴하다고 생각할 수도 있어요.

네 번째, '리네이밍(Renaming)'해 보세요.

이름을 바꿔서 가격을 올리는 거예요. 실제로 한 호프집은 메뉴를 바꾸면서 '오뎅탕'의 가격을 2000원 올려봤어요. 한 달 만에 주문율이 15%나 올라갔죠. 기존 '오뎅탕'을 '부산 98% 김채욱 프리미엄 어묵탕'으로 바꿨거든요. 이외에도 실제 사례는 많아요. 그냥 '카레'를 '13번지 뉴델리 카레'로, 규동을 '후쿠오카 직화 규동'으로, 막창을 '50년 대구 반야월 막창'으로 리네이밍하면서 가격을 올리는 식이죠. 아, 이번에 진행했던 오프라인 마케팅 강의에서는 한 수강생이 '황태구이'를 '강원도 용대리 황태덕장'으로 리네이밍하고 매출이 무려 50%나 상승하는 기염을 토했어요.

사람은 인지효과의 동물이에요. 그래서 평이한 이름의 메뉴에는 으레 '평범'이라는 단어가 머릿속에 떠오르지만 숫자, 원산지, 사람 이름 등 가치가 담긴 이름을 보면 '특별한 것'으로 판단하는 거예요.

다섯 번째, '시그니처 세트(Signature Set)'를 기억하세요.

시그니처와 대표메뉴는 달라요. 예를 하나 들어볼게요. 맥도날드의 시그니처는 뭘까요? 많은 분들이 빅맥이라고 대답하세요. 그런데 맥도날드의 시그니처는 빅맥이 아니라 '그릴드 머쉬룸 버거'와 '골든 에그 치즈버거'예요. 왜 빅맥이 시그니처가 아닐까요? 시그니처와 대표메뉴가 다르기 때문이에요.

빅맥은 맥도날드의 대표메뉴이고 시그니처는 계속 바뀌어요. 그릴드 머쉬룸 버거의 유행이 지나가면 또다시 다른 시그니처를 개발하는 거죠. 그래서 우리는 시그니처를 계속 개발해야 돼요.

시그니처 세트는 우리 매장의 시그니처를 하나로만 정하지 말고 여러 개로 정해서 그 세트를 만들라는 거예요(그렇다고 모든 메뉴가 시그니처라고 하면 안 되고 카테고리별로 최대 3개를 넘지 않는 게 좋아요). 예를 들어 어떤 매장에 시그니처가 3개 있다면 이 3개를 모두 사 먹고 싶지만 그럴 수가 없는 손님도 있을 거예요. 그런 손님을 위해 이 시그니처 3개를 조금씩 모아서 세트로 만드는 거예요.

약간 비슷한 예로는 짬짜면을 들 수 있겠죠. 아니면 드라마 〈무빙〉의 행운돈가스집에서 파는 돈가스+김치볶음밥이 예가 될 수도 있고요. 당산의 카츠메종은 제주흑돼지 등심 반 안심 반 메뉴를 판매하는데 이 반반 카츠의 주문율이 높은 편이에요(단품보다 약 2000원 정도 더 비쌈). 생활맥주에서 판매하고 있는 '수제맥주 5종 샘플러'도 좋은 사례가 되겠죠. 냉면집이라면 비냉과 물냉을 함께 줄 수도 있고요. 다 먹어보고 싶지만 부담되는 손님에게 '이걸 주문하면 돼'라고 알려주는 거예요.

소코아카레라는 브랜드가 있어요. 여기는 시그니처가 에비카레, 토리카레, 키마카레인데 한 사람이 이 3가지를 다 먹진 못하잖아요.

그래서 조금씩 양을 줄여서 시그니처 세트라는 걸 판매해요. 이걸 주문하면 시그니처 3가지를 다 먹어볼 수 있어요. 아마 소코아카레는 일부러 이렇게 기획했을 거예요. 결과 역시 이 시그니처 세트의 판매량이 압도적이고요.

사람은 누구나 욕심이 있어요. 이 욕심이 돈(비용)과 신체적인 한계(위의 한계), 그러니까 소비는 돈과 배부름을 이기지 못하기 때문에 '타협'을 하게 돼요. 그런데 이 타협의 적정선을 제시해 주고 가격을 올려 받는다면 전혀 문제가 되지 않아요. 오히려 손님들은 좋아하고 더 미친 듯이 주문을 하게 되죠.

갈수록 마진이 박해지고 있기 때문에 가격은 올릴 수밖에 없어요. 다만 누가 봐도 합리적일 수 있게 여러 장치를 만든 다음 가격을 올려야 한다는 것. 제가 알려드린 방법들을 지금 바로 내 가게에 적용해 보세요.

장사가 잘되는 이유는 단순하다

#코어팬 #인생은장사다

한때 제가 전국으로 영업을 다니던 때가 있었어요. 하루 열 곳 이상을 방문하면서 농업용 비료와 식물 영양제를 판매했는데 장사를 잘하는 집과 그렇지 못한 집이 어느 순간부터 눈에 들어오더라고요.

재미있는 건 장사가 잘되는 매장의 이유는 너무나 단순하다는 거였어요. 똑같은 제품을 파는데도 손님이 그 집으로만 가는 이유는 그저 '손님의 가려운 부분을 긁어준 덕분'이었어요.

가령, 어떤 손님이 몇천 원짜리 제초제를 사러 왔다고 해보죠. 장사가 잘되는 집은 어떤 문제 때문에 제초제를 찾는지, 언제 사용할 건지,

이미 다른 제초제를 사용해 봤는지 꼼꼼하게 물어봤어요. 반면, 장사가 안 되는 집은 그저 마진이 많이 남는 제초제를 주고는 빨리 그 손님을 매장에서 내보내려고 하는 게 눈에 보였고요.

사실 제초제는 거기서 거기이지만 손님 입장에서는 본인을 위해 최고의 효과를 낼 수 있는 제초제를 골라주는 사장님의 마음이 전달되었을 거예요. 그러니 자연스럽게 다른 문제가 있을 때에도 그 가게를 찾게 되죠.

손님이 마음의 문을 열기까지는 꽤 힘든 과정을 거쳐야 하지만 어느 순간 그 임계점을 돌파해 버리면 그때부터는 아예 팬이 되어버리기 때문에 큰 신뢰를 잃을 만한 사건이 벌어지지 않는 한 꾸준히 그 가게를 찾을 수밖에 없어요. 제가 늘 이야기하는 '코어 팬'이 되는 거죠.

어린 시절 시골에 살 때 주말마다 목욕을 하러 시내에 갔어요. 아버지를 따라 목욕을 하고 동전 몇 개를 얻어서 오락실에 가는 재미에 푹 빠졌던 때였죠. 아버지는 목욕탕에 갈 때마다 시내 약국에 들러서 각종 소화제, 드링크, 반창고, 그리고 그때그때 필요한 약을 사곤 했어요. 그런데 수년째 아버지는 같은 약국만 찾았어요. 목욕탕 근처에 약국이 4개 정도 나란히 서 있었는데도 말이죠.

그래서 하루는 아버지한테 물어봤어요. 왜 이 약국만 가냐고. 그러자 아버지는 "이 약국이 약을 제일 잘 지어"라고 하셨어요. 당시만 해도 약사가 직접 약을 지어 판매하던 때라서 감기나 설사 등 몸에 경미한 이상이 있으면 병원보다는 약국에 가는 게 일반적이었어요. 하루는 친구 아버지 차를 타고 시내에 나간 적이 있었어요. 그런데 친구 아버지도 그 약국에 들르는 것이 아니겠어요. 그래서 제가 물었죠. 혹시 아저씨도 이 약국만 다니냐고. 당연하다는 듯이 그렇다고 하더라고요. 나중에 알게 된 사실이었지만 다른 약국들은 그저 약만 팔았던 반면 아버지와 아저씨가 가는 약국은 '가려운 곳까지 긁어주고' 있었어요.

《육일약국 갑시다》의 육일약국. 4.5평의 약국을 처음 개업한 김성오 대표는 나중에 13명의 약사를 둔 기업형 약국을 경영했어요. 나아가 2000년에는 메가스터디 부회장을 역임하면서 온라인 학원 사업에도 진출했고요. 김성오 대표가 4.5평의 약국에서 비즈니스에 대한 모든 것을 배웠다면서 들려준 이야기 중 가장 마음에 와 닿았던 게 바로 '고객을 영업부장으로 만들라'는 것이었어요.

한 번 방문한 손님의 이름을 40번, 50번 되뇌면서 기억해 두었다가 그분이 다시 방문했을 때 이름을 불러주니 "이야, 약사님 천재아이가?"라는 반응이 나왔다고 해요. 또한 드링크제 하나를 사더라도 VIP처럼 대접하니 "역시 구관이 명관이데이. 여기 오믄 와 이리 내 집같이 편한지 모르겄다"라는 말이 손님에게서 나왔어요.

장사 잘하는 사람들을 관찰해 보면 그들만의 특징이 있어요. 누구는 마케팅을 잘해서, 누구는 좋은 물건을 싸게 팔아서, 또 누구는 입지가 좋아서 장사를 잘하죠. 그런데 이게 모두 하나로 모아져요. 마케팅을 잘하든 맛있게 만들든 좋은 자리를 선점하든, 모든 게 '사람'을 위해서 하는 일이라는 거예요.

제 유튜브 채널의 부제가 '인생은 장사다'예요. 사람은 태어날 때부터 죽을 때까지 무언가를 팔아야 먹고살 수 있으니까요. 그리고 잘 팔기 위해서는 그것을 사줄 사람을 잘 알아야 해요. 모든 것은 사람으로 모아진다는 것, 잊지 마세요.

록인, 한 번 온 손님을 두 번 오게

#록인 #재방문 #연결

'록인(Lock-in)'이라는 말이 있어요. 해석하면 '가두다', '감금하다'라는 뜻인데 손님을 우리 제품, 음식, 매장에 가두어 놓는 거죠. 이렇게 하면 어떤 결과가 나타나느냐 하면 바로 한 번 온 손님이 두 번 오는 거예요. 그 이후는 말 안 해도 아시겠죠?

록인은 많은 대기업에서도 활용하고 있는 장사 기술이에요. 국내뿐만 아니라 미국, 일본, 중국 등의 큰 기업에서는 록인을 배우기 위해 연수까지 다녀올 정도예요. 굉장한 고급 기술이죠.

오래전 미국의 아마존이 '아마존 약국'을 론칭했어요. 온라인으로 약을 배송해 주는 서비스인데, 이게 록인과 무슨 연관이 있을까요? 아주 큰 연관이 있어요. 온라인으로 약을 배송받아 보게 하면서 아마존 약국에 록인될 수밖에 없게끔 시스템을 구성했어요. 오프라인의 불편함을 온라인으로 해소시켜 준 거죠.

아마존은 2005년도에 '아마존 프라임'이라는 서비스로 처음 록인 기술을 선보였어요. 이제는 아마존 이용자 가운데 프라임에 가입하지 않은 사람은 바보로 여겨질 정도로 스스로 록인이 되고 싶어 하는 이용자들이 늘어났고요. 구독 서비스의 일종인 아마존 프라임은 2일 무료 배송, 2시간 배송, 스트리밍 음악과 비디오 등의 혜택이 많이 포함되어 있어요. 아마존을 이용한다면 당연히 가입해야 하는 서비스로 인식될 수밖에 없는 구조를 만들어 놓은 거예요.

우리나라의 네이버, 쿠팡도 마찬가지죠. 일정 금액을 구독료로 내면 혜택을 줘요. 네이버 페이로 구매를 한다면 네이버 플러스 멤버십에 가입하지 않으면 손해 보는 구조를 만들어 놨어요. 쿠팡은 로켓배송으로 무료 배송을 해줘요. 게다가 쿠팡플레이 같은 OTT도 무료로 제공하고요. 록인을 잘 이용하고 있는 사례죠.

이런 록인을 우리 매장에도 접목시켜야 해요. 저도 록인을 통해서 큰 매출 하락 없이 꾸준히 매장을 유지할 수 있었고, 또 매매를 할 때에도 이런 데이터를 통해서 많은 도움을 받았어요. 그런데 일반 개인 매장에서는 록인 기술을 사용하려면 툴이 필요해요.

록인은 고객 DB(데이터베이스)의 확장 개념이에요. 포인트 적립을 통해서 고객의 전화번호를 받고 그걸 DB화해 손님을 록인하는 거죠. 그러면 손님은 한 번 오고, 두 번 오고, 세 번 오게 돼요. 재미있는 건 우리나라 외식 자영업자가 75만 명이나 되는데도 이 기술을 사용하는 곳은 고작 3만여 곳이 안 된다는 거예요. 10%는커녕 5%도 안 되는 거죠.

단골이 많은 가게가 오래 살아남는다는 말을 부정할 사람은 없을 거예요. 단골을 만들기 위한 방법에는 여러 가지가 있어요. 맛, 서비스, 위생은 기본이고 거기에 '연결'이 더해져야 해요. 고객과 우리 매장이 연결되어야만 재방문을 유도할 수 있다는 거죠. 그게 바로 록인 기술이고 고객DB를 활용한 마케팅이에요.

록인 효과에 대해서 신민수 한양대 경영학부 교수는 "사람들을 끌어모으고 록인하는 과정을 거쳐야만 플랫폼으로의 가치를 획득할 수 있다"고 말했어요. 우리 매장이 일종의 동네 플랫폼이 된다면 더할 나위 없이 좋겠죠. 똑같은 메뉴를 가진, 경쟁이 과한 업종일수록 록인 기술을 배워서 실행해야 훨씬 더 좋은 성과를 낼 수 있어요. 경쟁자가 없는 독보적인 아이템을 가진 게 아니라면 록인은 필수라는 거죠.

록인의 또 다른 방법으로는 'Show Me The Life'가 있어요. 바로

SNS를 활용해 자신을 드러내는 거예요. MZ세대들은 아예 SNS로 팬을 만들어 놓고 장사를 시작해요. SNS를 단순히 매장을 홍보하려고 만드는 게 아니라 '나를 보여주기 위한 공간'으로 활용하는 거예요. 그러니까 광고판이 아니라 자기 자신의 솔직한 모습으로 매력을 어필한다는 거죠. 거기에 덩달아서 매장의 매력 어필도 가능하고요.

백종원 대표가 TV나 유튜브에 출연해서 보여주는 건 바로 솔직한 모습이에요. 배도 볼록하게 나오고 아내의 잔소리를 무서워하기도 하면서, 자식들을 사랑하는 모습, 나이 지긋한 식당 사장님들을 공경하는 모습, 건방진 젊은 가게 사장에게 호통치는 모습이 모두 다 솔직하게 비춰지죠. 진짜 마음의 감동을 받은 가게에는 본인 사비로 고급 밥솥을 사주기도 하고요. 진실되어 보인다는 거죠, 사람이.

많은 사장님들이 SNS에 본인을 노출하는 걸 꺼리세요. 하지만 불특정 다수를 대상으로 장사를 하는 만큼 더욱더 많이 보여줘야 돼요. 물론, 개인의 신상이나 극히 사적인 것들까지 공개하라는 건 아니에요. 매장을 꾸려나가는 노력에 대해서만큼은 잘게잘게 쪼개어서 사진 한 장, 짧은 영상 하나가 콘텐츠가 될 수 있도록 그렇게 본인을 보여줬으면 좋겠어요. 결국 손님들은 그런 모습에 반하고, '아, 저 사장 인간적이야'란 생각을 하게 되죠. 매력에 취해서 매장을 꾸준히 찾는 결과를 자연스레 불러오고요.

일례로 보험설계사가 한 명 있다고 칠게요. 꾸준히 인스타그램을 통해서 그의 일상을 지켜본 사람이 보험을 들려고 한다고 해보죠. 생전 처음 보는 보험설계사와 종종 SNS를 통해 봤던 설계사 중에 누구를 택하게 될까요? 우리는 다른 사람의 생활을 엿보다가 자기도 모르는 사이에 그 사람을 신뢰하게 되는데 심리학에서는 이걸 '휴머니티 이펙트(Humanity Effect)', 즉 인간미 효과라고 해요.

'마케팅보다는 사랑과 정성 그리고 체크.' 뻔해 보이는 말이지만 코스닥 상장사인 이니시스를 세운 권도균 대표의 책《권도균의 스타트업 경영 수업》에도 나오는 얘기예요. 주야장천 마케팅에만 열을 올리기보다는 실제 서비스와 제품 퀄리티에 대한 고민을 먼저 하라는 거죠. 음식으로 치면 맛이 될 수 있을 것이고, 제품으로 치면 사용성이 되는 거고요. 록인에 빠지다 보면 본질에서 벗어나서 운영하게 되는 경우가 가끔 생기거든요.

얼마 전에 거의 3억 가까이를 쏟아부은 한우집에 상담을 하러 갔어요. 4시간 가까이 코칭을 해드렸는데 아주 중요한 문제가 하나 있었어요. 의류 회사 마케팅 부서 출신인 사장님이 마케팅에만 모든 신경을 쓰고 있다는 것이었죠. 뭘 하든지 간에 마케팅에 문제가 있다고 생각하고 정말 많은 돈을 홍보에 사용하고 계신 걸 보고는 '광고 회사들이 돈을 참 많이 벌긴 하겠구나'라는 생각이 들었어요. 정작 중요한 고기의 가격과 질, 서비스, 심지어 손님이 들어오고 나갈 때의 멘트 등등은 제대로 되어 있지 않았고요. 결국 마케팅이 문제가 아니라 본질에 대한 고민, 즉 고기가 왜 맛있게 잘 안 구워지는지, 그 비싼 한우를 사 먹는 손님들이 왜 재방문을 하지 않는지에 대한 고찰이 없었던 게 문제였어요.

권도균 대표는 책에서 김치볶음밥을 사 먹고 싶지만 제대로 하는 집이 없어서 못 사 먹는다고 했어요. '눌은' 김치볶음밥이 먹고 싶은데, 그걸 해주는 식당이 없다고요. 눌은밥을 하게 되면 팬이 탈 수도 있는데, 자영업자 입장에서는 설거지가 힘들어지거든요.

저희 동네에는 떡볶이를 먹고 난 뒤에 눌은 볶음밥을 먹을 수 있는 곳이 있어요. 주물팬에 직접 밥을 볶아주고 눌은밥을 먹고 싶어 하는 사람은 약불로 조금 더 가열해 줘요. 해당 가게의 업력은 자그마치 30년이 넘어요. 위치는 몇 번 이동했지만 제가 초등학교 때부터 장사를 했으니까 30년이 훌쩍 넘는 세월을 버텨낸 거예요. 지금 생각해 보면 아마 마케팅보다도 사랑과 정성 그리고 손님들이 가진 문제에 대한 해결력이 이 매장에 있었던 게 아닌가 싶어요.

록인은 중요해요. 손님을 우리 매장에 가두기 위해 나를 먼저 보여주고, 사랑과 정성 그리고 문제 해결에 초점을 맞추는 경영을 하는 것. 물론, 모든 사람들이 이 사실을 안다고 해서 다 제대로 실천할 순 없어요. 록인을 어떻게 우리 매장에 접목해야 할지, 구독이 과연 가능할지, 나를 보여준다는 게 어떤 의미인지 어려울 수 있거든요. 하지만 지금도 많은 매장들에서 고객 DB를 수집하거나 맴버십 서비스를 하고 있으니 찾아보시면 도움이 될 거예요.

분명 우리 브랜드에서만 할 수 있는 것들이 있어요. 지금 잘하고 있는 사람들도 여러 시행착오를 겪었을 거예요. 자신이 파는 것, 자신이 처한 환경 속에서 하나하나 고민해 보셨으면 좋겠어요.

‘떡볶이’ 하면 떠오르는 ‘그것’에 주목하라

#마음점유율 #콜라실험

마음 점유율이라는 말, 들어보셨나요? 영어로는 ‘마인드셰어(Mindshare)’라고 하는데 해당 브랜드가 우리 마음, 더 정확히는 우리의 뇌를 얼마나 점유하고 있느냐가 구매 결정에 엄청난 작용을 한다는 거예요. 마인드셰어는 소비자행동론 분야의 권위자인 제럴드 잘트먼 하버드대 교수가 처음 제시한 개념인데 지금은 많은 분야에서 두루두루 활용되고 있어요. 동네 장사에서도 이걸 잘 활용하면 단골이 늘어나고, 매출이 우상향하는 효과를 볼 수 있고요.

저는 20년 전에 코오롱스포츠에서 등산복을 파는 아르바이트를 했어요. 당시 아웃도어 열풍이 불면서 등산복이 엄청 잘 팔렸어요. 게다가 '등산복 = 코오롱스포츠'라는 소비자들의 인식이 있어서 높은 가격에도 손님이 많았어요. 여기서 '등산복' 하면 '코오롱스포츠'가 떠오르는 게 마인드셰어예요. '그거 브랜딩 아냐?'라고 생각할 수도 있는데 브랜딩과 마인드셰어는 비슷하지만 살짝 달라요. 브랜딩보다는 좀 더 좁은 의미, 작은 범위인 동네에서의 오밀조밀한 브랜딩이라고 생각하시면 도움이 될 거예요.

동네에서 돈가스 하면 떠오르는 가게, 떡볶이, 염색, 감기, 마트, 해장국, PT, 치킨 등등 키워드들을 떠올렸을 때 내 머릿속에서 번뜩 떠오르는 매장이 있다면 그 매장은 이미 우리의 마음을 점유하고 있는 거예요. 이게 장사, 특히 동네 장사에서 엄청나게 중요해요.

최근 저는 뱃살을 좀 빼고 싶어서 '샐러드 식단을 먹어야겠다'고 생각하고 평소 전혀 관심도 없었던 샐러드 파는 곳을 검색했어요. 그리고 어느 한 가게를 온라인에서 알게 되었고 그 매장을 이용하게 되었죠. 이제 동네에서 샐러드를 사 먹을 때는 그 가게가 가장 먼저 떠올라요. 이미 제 마음속, 머릿속을 점유하고 있다는 증거죠.

아주 유명한 사례가 하나 있어요. 바로 펩시와 코카콜라 실험이에요. 1990년도에 펩시에서 실험을 하나 했어요. 당시는 펩시가 지금보다 더 코카콜라의 상대가 안 되던 시절이었어요. 그래서 펩시는 '펩시가 코카콜라보다 맛이 뛰어나다는 사실만 입증한다면 마케팅에 도움이 되지 않을까' 하는 판단을 했어요. 그래서 사람들의 눈을 가리고 펩시와 코카콜라를 마시게 한 뒤 어느 게 더 맛있었는지 투표를 하게 했죠.

결과는 어땠을까요? 똑같은 컵, 똑같은 양, 똑같은 온도로 콜라를 제공한 결과 53대 47로 펩시가 이겼어요. 펩시는 환호했죠. 이 실험 결과를 토대로 마케팅을 해야겠다는 생각도 했고요. 그런데 결과적으로 이 마케팅은 좋지 않은 방향으로 흘러가기 시작했어요. 미처 생각하지 못했던 문제들이 생겨났기 때문이었어요.

그게 뭐냐 하면 조금 전에 말씀드렸던 마음 점유율이었어요. 사람들의 마음속, 머릿속에는 이미 코카콜라가 엄청나게 큰 자리를 차지하고 있었다는 거예요. 코카콜라의 열성팬들은 이 실험을 비방하면서 자신들은 눈을 가리고도 코카콜라를 구별할 수 있다고 주장했어요. 그 외 많은 사람들이 이 실험 결과에도 크게 동요하지 않았고요. 눈을 가리고 콜라를 마실 이유가 전혀 없었거든요. 이미 나는 무슨 콜라를 마시는지 아는 상황에서 콜라를 들이켜기 때문에 마음 점유율이 높은 코카콜라가 훨씬 더 맛있게 느껴진다는 거였죠.

우리 뇌의 측두엽은 의미와 감정에 대한 연상 작용이 일어나는 곳이에요. 그러니까 코카콜라를 마실 때 측두엽이 훨씬 더 활성화되면서 '맛있다'라는 느낌을 가지게 되는 거죠. 코카콜라는 매년 수십억 달러를 브랜딩과 마인드셰어 비용으로 쓰고 있어요. TV광고가 브랜딩이라면 개발도상국인 나라에서는 허름한 상점에까지 간판에 코카콜라 로고를 크게 박아 넣고 간판 지원을 하면서 마인드셰어를 하는 거죠.

해외여행 가셨을 때 보셨을 거예요. 아주 작은 구멍가게인데 간판을 보면 코카콜라 로고가 큼지막하게 박혀 있는 걸 말이에요. 실험 당시의 펩시는 전혀 코카콜라의 상대가 되지 않는 갓난아기였어요. 단지 맛으로만 승부를 보는, 아주 귀여운 전쟁을 시작하려고 했던 갓난아기요. 마음 점유율도 모른 채 말이에요. 아직까지도 마음 점유율에 있어서 펩시는 개발도상국의 어린아이에게까지 영향을 미치고 있는 코카콜라를 이기지 못하고 있어요.

코오롱스포츠에서 아르바이트를 하던 당시를 떠올려보면 참 신기해요. 제가 팔던 바지가 물론 품질도 좋고 뛰어난 기술력을 가지고 있었겠지만 단지 코오롱스포츠였기 때문에 더 과학적이고, 하이 그레이드의 원단을 썼을 거라는 생각을 사람들은 하는 거예요. 본사에서는 제품과 브랜딩에 투자를 하지만 각 지역 가맹점에서는 마인드셰어에도 투자를 하거든요. 산악동호회, 회사 단체복, 봉사 활동 의류 지원 등등. 마음 점유율을 위해서요.

동네에서 작은 매장을 하더라도 사람들의 마음 점유율에 대해서 고민해야 해요. "거기는 목살이 진짜 맛있어. 삼겹살도 끝내줘." 목살만 먹어본 경험으로 이렇게 이야기하는 사람들이 있어요. 삼겹살은 먹어보지 않았지만 '맛있다'고 이야기하는 거죠. 목살만 먹어봤음에도 말이에요. 심지어 마트에서 파는 된장일 텐데도 된장까지 맛있다고 하는 경우가 참 많아요. 왜? 마음 점유율을 이미 빼앗겼기 때문에.

동네 맛집은 단숨에 주민들을 사로잡은 게 아니에요. 아주 천천히 맛으로, 분위기로, 서비스로 차곡차곡 시간을 채워나가면서 동네 주민들이 인정하는 맛집이 된 거죠. 그래서 인터넷에 떠도는 그런 맛집 말고 진짜 맛집에 가려면 택시 기사님이나 동네에서 오랫동안 슈퍼를 운영해 온 사장님들에게 물어봐야 한다고 하잖아요. 축구로 비유하자면 골을 못 넣더라도 점유율을 높게, 오래 가져가다 보면 기회가 오듯이 일단 주변 동네 주민들에게만큼은 인정받는, 내 사업과 가장 관련 있는 키워드를 던졌을 때 우리 매장이 바로 떠오르게 하는 운영 방식이 중요해요.

그럼 무엇부터 해야 할까요? 동네에서 작은 매장 하나 운영하는데, 막막하시죠. 아주 작은 것부터 시작하시면 돼요.

가령 '떡볶이'라는 단어를 떠올렸을 때 우리 매장의 떡볶이가 떠오르게 하려면 맛을 표현하는 키워드가 반드시 사용되어야 해요. 매콤한

떡볶이를 떠올렸을 수도 있고, 꾸덕꾸덕한 로제 떡볶이를 떠올렸을 수도 있고……. 고객의 취향은 굉장히 다양하잖아요. 그러니 거기에 맞는 키워드를 늘 사용해야 해요.

예를 들어 맛의 레벨을 1부터 10까지로 정의 내릴 때 실질적인 맛의 레벨은 5일지언정 우리 매장의 떡볶이라서 8, 9레벨까지 상상의 맛을 느끼게 하는 거예요. 어떤 재료로 어떤 과정을 거쳐서 만들었는지 알고 먹게 함으로써 맛의 레벨을 끌어올리는 거죠. 코카콜라임을 알고 먹었을 때 측두엽이 더욱더 활성화되어 더 맛있다고 느끼듯이 말이에요.

뇌 과학에서는 이걸 '심성 모형화 과정'이라고 해요. 한마디로 눈을 감고 아무것도 모르고 무언가를 맛보았을 때 뇌는 일단 객관적인 데이터들을 쭉 모아놓기만 하는 거예요. 그리고 이게 'A집 떡볶이다'라고 했을 때 '그래서 맛있구나' 하고 그제야 해석을 내놓는 거고요. 개고기인지 모르고 맛있게 먹고 나서 아빠가 "그거 개고기야. 맛있지?"라고 하면 바로 게워내듯이 혀에서 보는 맛과 뇌에서 보는 맛은 확연히 차이가 난다는 거죠.

오래전 반려동물 시장에는 사료에 대한 그레이드가 나뉘어 있었어요. C그레이드, B그레이드, A그레이드. 당연히 C그레이드가 가장 저렴하고 A그레이드가 비쌌죠. 그런데 지금 사람들의 마음 점유율에는 A그레이드가 어디에도 없어요. 휴먼 그레이드가 나왔기 때문이죠. 여기에 모두 마음을 점유당한 거예요. 사료에 "사람이 먹어도 괜찮은 재료"라는 슬로건이 걸렸거든요. A그레이드 등급의 사료가 유기농 재료로 어떻게 만들어졌는지 아무리 떠들어대도 휴먼 그레이드라는 한 마디에 사람들은 바로 선택을 바꿀 수밖에 없었어요. '사람이 먹어도 됨'이라는 문구 하나에 말이에요.

누군가가 필요에 의해 무언가를 떠올렸을 때 과연 우리 매장, 메뉴, 서비스의 '마음 점유율은 얼마나 될까'를 한번 생각해 보세요. 마케팅이 많이 알리는 것이라면 마음 점유율은 꾸준히 오래도록 동네 주민들 틈에서 매장을 지속할 수 있는 강력한 힘이에요. 그러니 매장을 알리는 것에만 집중하지 않았으면 해요.

경쟁 가게에 뒤처지고 있다는 건 마음 점유율에서 이미 조금씩 조금씩 내 자리를 뺏기고 있는 것이기 때문에 심기일전해서 하루라도 빨리 1%의 점유율이라도 뺏어올 수 있도록 노력하는 게 중요해요.

수익을 끌어올리는 3가지 방법

#원가 #위임 #노하우

우리는 끊임없이 수익성을 올리기 위해 노력해야 돼요. 지그재그로 진행되는 수익의 불규칙은 언젠가는 하향곡선을 맞이하게 되고, 결국은 모든 것을 포기하는 순간을 맞게 되거든요.

지금부터 수익성을 올리는 3가지 방법에 대해 이야기하려고 해요. 충분히 현실에서 우리가 적용할 수 있는 것들이에요. 실제로 저를 포함해 많은 분들이 이 방식을 통해 수익성을 올리고 있고요.

첫 번째, 우리가 수익성을 올리기 위해 중요하게 생각해야 하는 것은 바로 '원가'예요. 무엇을 팔든 원가를 낮추지 못하면 수익성이 올라가기 힘들어요. 그런데 이 원가관리가 현실에서는 잘 안 되고 있어요.

혹시 이런 생각을 해보신 적이 있나요? '과연 내가 사 오는 것이 가성비가 가장 뛰어난 것일까?' 해보셨다고요. 그럼 어떻게 비교를 하셨는지, 추가로 한 번 더 가격과 품질 제안을 해보신 적이 있는지 묻고 싶어요.

예를 들어 삼겹살을 납품해 주는 A고기 업체의 국내산 삼겹살이 100g에 2000원이라고 해보죠. B고기 업체의 국내산 삼겹살 가격이 얼마인지 비교해 보셨나요? 오랫동안 거래를 해오셨다면 오히려 더 비교해 보지 않았을 수 있어요. 믿고 거래를 하니까요. 그리고 '설마 속이기야 하겠어?'라고 생각하니까요.

매장 코칭을 다니다 보면 의외로 높은 가격에 식자재를 받고 계신 분들이 많아요. 오히려 인터넷이 더 저렴하고 가성비가 뛰어난데도 말이에요. 각 지역마다 납품 업체가 다르기 때문에 하나하나 컨트롤하기가 힘들지만 그중에서도 장사를 아는 사장님들은 비교적 저렴한 가격에 식자재를 받고 있었어요. 어떤 곳은 연간 거래액이 억 단위를 넘어가면서 수천만 원씩 차이를 보이는 곳도 있고요. 이건 식자재뿐만 아니라 주류도 마찬가지예요. 소주부터 생맥주, 세계맥주, 전통주, 사케, 위스키, 와인까지 가격은 천차만별이죠.

좀 더 높은 가격에 무언가를 받고 있다는 사실을 알았지만 계약 관계상 변경할 수 없다면 제안이라도 해보세요. 이건 중요해요. 제안은 해볼 수 있잖아요. 단 한 통의 전화, 단 한 번의 미팅, 단 한 번의 문자로 연간 수백만 원을 절약할 수 있는데 당연히 해야 하지 않을까요?

제가 제안에 대해서 여러 번 언급도 하고 관련 강의도 했지만 실행에 옮기시는 분들은 10명 중 한두 명 정도예요. 그분들은 성과를 얻어서 나름 만족해하시죠. 수익을 올릴 수 있었으니까요. 코로나 때 건물주에게 임대료와 관련해서 반드시 제안을 해보라고 말씀드린 적이 있는데 제 말대로 건물주에게 제안을 해서 임대료를 면제받으신 분들이 꽤 있어요.

제안할 때는 딱 2가지만 명심하면 돼요. 첫째, 세 번 이상 제안할 것. 한 번은 거절하기가 쉬워요. 어쩌면 답변 없이 그냥 흘러 지나갈 수도 있어요. 본인에게 불리한 제안일수록 방어기제가 생기거든요. 거절하기 애매해서 묵묵부답으로 시간을 보내는 사람도 있다는 거죠. 그래서 세 번까지는 제안을 해봐야 돼요. 그래야 제대로 된 거절 사유가 나오거든요.

《상위 1%의 압도적 대화법》을 저술한 김형준 현대홈쇼핑GA 사업단장은 연봉이 무려 3억 원이 넘어요. 그가 그 자리에 올라갈 수 있었던 결정적인 방법이 바로 최소 세 번의 제안이었어요. 사람이 거절하는 이유 중 첫 번째 이유도 진실이 아니고, 두 번째 이유도 진실이 아니며, 세 번째가 되어야만 진실이라는 거예요. 진짜 거절 사유가 나오면 그때는 순순히 물러나도 돼요. 세 번까지 제안을 거절했다는 건 어쩔 수 없는 상황일 가능성이 크니까요.

두 번째는 면대면으로 만나서 제안할 것. '제대로 된 자리'에서 제안하라는 거예요. 문자로 "우리 삼겹살 가격이 좀 비싼데 저렴하게 해줄 수 없나요?"라고 하는 것과 언제, 어디에서, 어떻게, 무엇을 이야기할지 약속을 정한 뒤에 객관적 자료로 제안을 하는 건 천지차이예요.

주류상에서 주류냉장고 4대와 제빙기 2대를 받고 싶은데 제빙기는 안 되겠다는 얘기를 들었다고 쳐요. 그냥 지나가는 말로 "제빙기도 해주시면 안 돼요?"라고 한다고 해서 과연 들어줄까요? 그러면 약속 시간과 장소를 잡아서 논리적으로 '제가 앞으로 이렇게 이렇게 해서 매출을 충분히 올릴 수 있는데 제빙기까지 지원해 주시는 건 무리일까요?'라고 한다면 어떨까요? 어떤 차이가 있을지 극명히 보이시죠.

일전에 매장이 잘 팔리지 않아서 메일을 보내주신 분이 계세요. 제가 '제안'의 방식을 알려드렸고, 결국 가게를 팔 수 있었어요. 3회 이상 제안하기와 멍석 깔아놓고 제안하기 기술을 적절히 잘 활용했기 때문이에요.

수익성을 올릴 수 있는 두 번째 방법은 '위임'이에요. 장사가 사업으로 가기 위해서는 무조건 '위임'이 필요해요. 하지만 막상 위임을 하려면 신경 쓰이는 게 한두 가지가 아니죠. '내가 없이 알바생이나 직원에게 매장을 맡기는 게 과연 가능할까?'라는 의문이 들면서 결국 포기하게 되죠. 그런데 적절한 위임은 초기에는 비용이 더 많이 투입되기 때문에 수익성이 떨어질지 모르지만 장기적으로는 수익이 폭발적으로 늘어나요.

먼저 이렇게 해보세요. 매주 딱 하루만 1시간을 먼저 가게를 비우는 거예요. 그리고 그다음에는 2시간, 3시간. 이렇게 늘려가다가 매주 하루만 직원이나 알바생들에게 매장을 위임하는 거죠.

"직원과 알바생의 인건비만큼도 매출이 안 나오면 어떡하죠?"라는 고민이 드시는 건 당연한 일이에요. 그만큼 시스템을 만들어 두지 못한 우리에게 책임이 있는 거고요.

이게 실행이 되면 적어도 5가지 이상의 문제점들이 나올 거예요. 조리할 수 있는 인원의 부재로 인한 메뉴 제한, 투입 대비 수익, 심리적 불안감 등 외에도 다른 문제점이 생겨날 수 있어요. 다만, 이 단계를 거치지 않으면 우리는 평생 주방을 벗어나지 못해요. 평생 작은 가게 안에 갇혀서 늘 손님들에게 스트레스를 받으면서 살아가야 된다는 말이에요. 장사가 잘되는데도 스트레스 때문에 매장을 접는 사장님들이 부쩍 늘어나고 있어요. 위임이 당장에는 출혈이 있을지언정 곧 수익으로 보답하는 날이 오니까 시도라도 해보셨으면 좋겠어요.

이렇게 점진적으로 위임을 하시면 최소 일주일에 이틀 정도의 시간은 뺄 수 있게 돼요. 손바닥 뒤집듯 한번에 운영을 위임해 버리면 매장에 큰 혼란이 오기 때문에 반드시 이 방법을 따르셔야 돼요. 그렇게 시간을 벌어서 경영공부를 하거나 벤치마킹을 하거나, 좀 더 발전적인 곳에 시간을 쓰시면 충분히 그 비용들은 회수가 되고 수익성이 올라가요.

마지막 세 번째 방법은 '노하우 전수'예요. 우리는 수년에 걸쳐서 성과를 낸 사람들이에요. 그렇지 않나요? 허허벌판 맨땅에 헤딩해서 여기까지 오셨잖아요. 그럼 이제 남들을 도와주세요. 그냥 봉사하라는 게 아니라 충분한 대가를 받고 말이에요.

주위에는 여러분들의 도움을 필요로 하는 사람이 참 많아요. 공짜로 무언가를 바라는 사람에게 굳이 스트레스 받아가면서 노하우를 알려주실 필요는 없어요. 정말 진심으로, 진정으로 원하는 사람에게만 정당한 대가를 받고 가르쳐 주라는 거예요.

사실 오프라인 쪽에는 이런 노하우 전수 부분이 상당히 약해요. 온라인 쪽은 노하우 전수가 정말 활발하거든요. 자기계발이니 미라클 모닝이니 독서 챌린지니. 그 외에도 수백 개가 넘을 거예요. 같은 분야에서 누군가를 코칭하고 가르치는 사람들이 정말 많아요. 그런데 오프라인에는 제대로 가르치는 사람이 참 드물어요.

'노하우'라고 하면 다들 무언가 대단한 걸 가르쳐 줘야 한다고 생각해요. 그런데 생각해 보세요. 여러분들은 무언가 특별한 비기가 있어서 성공하셨나요? 아무에게도 가르쳐 주고 싶지 않은 스페셜한 방법이 있는 게 아니잖아요. 오로지 경험, 경험이 쌓이면서 성공하신 것이기 때문에 그 부분을 재능기부 형식으로 대가를 받고 시스템으로 만들면 또 다른 수익원이 될 수 있어요. 마진율은 뭐, 이건 90% 이상이죠. 창톡, 네이버 엑스퍼트, 숨고, 크몽, 재능아지트, 기타 재능 거래 플랫폼이 무수히 많아요. 아주 작은 시도가 변화를 이끄니까 이 점만 명심하시면 좋을 것 같아요.

자, 수익성을 올리는 3가지 방법에 대해 말씀드렸는데 어떠셨나요. 뭐든지 원가를 낮추기 위해 제안할 때는 끈기를 가지세요. 그리고 단번에 물러나지 말고 세 번 제안해 보세요. 위임 역시 휴일 하루를 몽땅 위임하기 힘들다면 하루 1시간으로 시작하는 거예요. 아니면 내가 하던 일의 일부를 떼어서 위임하는 것도 방법이고요. 무엇보다 시도가 중요해요. 마지막으로 노하우를 파는 것은 어쩌면 수익성을 올리는 최상위의 방법이 될 수 있는데 이에 대해서는 제가 운영하는 네이버 카페 '똑똑한 사장들의 모임'을 참고하시면 도움이 될 거예요.

"맛있어요"는 자랑이 아닙니다

#닻내림효과 #차별성

우리나라에는 약 75만 개의 식당이 있어요. 그 식당들은 다들 각자의 메뉴를 가지고, 매일매일 열심히 영업하고 있고요. 모든 식당들이 말합니다. "우리 집 음식은 정말 맛있어요." 그런데 정말 손님들이 음식이 맛있어서 그 식당에 가는 것일까요? 한번 곰곰이 생각해 보세요. 맛있는 집과 맛없는 집을 여러분은 구분할 수 있나요?

스탠퍼드대학교의 댄 주래프스키는《음식의 언어》에서 음식의 맛보다 더 중요한 것에 대해 이야기해요. 맛은 기본이고, 그 맛을 살려줄 여러 장치들이 필요하다고 말이에요. 특히나 언어적인 측면, 혀로 느끼는 맛보다는 눈으로, 머리로 느끼는 맛에 대해 강조하라고요.

그냥 "맛있어요"는 더 이상 장점이 되지 않아요. 그러니 '맛있다'는 말은 하지 마세요. 그러면 이렇게 질문하시겠죠. "아니, 식당의 기본은 맛인데 어떻게 맛을 빼고 설명하나요?" 네, 맞아요. 그러니까 그냥 "맛있어요"라고 말하지 말고 지금부터 알려드리는 방법대로 말해보세요.

먼저, 차별성을 강조하세요. 그냥 "맛있어요"가 아니라 우리 식당만의 차별적인 요소를 곁들이는 거예요. 가령 "피자 위에 쭈꾸미를 올려 드시면 더욱더 맛있습니다" 대신에 "피자 위에 쭈꾸미를 올려 드시면 이탈리아와 한국의 맛을 동시에 느낄 수 있습니다"로 바꿔보는 거죠. "비빔국수와 불고기를 함께 드시면 더욱더 맛있습니다"는 "비빔국수와 불고기를 함께 드시면 면과 고기가 어우러져 천상의 콜라보 식감을 느끼실 수 있습니다"와 같이 바꿀 수 있겠죠.

손님들에게 직관적으로 다가오는, 상상이 가능한 문장으로 조금씩만 변화를 줘도 차별성을 줄 수 있어요.

증명할 수 있는, 좀 더 객관적인 정보를 붙여도 좋아요. 그러니까 누가 맛있다고 했는지를 알려주는 거죠. 예를 들어 철수한테는 정말 맛있는 짜장면이지만 영희는 이 집의 짜장면을 좋아하지 않을 수 있어요. 철수는 이 집 짜장면에 고기가 크게 들어가서 좋아해요. 그런데 영희는 고기가 잘게 들어간 유니짜장면을 더 좋아한단 말이죠. 그럼 이렇게 표현할 수 있을 것 같아요. "저희 짜장면에 들어 있는 고기는 1차로 17시간 숙성된 고기를 크게 썰어 300도의 웍에 직화기법으로 빠르게 볶아내어 씹는 맛이 일품입니다."

'닻 내림 효과'를 이용해서 뇌를 조종하는 거예요. 닻 내림 효과란 배가 어느 지점에 닻을 내리면 그 이상 움직이지 못하는 것과 마찬가지로 인간의 생각과 사고방식도 처음에 제시된 어떤 이미지나 문장에 영향받는 걸 의미해요. 숙성된 고기를 크게 썰어서 300도의 웍에 빠르게 볶아내었다? 그래서 식감이 우수하다? 영희는 그 식감을 느끼고 '맛있다'라고 스스로 판단할 수밖에 없는 상황에 놓이게 되는 거죠.

충남 서산에 있는 백년식당인 강미루 중식당은 예약할 때부터 '맛있네'라는 생각을 하게끔 만들어 버려요. "우리는 맛있어요"라는 말을 하지 않고도 말이에요. 이 식당은 나트륨을 많이 쓰지 않고 저유분 조리를 하기에 맛없다고 하는 사람이 생길 가능성이 있어요. 그래서 닻 내림 효과를 통해 충분히 가치를 채워 넣었어요.

여기서 저유분 조리란 지방 함량을 최대한 낮추는 조리법이에요. 그러니까 중식이라도 식용유 사용을 최소화하고, 식재료 내의 지방 성분을 활용했다는 것을 강조하는 거죠. "최대 82%까지 지방 함량을 낮췄습니다"라고 말하면 맛이 없다는 생각 대신 건강한 음식이라는 생각을 하게 돼요. 참고로 이 식당은 작은 지방도시에 자리하고 있지만

100% 예약제로만 운영돼요. 단 한 번도 맛있다는 말을 하지 않는데도 이미 손님들은 맛있다고 생각하고 예약을 하는 거죠.

'부정적인 말'로 표현하는 것도 방법이에요. 긍정보다 부정이 더 잘 먹히거든요. '맛있어요'라는 말에는 긍정의 의미가 담겨 있죠. 만약 사람들이 생각하는 긍정어를 부정어로 말한다면 어떻게 될까요?

많은 사람들이 숙성을 하고, 육수를 직접 끓이고, 자가 제면 하는 것을 장점으로 꼽는데 우리 집은 그렇게 하지 않는다면 우리는 덜 노력하는 것 같잖아요. 그럴 때는 '맛있어요'라고만 하지 말고 오히려 부정을 해보세요.

"저희는 숙성하지 않습니다. 모두가 똑같은 맛을 원할 때 다른 맛을 내기 위해 노력합니다." "저희는 육수를 끓이지 않습니다. 27가지 재료를 농축해서 만든 효모팜을 통해 진하고 깊은 맛을 냅니다." "저희는 자가 제면을 하지 않습니다. 손으로는 불가능한 2700번의 치댐을 통해 최상의 식감을 선사합니다."

어때요? 다른 가게와 똑같이 '맛있어요', '숙성시켜요', '직접 끓인 육수예요', '직접 뽑은 면발이에요'라고 할 때보다 신뢰가 가죠?

겨울이 되면 냉면집들은 고민에 고민을 거듭해요. 여름 한철 장사로 1년을 나야 하니 여름에는 쉬지도 못하고요. 그런데 겨울에도 냉면을 잘 파는 집이 있어요. 동대입구역 2번 출구에 가시면 '함흥에겨울냉면'이라는 곳이 있어요. 〈수요미식회〉에 나와서 유명해진 곳인데 매장 간판 자체가 '겨울냉면'이에요. 이곳은 겨울에도 냉면을 먹으러 오는 사람들이 꽤 있어요. 간판의 효과 덕분이에요. 만둣국도 파는데 2명이서 오면 만둣국 하나에 냉면 하나를 시키고 양이 조금 부족하다 싶으면 왕만두까지 주문해요. 물론, 날씨가 쌀쌀해지면 만둣국이나 전골이 많이 팔리지만 일반 냉면집하고는 포지셔닝이 다른 거죠.

대구 교동에 가면 강산면옥이라는 오래된 맛집이 있어요. 이 집에는 '겨울비빔냉면'이라는 메뉴가 있어서 겨울에도 이 냉면을 먹기 위해 찾는 사람들이 있어요. 특히나 동대구역과 붙어 있는 신세계백화점 강산면옥 지점은 겨울만 되면 이 겨울냉면을 메인으로 앞세워서 판매를 해요. 저도 거기 갔다가 이 메뉴를 먹을 수밖에 없었어요. 인간은 원래 그런 동물이거든요. 남들과 비슷한 건 부정하고, 다른 건 강조해야 눈에 띄어요. 그래야 관심이 가고요.

모두가 맛있다고 광고를 해요. 사실, 맛없는 집을 찾는 게 오히려 더 어려울 정도예요. 마트에서 파는, 대기업 밀키트 상품들만을 가지고 조리를 해도 이제는 어느 정도의 맛을 표현할 수 있어요. 그만큼 전체적인 음식의 퀄리티가 올라갔다는 얘기예요. 그래서 플레이팅에 신경 쓰고, 서비스에 신경 쓰고, 네이밍과 조합에 신경 쓰는 거예요.

그러니 우리 집만의 특별한 문구 없이 그냥 맹목적으로 '맛있어요'

라고만 한다면 여러분의 브랜드는 더욱더 묻힐 수밖에 없어요. 이미 오랜 시간 노력해 오셨고 충분히 맛있는 음식을 만들고 계시잖아요. 그럼 이제 알려야 돼요. 차별점이 있는 표현법과 카피로 말이에요.

'설득의 심리학'에서 배운 손님 설득의 법칙

#사회적증거 #권위의법칙

로버트 치알디니를 아시나요? 심리학의 살아 있는 전설, 세계적인 베스트셀러인 《설득의 심리학》의 저자예요. 장사에 무슨 심리학이냐고요? 사실 동네 장사에는 심리학이 매우 중요해요. 우리가 설득해야 하는 대상이 바로 손님, 사람이니까요.

로버트 치알디니는 손님과 나 사이에 '상호성의 법칙'을 만들라고 합니다. 말이 좀 어려운가요? 상호성이란 '서로 간의 관계'를 의미해요.

상호성이 형성되려면 무언가 거래가 있거나 만남이 있거나 인연이 되어야 해요. 2만 원에 파는 음식을 손님이 먹고, 2만 원을 지불하고 나가면 상호성의 법칙은 없어요. 하지만 상호성을 만들 수는 있어요. 먼저 주면 됩니다. 내가 먼저 주면 손님은 인간적으로 아주 조금이라도 미안한 마음, 보답해야겠다는 마음 등등 아주 살짝 '빚'을 지게 돼요.

장사를 잘하는 곳들을 보면 손님에게 무언가라도 먼저 주려고 해요. 음식이든 서비스든, 아니면 관심이든 말이에요. 그런데 반대의 경우는 뺏으려고 하죠. 어떻게 하면 손님의 지갑에 있는 돈을 빼내올까, 어떻게 하면 1만 원짜리가 아닌 2만 원짜리를 시키게 할까, 어떻게 하면 추가 주문을 받아낼까 하고 말이에요. 먼저 주지 않는 곳은 단순한 등가교환밖에 얻어내지 못해요. 딱 1만 원을 받고 1만 원짜리를 팔게 되죠. 그 이상도 이하도 아니에요.

합정의 이뮤베이크샵 박은지 대표는 손님과 함께 비건 디저트를 처음 개발해 판매했어요. 손님에게 시식을 하게 하고 피드백을 받아서 계속 고쳐나갔죠. 진짜 우리 매장에 올 손님들이 원하는 맛을 찾기 위해서였어요. 그 손님들이 아직도 단골이고요. 단순한 등가교환이 아니라 니즈를 찾아서 가치를 담은 것이 성공의 직접적인 원인이었어요.

지금은 카페 사업으로 연매출 50억 이상을 내고 있는 C대표도 첫 족발 장사를 시작했을 때, 무료로 족발을 나눠줬어요. 삶기는 삶았는데 팔리지가 않아서 조금씩 소분해 동네 사람들에게 맛보라고 공짜로 나눠줬던 거죠. 이후 입소문이 나면서 승승장구했고요.

애덤 그랜트의 책《기브 앤 테이크》는 특히나 사업을 한다면, 기버(주는 사람)가 되라고 강조해요. 어떻게 해서든 손님의 돈을 주머니에서 빼낼 생각보다는 주머니를 느슨하게 만드는 것, 그러려면 상호성의 법칙을 적용해야 한다는 게 핵심이에요.

장사에 '사회적 증거의 법칙'을 적용해 볼 수도 있어요. 많은 사람들의 선택을 따라 하는 것이 바로 '사회적 증거에 의해 움직이는 것'이에요. 선택을 해야 하는 사람으로서는 대중의 선택을 따라갈 수밖에 없어요. 정보가 없거든요. 설령 정보가 있더라도 내가 확실히 알지 못하거든요. 그래서 남들이 이미 많이 선택한 걸 신뢰하는 거죠. 손해 보지 않기 위해서요.

'우리 매장은 아직 많은 사람들이 선택하지 않았는데?'라고 생각할 수도 있어요. 하지만 객관적인 수치로 나타내면 충분히 많은 사람들이 선택하고 있는 것처럼 보여줄 수는 있어요. 정말 파리만 날리는 매장이 아니라면 말이에요.

예를 들어 이렇게 표현할 수 있어요. "우리 매장은 1년에 짬뽕만 2만 그릇을 판다." "우리 매장은 떡볶이 동호회에서 정기적으로 방문하는 곳이다." "우리 매장은 동네 사람 80%가 이미 다녀간 곳이다." 아주 작은 것이라도 수치화하고 구체적으로 표기하면 그게 자랑거리가 돼요. 두리뭉술한 건 설득력도 재미도 없어요. 집중이 안 되죠. 하지만 구체적으로 만들면 그게 사회적 증거가 돼요.

제가 필리핀에 처음 출장을 갔을 때 손님이 많은 어느 매장에 들어간 적이 있어요. 처음 보는 음식을 시킬 수밖에 없도록 메뉴판을 써 놓았더라고요. "우리 집을 찾는 한국인 90%는 알리망오게를 주문합니다." 이게 바로 사회적 증거를 활용한 사례예요. '밴드왜건 효과(다른 사람이 선택한다는 이유만으로 나도 선택하는 것)'라고도 불리죠. 특히나 배달 매장에서는 이런 법칙이 정말 잘 통해요. 메뉴 이름만 바꾸면 주문율이 당장에 올라가니까요.

손님을 설득하는 또 하나의 법칙은 '호감의 법칙'입니다. '사람'에 대한 호감 때문에 말하지 않아도 설득된다는 뜻이에요. 예를 들어볼게요. 헬스장을 운영하는 관장이 근육도 없는 말라깽이라면 설득이 될까요? 3만 원짜리 정식을 판매하는 한정식집의 대표님이 트레이닝복을 입고 카운터에 있다면 설득이 될까요?

호감이란 첫인상에 크게 좌우되는 경향이 있어요. 특히나 손님과는 긴 대화를 나눌 수 없기에 첫인상이 더욱 중요하고요. 한 번만 보고 지나쳐야 된다면 복장, 표정, 냄새, 제스처, 말투가 특히 중요해요. 이런 호감은 대표님뿐만 아니라 직원, 나아가 매장 분위기, 브랜드 로고에도 다 포함되지요.

매장 전면에 셰프복을 입고 찍은 사진을 붙여놓는 이유가 바로 여기에 있어요. 호감이 가게 해서 신뢰를 따라오게 하는 거죠. 어떤 곳은 직원들과 단체사진을 찍어서 당당히 걸어놓기도 해요. 이거 정말 쉽지 않거든요. 퇴사율이 높은 곳이 음식점이잖아요. 그럼에도 이렇게 한다는 것은 호감으로 손님을 유치할 수 있기 때문이에요.

'권위의 법칙'을 이용해 손님을 설득할 수도 있어요. 권위자의 말을 신뢰하는 사람들의 심리를 건드리는 거예요. 가령, 대학 신입생이 인스타그램에 어느 분식집이 맛있다고 쓰는 것과 분식집을 직접 운영하는 사장님이 다른 분식집 매장에 가서 "이 집 맛있네요"라고 하는 건 차이가 있겠죠. 분명히 두 명 다 유명하지도 않고 일반인임에도 말이에요. 동종 업계에서 동종 매장에 대한 평가를 하면 사람들은 더 신뢰한다는 거예요. 우리는 이를 포트폴리오, 공식 기관 인증, 자격증, 개인 및 브랜드 프로필, 손님 후기 등등 다양한 곳에서 차용할 수 있어요. 식약처에서 운영하는 음식점 위생등급제도 이와 비슷한 맥락이고요.

이 법칙을 활용해서 어느 베이커리샵의 매출을 크게 올려준 적이 있어요. 그냥 식빵을 팔던 가게에 '5성급 호텔 식빵'으로 권위를 심은 카피를 걸게 했더니 손님들의 반응이 달라졌어요. 보통 이런 방법은 사장님들이 부끄럽다고 손사래를 치며 거부하시는 경우가 많은데, 베이커리샵 사장님도 마찬가지로 부끄러워하셨어요. 하지만 제가 식빵을 먹어봤더니 정말 맛있었거든요.

인플루언서, 전문가, 연예인, 미식가, 유튜브, 공중파, 케이블 등등 권위를 세워줄 수 있는 것들은 부끄러워하지 말고 표현해 보세요. 그게 없다면 유니폼만 조금 고급스럽게 입어도 권위가 느껴지게 할 수 있어요.

마지막은 '희소성의 법칙'입니다. 하루 20인분만 판매하는 식당, 영업시간이 짧은 곳, 자격 조건이 되어야 들어갈 수 있는 매장 등으로 희소성을 주는 방식이에요. 할인이나 선물을 모두에게 제공하는 게 아니라 시간, 공간, 수량, 자격 요건으로 제한하는 거죠.

실제 외식업에서는 이런 형태의 '헝거 마케팅(한정된 물량만 판매해 잠재고객을 끌어들이는 전략)'이 많이 사용되고 특히 한정수량 메뉴는 늘 인기가 많아요. 노원구 상계동의 감동식당은 최초 100인분의 등갈비찜만 팔았어요. 보문동의 백만원식당은 스지찜을 하루 10접시밖에 안 팔았고요. 명동의 하동관은 오후 4시 30분이 되면 문을 닫아요. 이렇게 희소성을 만들어 내면 사람들은 미루지 않고 지금 당장 사야 되네?, 먹어야 되네?, 언제 가능할지 모르네? 라는 심리를 갖게 돼요.

물론, 마케팅을 위해서 일부러 희소성을 부여한 헝거 마케팅이라는 게 뻔히 드러나면 안 되겠지만 특정 메뉴 하나쯤은 언제든 살 수 없고 먹을 수 없는 희소한 것으로 만들어 보세요. 그러면 그걸 사거나 이용하는 손님은 좀 더 특별한 대우를 받는 느낌을 받을 거예요.

최근에는 한정 메뉴의 원가율을 높여서 고퀄리티 비주얼의 메뉴들을 많이 선보이고 있어요. 즉 바이럴 메뉴를 의도적으로 만드는 거예요. 왕십리 스시도쿠의 손바닥만 한 대왕초밥, 용리단길 남준영 셰프의 레몬탑 하이볼, 대전 호연재의 7000원 어복쟁반 해물순두부 등등. 주문하면 사진과 영상을 안 찍을 수 없고, 선택받았다는 느낌 때문에라도 주위에 알리고 싶은 심리를 이용하는 거예요. 저렴한 가격에 고퀄리티, 화려한 비주얼을 누가 그냥 넘어가겠어요. 그렇게 자연스럽게 바이럴이 되는 구조를 만들어 주세요.

로버트 치알디니의 다섯 가지 설득의 법칙은 모든 비즈니스에 적용되지만 특히나 동네 장사를 하시는 분들에게는 너무나 유용해요. 꼭 매장에 적용해서 동네에서 제일가는 가게를 만들어 보세요.

3부

성공할 수밖에 없는 장사 습관

#장사마인드

워런 버핏이 자영업자에게 던진 충고

#손님복리효과 #블랙스완

2016년 6월 7일, 세계적인 투자 전문가 워런 버핏이 소상공인을 위한 특강에 초대를 받았어요. 바로 다국적 투자은행이자 증권 회사인 골드만삭스에서 운영하는 소상공인 비즈니스 교육 프로그램 참가자들의 졸업식이었어요. 여기서 워런 버핏은 작은 비즈니스를 하는 사람들에게 아주 핵심적인 말을 했어요.

워런 버핏은 몇 년 전 자신이 산 자동차를 예로 들면서 이렇게 말했어요.

"제가 당시 돈을 얼마 냈는지는 기억하지 못하지만, 다음에 다시 자동차를 사게 되면 그 영업사원에게 전화할지 말지는 바로 알 수 있습니다."

워런 버핏이 강조한 건 바로 '고객의 마음'이었습니다. 내 마음을 산 영업사원, 나를 위해 일해줄 직원. 일이 즐거운 영업사원은 자연스럽게 고객에게 기쁨을 줄 것이고, 그러면 그 고객은 무료 영업사원이 되어 우리 제품을 알릴 거라는 이야기였죠.

어찌 보면 너무나도 당연한 말이에요. 다만 세계적 이목이 집중되는 그 현장에서, 그것도 세계적인 투자 전문가가 이런 당연한 말을 했기에 제게는 충격적이었어요.

저는 20대 초반에 컴퓨터 자격증 관련 과외를 다닌 적이 있어요. 정신지체가 있는 친구에게 워드프로세스 자격증 시험 준비를 해준 거예요. 처음엔 조금 힘들었지만 그 친구가 곧잘 배우는 모습에 가르치는 재미가 있었어요.

그런데 하루는 그 친구가 자신의 친구들, 그러니까 정신지체장애인 친구들 중에 자격증 공부를 하고 싶어 하는 사람들이 많다고 소개해 주더라고요. 사실 그때 이미 스케줄이 꽉꽉 차 있었던 터라 다 가르쳐 주진 못했지만 내심 고맙더군요. 그 친구는 20년이 지난 지금도 가끔 연락을 해요. 물론 정상적인 대화는 조금 힘들어요. 사는 동네가 같다 보니 1년에 우연히 한두 번은 마주치는데 늘 환하게 웃으면서 "선생님" 하고 달려오고요. 아주 오래된 일이지만 당시 그 친구의 어머님께서 저에게 하신 말씀이 있어요. 정우가 너무 좋아한다고, 선생님한테서 뭐든지 다 배우고 싶어 한다고 말이에요.

물론 전 돈을 받고 가르쳐 준 거였어요. 교육 서비스를 판매한 거였죠. 다만, 제가 20대 초반의 나이에도 분명히 느꼈던 건 '내가 무언가를 남기긴 했구나. 이 친구가 진심으로 나에게 배우는 것을 좋아하는구나'라는 거였어요. "고객의 마음속에 무언가를 남겼는가"라는 버핏의 말에서 이 친구가 생각났어요.

워런 버핏은 사실 뛰어난 영업력을 가지고 있거나 장사(자영업)로 성공한 인물은 아니에요. 어렸을 때부터 줄곧 투자를 해왔고, 지금도 투자를 계속하고 있는 투자가이자 기업가죠. 다만 그는 온갖 거래를 하면서 본인이 위에 있든 밑에 있든 상대방을 고객이라 생각했다고 해요. 그래서 거래처에게, 고객에게, 손님에게 무언가를 남기기 위해 열심히 노력했고요.

흔히 '입소문'이 중요하다고 이야기하지만 이걸 일부러 하려고 하면 잘 안 돼요. 계획해서 되는 게 아니라는 거예요.《육일약국 갑시다》의 저자이자 허름한 4.5평의 시골 약국으로 수백억 자산가가 된 김성오 대표는 오직 '무료 영업사원' 덕택에 성장할 수 있었어요. 소개에 소개를 통해 단골이 되고, 또 그 단골이 또 다른 사람에게 소개를 하고.

'손님 복리 효과'라는 거예요. 메리츠운용자산의 존 리 대표가 복리 투자를 설명하면서 책에서 언급한 방식과 비슷하죠.

지금 당장 받는 10억, 아니면 100원을 매일 2배로 늘려서 한 달 후에 받는 돈. 둘 중에 어떤 걸 선택하느냐는 거죠. 보통은 지금 당장 10억을 받고 은행에 저금한다고 하겠죠. 하지만 100원을 매일 2배로 받게 되면 한 달 후에는 500억이 넘는 돈이 쌓여요. 한 달에서 하루만 더 지나도 1000억이 되고요.

복리의 힘을 좀 더 크게 강조하고 싶어서 만들어 낸 거지만 '손님 복리 효과'도 이와 아주 유사해요. 한 사람이 두 사람에게 소문을 내면 두 사람이 다른 네 사람에게 소문을 내고 거기에서 '블랙스완(일어날 것 같지 않은 일이 일어나는 현상을 일컫는 말)'이라는 일어날 수 없는 일이 일어나기도 해요. 그러니까 유명인이 내가 파는 제품을 착용하고 나오는 등 나도 모르게 공중파에 노출되기도 하고, 방송사에서 취재비를 주면서까지 촬영하고 싶어 한다는 거죠.

일본 요식업계의 전설로 불리는 우노 다카시는 《장사의 신》에서 이런 말을 했어요.

"선술집은 맛으로 승부하는 장사가 아니라 사람으로 승부하는 장사다."

실제 그는 맛있는 요리보다 신선한 요리를 선호했고 요리 관련 자격증은 단 하나도 없었어요. 당시 그가 운영하던 선술집 17곳에서 일을 하고 있던 직원들 역시 요리 관련 자격증이라곤 일체 없었고요.

그는 뒷골목에서 장사를 해야 한다고 줄곧 외치는 사람이기도 한데 사실 이 부분에는 반론의 여지가 있어요. 종목이 선술집이기도 하고 또 경기 불황 이전에 통했던 방법들일 수도 있거든요. 하지만 그가 말하고자 하는 핵심을 봐야 돼요. 우노 다카시는 이렇게 말하거든요.

"손님이 알아서 찾아오는 번화가에서 가게를 한다는 건, 독립에 필요한 것들을 하나도 배울 수 없다. 한 번 온 손님을 반드시 다시 오게끔 하는 기술에 대해 배우기에는 너무나도 좋은 입지 조건이 뒷골목이다."

결국 '사람 장사'를 하라는 이야기를 상권에 빗대어 설명한 거죠. 또 이런 말도 덧붙였어요.

"손님이 오는 것보다 어떤 기분으로 돌아가는지가 훨씬 중요하다."

워런 버핏이 소상공인에게 했던 강의에도 똑같은 말이 나왔었죠. '고객의 마음에 무엇을 남겼는가.'

아마 누군가는 워런 버핏이 자영업자의 심정을 어떻게 알겠냐며 비아냥댈 수 있고, 또 누군가는 일본과 한국의 실정은 다르다고 말할 수 있어요. 다만, 모든 성공한 사람들의 입에서 공통된 말이 나오고 있다는 것. 그것만큼은 한번쯤 생각해 봄직 하지 않을까요.

폐업 고민 중이신가요?

#배니스터효과 #한계설정

지금 하고 있는 가게, 사업에 대해 폐업을 고민 중이신 분들이 참 많아요. 내 가게나 사업이 망해간다고, 이미 기울고 있다는 느낌을 받기도 하고요. 생각처럼 사업이 잘 안 되는 분들은 여기저기 도움을 요청하기도 하지만 명쾌한 해법을 찾는 게 그리 쉬운 일은 아니에요.

자, 여기서 질문 하나를 던질게요. "폐업 고민 중이신가요?"

아주 단순한 질문 같지만 실제로 폐업을 예정하고 있다면 이 질문을 견디기가 쉽지 않아요. 아니, 아주 힘들어요. 장사나 사업이 망하면 의욕을 잃고 마음도 피폐해지면서 스스로를 '실패자'라고 낙인찍게 되니까요.

여기서 제가 놀라운 이야기를 하나 해드릴게요. 그리스 올림픽이 처음 열리던 시절, 인간이 1마일, 그러니까 1600m를 4분 안에 달릴 수 있느냐를 놓고 논쟁이 벌어졌다고 해요. 당시 의료계나 과학계에서는 절대 불가능하다고 했고요. 그리고 이 주장은 수천 년간 정설로 여겨져 왔어요. 그런데 이런 통념을 깨고 전 세계인을 깜짝 놀라게 한 선수가 있었습니다. 바로 마의 4분 벽을 깬 로저 배니스터. 영국의 로저 배니스터는 1954년에 1600m를 3분 59초 4에 달렸습니다.

이후 더 놀라운 일들이 벌어졌어요. 로저 배니스터가 마의 4분 벽을 깨뜨리고 한 달 만에 4분 벽을 깬 선수가 10명이나 등장한 거예요. 1년 후에는 자그마치 37명, 그리고 2년 후에는 300여 명이 4분 벽을 넘었고요.

이를 두고 우리는 '배니스터 효과'라고 부릅니다. 이 말에서 무언가 느껴지는 것이 있으신가요? 모든 사람이 넘어설 수 없다고 생각했던 마의 4분 벽을 누군가가 깨고 나니, 사람들에게는 '어? 나도 할 수 있겠는데?'라는 무의식이 발현되었던 거예요. 덕분에 여러 선수들이 한계를 뛰어넘을 수 있었던 것이죠.

지금의 내 상황이 아주 개떡 같고, 짜증날 정도로 힘들고, 금세 실패자라는 낙인이 찍힐 듯하다면 우리는 스스로 심리적 결함을 불러일으키게 돼요. 스스로에게 부정적 암시를 계속해서 주입시키죠. 지엽적으로 생각할 수밖에 없고, 당장에 하루하루가 걱정되는 그런 삶을 살아간다는 거예요. 인생은 정말 긴데도 말이에요.

사실 주변을 둘러보면 적지 않은 나이에 실패하고 나보다 더 힘들게 살아가는 사람들이 많아요. 나 자신이 힘들어지니 그런 사람들이 보이지 않을 뿐이죠.

저는 전 재산이 3000만 원이던 시절, 2000만 원 정도 사기를 당한 적이 있어요. 재산의 70%가 날아간 셈이었죠. 당시에는 미친 듯이 고통스러웠는데 지금은 그때 왜 그랬나 싶을 정도로 아무렇지 않아요. 불과 15년이 채 안 된 이야기예요.

그 힘들었던 시절은 2년 정도 이어졌어요. 제가 80살까지 산다고 가정하면 인생의 2.5%에 달하는 시간이었어요. 지금은 아무렇지도 않은 것 때문에 그렇게 귀중한 시간을 허비한 것 같아서 참 안타까워요. 인생 전체를 놓고 보면 정말 아무것도 아닌 일에 미래의 자원까지 다 끌어다가 쓴 것 같은 느낌이거든요. 정말 안타까운 시간 낭비, 감정 낭비였던 셈이죠.

며칠 전에 SNS에서 이런 스토리를 봤어요. "힘든 일이 연속으로 겹칠 때 여러분은 어떻게 해결하시나요? 지혜를 알려주세요." 이 스토리를 올린 사람은 제가 일을 하면서 만난 대표님이에요. 실제로도 여러 번 뵙고, 대화도 나누었던 분이지요. 그래서 스토리를 보자마자 들었던 생각을 잽싸게 DM으로 보냈어요.

> 오히려 이런 경험을 할 수 있게 하늘이 나를 돕는다고 생각한다. 일이 안 풀리고, 사기를 당하고, 친구와 싸우고, 고객이 컴플레인을 걸고…… 이런 일이 안 일어난다면 경험치가 없어서 더 큰일을 처리할 수 없다. 레벨업의 시간, 아자!

언뜻 보면 힘든 사람을 놀리는 글 같을 수도 있습니다. 하지만 실제로 저는 이렇게 생각하려고 노력해요. 나에게 직접 다가온 경험치의 시간, 레벨업의 시간이라고.

혹시 데드리프트를 해보신 적이 있나요? 아, 데드리프트가 뭐냐고요? 무거운 역기를 선 자세에서 들고 허리를 펴는 동작이에요. 헬스를 좋아하는 분들이라면 잘 아는 동작이죠. 헬스를 좋아하는 분들이라면 이 두 사람도 아마 아실 거예요. 바로 에디 홀과 하퍼 줄리어스 비요른손이에요.

육상처럼 데드리프트에도 마의 벽이 있었어요. 바로 500kg이었죠. 에디 홀 이전에는 누구도 500kg을 들지 못했어요. 그런데 그가 마의 벽인 500kg을 들고 나서는 많은 사람이 그 벽을 깨뜨렸어요. 에디 홀은 훗날 인터뷰에서 "역기를 역기로 생각하지 않았다. 자동차라고 생각했다. 아래에 아내와 우리 아이가 깔려 있다고 상상했다"라고 밝혔어요.

이후 하퍼 줄리어스 비요른손이 등장해서 501kg을 들어 올렸어요. 비요른손은 유명한 미드인 〈왕좌의 게임〉 시즌 4에서 일명 '거산'으로 활약했던 사람이기도 해요. 그가 501kg을 들어 올리는 장면을 보면 에디 홀이 500kg을 들어 올리는 장면보다 좀 더 수월하게 느껴져요. 저는 개인적으로 그가 〈왕좌의 게임〉에서 맡은 역할이 도움이 되지 않았나 생각해요. 역할을 소화하면서 자연스럽게 이미지 트레이닝이 된 거죠. '거산'이 워낙 힘이 세서 몇십 대 1로 싸워도 다 이겨버리는 천하무적의 캐릭터로 나오니까요.

로저 배니스터, 에디 홀, 하퍼 줄리어스 비요른손은 체력적인 부분과 정신적인 측면에서 모두 인간의 한계를 돌파한 대단한 사람들이에요. 칭송받을 만하죠. 우리는 우리의 한계를 어디까지로 생각하고 있을까요? 우리는 한계를 스스로 정해버리고 있는 건 아닐까요? 지금의 장사 실패를 인생의 실패로 생각하고 있는 건 아닐까요?

마침표를 찍지 않았다면 아직 기회가 있어요. 돌이켜 보면 언제나 나 자신을 죽이는 건 나 자신이었어요. 한계를 정하고는 그 이상의 노력을 절대 하지 않았죠. 어렸을 때부터 밧줄에 묶여 있던 코끼리는 나

중에 힘센 어른 코끼리가 되고 나서도 얇은 밧줄을 끊을 엄두를 내지 못해요. 적응되어 버리는 거죠.

폐업을 고민 중이라고 해서 실패한 건 아닙니다. 폐업을 했다고 해서 인생의 마침표가 찍힌 것도 아니고요. 부디 이 글을 통해 힘든 지금의 상황을 냉철하게 한 번 더 생각해 봤으면 해요. 아직 끝난 게 아니라고 말이에요. 다시 시작할 수 있다고. 마침표가 아닌 쉼표일 뿐이라고.

백종원, 김승호, 조던 피터슨의 공통점

#청소 #림비스위치

김승호(스노우폭스 전 회장), 백종원(더본코리아 대표), 조던 피터슨(토론토대학교 교수), 다나카 도시유키(뎃판진자 대표). 이름만 들으면 알 만한 사회적으로 성공한 사람들이 공통적으로 말하는 것들이 있어요. 바로 '청소'입니다.

그들은 하나같이 "지금 당장 주변 정리를 하고 청소에 매진하라"고 해요. 김승호 전 회장은 《돈의 속성》에서 아침에 일어나자마자 가장 먼저 해야 하는 건 바로 잠자리 정리라고 했고, 백종원 대표는 지금은 종영된 SBS 〈백종원의 골목식당〉에서 늘 주방의 위생을 강조했어요. 조던 피터슨 교수는 세상을 바꾸려면 방청소부터 하라고 일침했고, 도시유키 대표는 가게가 성공하는 첫걸음은 청결이라고 그의 책 《나는 13평 대박집 사장이다》에서 밝히기도 했어요.

왜 다들 청소와 주변 정리를 이토록 강조하는 걸까요? 그게 그렇게 사업에 중요하고 장사에 필수적인 항목은 아닐 텐데 말이에요.

저 역시 여러 영상 콘텐츠에서 "지금 당장 냉동고에 낀 성에부터 제거하세요"라고 쓴 적이 있어요. 이건 그냥 한 말이 아니에요. 직접 느끼고, 경험하고, 깨우친 걸 그대로 이야기한 거예요. 당시 저는 아기 분유 값도 안 나오는 장사를 하고 있었어요. 생활비조차 나오지 않는 수입으로 전전긍긍하던 그때 그 흐름을 바꾸고 정상궤도로 돌아오게 해준 계기가 바로 냉동고에 낀 성에를 제거하는 것이었거든요.

현재 수많은 자영업자들이 어려운 환경 속에서 장사를 하고 있어요. 처음에는 열정 가득 시작했지만, 이내 힘들어하고, 수입이 줄어들고, 끝내 폐업하는 결과를 맞이해요. 청소를 하지 않아서 폐업했다고 하면 조금 이상하게 들릴지 모르겠지만 전 감히 그럴 수도 있다고 말하고 싶어요.

제가 상담하는 자영업자들의 절반 이상이 "현재 운영하고 있는 가게가 힘들다"고 말해요. 그래서 무엇이 문제라고 생각하시느냐 물어보면 상권, 아이템, 경쟁 심화를 이유로 꼽아요. 틀린 이야기는 아니죠. 분명히 장사에서 중요한 항목이기도 하고요. 다만, 한 시간 이상 이야기를 듣다 보면 대부분의 사장님들에게서 의지가 많이 부족한 것이 보였어요.

인간의 뇌에는 '대뇌변연계'라는 기관이 있어요. 조금 말이 어려우니까 '림비'라고 부를게요. 이 기관은 감정, 기억과 관련된 일을 해요. 가령 우리가 평소 느끼는 감정과 좋은 기억, 나쁜 기억에 대한 부분을 담당한다는 뜻이에요.

림비는 늘 행복할 순 없어요. 특히나 장사가 잘되지 않으면 더더욱 행복할 수 없죠. 감정이 엉망진창이 된다는 이야기예요. 그걸 의도적으로 행복하게 만들기는 사실상 불가능해요. 감정 컨트롤을 아무리 한들 현실적으로 매출이 오르지 않고 수입이 적다면 궁극적으로 바뀌는 것은 없기 때문이죠. 다만, 림비를 행복하게 하는 출발점은 있어요. 바로 '청소'예요.

독일인 저자 베르너 티키 퀴스텐마허의 저서 《림비》에 이런 구절이 나와요.

"림비가 행복하지 않다면 제아무리 타당하고 이성적인 근거가 뒷받침된다고 해도 그 타당성은 퇴색하기 마련이다."

장사가 안 되면 사람은 무기력해지죠. 처음에는 '손님이 언제 오나' 기다리지만 어느 순간부터는 손님 오는 게 반갑지 않은 단계로 접어들어요. 그러다 보면 가게에 나가는 것조차 싫어지는 단계에 들어서고요. 그러고는 '누구라도 내 가게를 좀 사갔으면 좋겠다'로 뇌에서 결론을 지어버리고 게으르게 행동해요.

혹시 이런 기억이 있으신지 모르겠어요. 가게를 말끔히 청소하고 나서 '오늘은 손님이 좀 많이 왔으면 좋겠다'라고 바란 적이요. 신메뉴를 개발하고 '오늘 오는 손님들이 이걸 어떻게 평가할까?' 기대한 적이요. 친절하고 싹싹한 직원을 채용하고 손님들이 이 직원에게 얼마나 감동할지 기대한 적이요. 이런 적 있지 않으신가요? 이런 감정을 가지는 이유는 우리 뇌에서 분비되는 도파민 때문이에요.

청소를 했을 때에도 이 도파민이 분비돼요. 사실 오랫동안 청소를 하지 않은 식당을 당장 청소하려면 참 막막해요. 손댈 게 한두 가지가 아니거든요. 그래서 더더욱 청소에 대해서는 도파민이 분비되기 힘들고 림비는 행복 스위치 자체를 켜지 못해요. 그래서 이 스위치를 켜줄 무언가가 필요한 거죠.

인기리에 방영되었던 〈백종원의 골목식당〉에서 백종원 대표는 늘 이런 스위치 역할을 했어요. 장사가 안 되던 집도 이 프로그램에 출연한 후에는 장사가 잘되었죠. 그런데 장사가 잘되자 도파민이 과하게 분비되면서 청소를 게을리하는 사장님들이 많았어요. 그들은 림비 스위치를 켤 줄 몰라요. 전등처럼 껐다 켰다 내 의지대로 되는 게 아니기 때문에 그래요.

부천 롱피자집의 경우도 그랬죠. 오픈 초기에는 깔끔함으로 무장했던 사장님이 장사가 잘되자 청소를 게을리했어요. 아마 백종원 대표가 긴급 점검을 하지 않았다면 그 사장님은 절대 림비 스위치를 켜지 못했을 거예요. 백종원 대표의 일침 후 그는 다행히 스위치를 켰고 4일간이나 가게 문을 닫으면서 청소에 몰입했어요. 그 결과 좋은 결말을 맞이할 수 있었고요.

사실 청소는 식당 운영의 기본 원칙이에요. 다만, 장시간 근무에 따른 피로감, 청소할 시간을 따로 두지 않는 습관, 주방의 오염은 아주 천천히 일어난다는 점 때문에 청소를 쉽게 게을리하게 돼요. 분명 어쩔 수 없는 부분이 있어요. 하지만 작은 청소를 게을리하다 보면 결국 큰 청소를 해야 돼요.

오늘 당장 아주 작은 청소라도 시작하세요. 그러면 소량의 도파민이 뇌에서 분비될 거예요. 아주 소량이요. 예를 들어 평소 7번 테이블이 끈적거리는 걸 알면서도 그냥 내버려 두고 있다가 어느 날 그걸 청소했다고 해요. 그럼 도파민이 1개 생성돼요. 앞으로 다른 테이블도 끈적거리면 청소를 하게 되고 큰 어려움 없이 테이블을 청결히 유지할 수 있겠죠. 그러면 다른 곳도 청소를 시작하는 거예요.

에어컨을 예로 들어볼게요. 우선 에어컨 필터를 한번 유심히 살펴

보세요. 아마 먼지가 많이 껴 있을 거예요. 에어컨 분해 청소까지는 못 한다고 치더라도 필터 청소는 30분만 투자하면 금방 할 수 있어요. 그렇게 도파민을 하나둘 추가하고 그게 쌓이다 보면 림비 스위치가 켜지게 돼요. 이안 로버트슨의 책《승자의 뇌》는 작은 승리, 작은 성과를 쌓으면 그게 습관이 되어서 큰 승리, 큰 성과를 불러온다고 이야기해요. 림비 스위치를 켜는 것과 비슷한 맥락인 거죠.

신메뉴를 개발하고 손익 계산을 철저히 하고 새로운 마케팅 방법을 실행하는 건 작은 승리를 여러 번 한 다음이에요. 림비 스위치가 켜지지 않은 상태에서 다른 뭔가를 한다는 건 전술 없는 전략을 구사하는 것과 별반 다를 게 없어요. 그저 생각나는 것을 하나씩 실천하다가는 림비 스위치가 절대 켜지지 않아요.

시간을 정하세요. 직원들에게도 타임 테이블을 작성해 주세요. 하루 3회 2층 테이블 점검, 일주일 2회 외부 청소, 한 달 1회 간판 청소 등등. 림비 스위치가 켜진다면 가게에 애정을 더욱 가지게 되고 매출은 점진적으로 늘어날 거예요. 오늘도 그저 앉아서 핸드폰으로 유튜브를 보면서 고개만 끄덕이지 말고 바로 앞에 쌓여 있는 먼지부터 물티슈로 싹 닦아보세요. 포스기 주변의 먼지를 다 닦으면 그게 림비 스위치를 켜는 신호탄이 될 거예요.

전화만 받는데 연봉 5000만 원을 주는 이유

#직원 #고객서비스

아마 믿기지 않으실 거예요. 전화만 받는데 연봉이 5000만 원이라니. 혹시 '전화 영업'을 생각하신다면 그건 아니에요. 이분은 인바운드 형태의 받는 전화 업무만 하고도 연봉 5000만 원을 받고 있어요. 아웃바운드, 그러니까 내가 영업을 하기 위해 전화를 거는 게 아니라 단지 걸려오는 전화, 그것도 별 다른 계약을 따내지도 않고 그저 예약 전화를 받는데 그 많은 월급을 받고 있었던 거예요. 심지어 화폐가치가 우리나라보다 훨씬 더 떨어지는 필리핀에서 말이에요.

필리핀에서 주재원으로 일할 때였어요. 당시 회사에서 발행하는 여행 잡지가 있었는데 광고계약 업무 차 리조트에 갈 일이 많았어요. 영업직원들이 따로 있었지만 그날은 필리핀 직원과 함께 계약 조율 중인 리조트를 방문했어요. 그 리조트는 당시 잘나가던 숙박 예약 사이트인 아고다에조차 등록되어 있지 않은 곳이었는데, 하루 숙박 금액이 50만 원에서 200만 원까지여서 놀라지 않을 수 없었어요. 숨겨진 리조트의 느낌이랄까요.

'대체 이 리조트는 예약을 어떻게 받지?', '왜 사람들은 예약하기도 힘든 이 리조트에 머무르고 싶어 할까?' 등등 갖은 의문을 품고 오너를 만나게 되었어요. 오너는 필리핀 사람이 아닌 멕시코 사람이었어요. 돈 많은 할아버지 이미지를 생각했는데 오히려 자유분방한 복장의 젊은 사람이더라고요.

이분과 회사일로 장시간 대화를 나누게 되었는데 그 과정에서 연봉 5000만 원을 받는 직원에 대한 이야기가 나왔어요. 필리핀 직원들의 월급이 당시 한화로 월 20만 원 정도였으니 연봉 5000만 원을 주는 건 쉽지 않은 일이잖아요. 이 여성분의 업무는 리조트 예약을 위해 전화한 사람에게 상담을 해주는 것이었어요. 리조트 직원 전체에서 3위 안에 들어가는 연봉을 받았고요.

"우리 리조트는 가격이 비싸요. 그리고 광고도 하지 않죠. 지인들의 소개, 그리고 기존 손님들의 소문으로 예약 문의가 들어와요. 그 예약 전화 전부를 이 직원이 받습니다."

오너의 철학이 굉장히 인상 깊었어요. 이 리조트는 광고 없이 오로지 소개로만 예약을 받다 보니 확실한 전화 응대가 필요했어요. 전화 응대에서 대체할 수 없는 능력을 가진 '인재'로 발굴했고 그에 상응하는 대가를 준 거예요. 연봉 5000만 원으로요. 어떠한 상황에서도 임기응변 능력과 전화 응대 능력이 뛰어난 사람으로. 바로 그 부분에서 그 직원은 굉장히 능숙했을 뿐만 아니라 영어도 능통해서 해외 여행객들에 대한 응대 역시 가능했죠.

식당으로 비유해 볼게요. 홀서빙 알바임에도 시급을 굉장히 높게 주는 사장님들이 있어요. 그러니까 가게의 첫인상이라 할 수 있는 홀서빙 알바가 인사도 잘하고, 접객도 잘하고, 거기다가 손도 빠르면 '이 친구는 잡아야 된다'는 생각에 시급을 더 주는 사례가 많아요. 결코 시급이 아깝지 않은 거죠.

일부 사장님들은 "그래도 알바는 알바일 뿐"이라고 말씀하시는데 사실 기업을 운영하는 분들의 말씀을 듣다 보면 직원에 대한 이야기가 자주 나와요. 김승호 전 회장이 10년 전에 쓴 책《김밥 파는 CEO》에 보면 "직원들이 월급보다 더 많은 배당금을 가져가길 원하고, 회사의 성장에 따라 BMW5와 아파트를 추가로 선물하고 싶다"고 했어요. 김승호 전 회장은 10년이 지나고 실제로 그걸 실행에 옮겼고요. 2020

년도에 발간된 그의 저서《돈의 속성》을 보면 그 내용이 나와요. 실제로 BMW5를 사준 이야기가요.

물론 김승호 전 회장의 사례는 일반 자영업의 사례와는 그 차이가 너무 커요. 하지만 그 역시도 김밥 파는 걸로 시작했고, 그때부터 직원에 대한 사랑이 남달랐어요. 일 잘하는 직원, 회사의 중심이 되는 인재는 끝까지 챙기고, 심지어는 사비까지 써가면서 돈을 쥐여주기도 했어요.

자포스라고 온라인에서 신발을 파는 회사가 있어요. '아마존도 탐낸 자포스의 혁신적인 고객 서비스'는 유명해요. 이곳 콜센터 직원들은 만약 손님이 원하는 신발이 자사 사이트에 없으면 다른 온라인 사이트에서라도 찾아서 그 링크를 알려줘요. 또 신발과 관련된 어떠한 문의도 다 받아주고요.

그러니까 나이키 신발을 파는데 고객이 아디다스 신발을 원하면 그걸 찾아서 구매 사이트를 알려주고, 신발 관리법과 보관법도 가르쳐주며, 심지어는 휘황찬란한 디자인의 이런 신발을 판매해 보면 어떻겠냐는 황당한 제안까지 친절하게 다 받아준다는 거예요. 어쩌면 기업 입장에서는 낭비일 텐데도 말이에요. 아마존은 그런 자포스를 12억 달러에 인수했어요. 그들의 서비스를 배우고 싶다는 열망이 컸다는 업계의 뒷이야기였고요.

전화만 받으면서 연봉 5000만 원을 받는 직원도, 홀서빙이지만 높은 시급을 받는 알바도, 늘 친절한 자포스 전화상담원도 저절로 탄생하지는 않았을 거예요. 사장님 스스로가 고객 응대, 첫인상 등 가게의 성장에 가장 중요한 요소를 위해 직접 행동에 나서야 직원들도 배우게 돼요. 행동으로 옮기는 직원들에게 보상을 해가면서 사장님 자신이 바라는 방향으로 나아가는 거죠. '일하는 거 보면 속 터진다', '일 잘하는 사람이 없어'라고 한탄하는 대신 자신의 태도부터 먼저 돌아보는 게 필요해요. 세대를 탓할 게 아니라 교육과 시스템의 부재, 그리고 내 행동을 돌아봐야 할 타이밍이에요.

먹는 장사만 있는 게 아닙니다

#레드오션 #틀깨기

오프라인 장사는 '먹는 장사'와 '그 외의 것'으로 구분할 수 있어요. 둘 다 비집고 들어갈 틈새조차 없이 경쟁이 극심하고요. 블루오션은 이제 없다고 봐야 해요. 그런데 왜 다들 레드오션으로 뛰어드는 걸까요?

예전에 ○○모바일아카데미라는 곳이 있었어요. 휴대폰 판매 법인이라고 생각하시면 돼요. 외식업으로 치자면 프랜차이즈와 비슷한 개념이에요. 단, 가맹점주 시스템이 아니라 직영 시스템이에요. 그러니까 본사에서 매장을 차려놓고 '잘 팔 것 같은 사람'을 교육시켜 직영 매장을 늘리는 거죠.

'그게 가능해?'라고 생각하실 수 있어요. 그런데 가능해요. 이미 전국에 150개 매장이 직영 체제로 돌아가고 있으니까요(현재는 온라인 판매 시장이 커지면서 온라인 사업 시스템으로 전환). 더 흥미로운 점은 이렇게 직영 매장에 일하러 들어가는 사람은 기본 교육비 이외에는 전혀 돈이 들어가지 않는다는 거예요. 그러니까 매장 권리금, 보증금, 인테리어, 기타 잡비가 들어가지 않고 오로지 '실력'으로 승부를 보는 곳이라는 거예요.

그럼 '매장 관리가 잘 안 되지 않느냐'고요? 아뇨, 본인이 가게를 운영하는 것처럼 운영할 수밖에 없어요. 왜냐하면 매장에서 발생하는 수익의 일부만 본사에 납부하고 나머지는 본인 몫이기 때문이죠. 법인 택시의 사납금과 비슷하다고 보면 돼요. 택시로 영업을 할 때 초기 자본금이 들지 않는 대신 사납금을 내야 하는 구조요.

물론, 운전은 할 줄 알아야겠죠. 운전도 하지 못하는 기사에게 회사 택시를 내줄 수는 없으니까요. 마찬가지예요. 확실한 교육을 기반으로 한 직영 시스템으로 이 회사는 돌아가고 있었어요. 잘 파는 '실력 있는 자'만이 본사에서 매장을 차려주고, 월급제가 아닌 본인 가게를 운영하는 것처럼 일을 할 수 있었다는 거예요.

장사라고 하면 보통 식당을 많이 떠올려요. "퇴사하고 치킨집이나 하려고!"라는 직장인들의 우스갯소리도 있잖아요. 그만큼 요식업 쪽으로 우리의 생각이 치우쳐 있다는 뜻이에요. 오로지 '먹는 것'에 대한 장사만 생각하고 있다는 거죠. '장사 = 식당'이라는 작은 고정관념이 본인도 모르게 머릿속에 콕 박혀 있는 거예요.

그런데 식당 창업은 확실한 레드오션이에요. 그럼에도 우린 레드오션 시장으로 기어코 들어가려고 해요. 왜? 진입장벽이 낮으니까. 대출도 잘 나오고 특별한 기술도 필요 없으니까. 돈만 조금 있으면 준비해 주는 사람들이 많으니까. 어때요? 맞는다는 생각이 들지 않으세요?

그런데 우리는 반대로 생각해 볼 필요가 있어요. 특히 '대출'과 '기술'에 대한 부분을 볼까요. 대출까지 받아서 특별한 기술도 필요 없는 걸 창업한다? 그냥 돈을 손에 쥐고 불구덩이에 들어가는 것과 마찬가지겠죠.

창업을 꿈꾸는 사람들이 그저 오프라인 식당, 카페, 치킨집만으로 생각을 한정 짓지 않았으면 좋겠어요. 아까 말씀드렸던 ○○모바일아카데미도 원래는 외식 프랜차이즈 기업이었어요. 그런데 휴대폰으로 전향을 한 거예요. 그리고 외식 프랜차이즈 기업일 때는 가맹점주 시스템으로 운영되다가 결국에는 직영 체제로 전환된 거고요. 아예 탈바꿈한 거죠. 시대의 트렌드에 맞게 변화를 준 거예요. 본사에서는 노하우가 있으니까 본사 자금으로 매장을 오픈하고 교육을 통해 '파는 실력', '고객 관리 능력'이 있는 사람을 만들어서, 자본 없이 장사를 시작할 수 있는 시스템을 구축한 거예요.

오래전에 팟캐스트에 '창업직썰'(지금은 창톡이라는 자영업 매칭 플랫폼으로 전환)을 운영하는 두 기자분이 계셨어요. 두 분은 트렌드에 굉장한 식견을 가지고 있으세요. 아무래도 현장 취재를 늘 다니시기 때문에 정보력이 좋아요. 두 분 중에 한 분을 만나 인터뷰를 했는데 이런 얘기를 하더라고요.

"기업에서 프랜차이즈를 맡아서 운영한다면 어떨까."

그러니까 애꿎은 개인 가맹점주가 대출을 받아 창업을 하는 게 아니라 아예 큰 기업에서 가맹점을 맡아 운영하는 방식이요. 이를테면 미국에는 피자헛을 1000개 정도 운영하는 가맹점주가 있는데 NPC인터내셔널이라는 기업이에요. 이런 기업이 우리나라에도 있으면 어떨까 하는 거죠.

흔히 매장이 2개, 3개, 뭐 많게는 10개 정도 있는 점주를 다점포 점주라고 해요. 그런데 그 정도가 아니라 점포 50개, 100개를 노하우가 있는 기업에서 맡아 운영한다면 개인 가맹점주들처럼 쉽게 무너지진 않을 거라는 말이죠. 이런 시장에서 실력 없는 개인 창업자들은 '식당은 아무나 하는 게 아니구나'라고 생각해서 진입장벽이 조금은 높아지겠죠.

다시 택시를 예로 들면 개인택시의 경우 5년간 무사고에 따로 교통안전교육을 이수해야 자격이 되잖아요. 이걸 식당과 비교해 보세요. 식당은 경력이 없어도, 어떠한 교육을 이수하지 않아도, 심지어 돈이 없어도 대출로 창업할 수 있죠. 그래서 폐업률이 높을 수도 있어요. 프랜차이즈도 마찬가지예요. 대부분의 교육이 길어봐야 일주일이에요.

식당 창업은 확실한 레드오션임을 자각하고 시작해야 돼요. 누구나 다 아는 그 사실을 본인만 인지하지 못한다면 그건 분명히 잘못된 거예요. 레드오션에 들어가 살아남으려면 실력이 있어야 해요. 그리고 실력을 키우기 위해서는 무리한 대출을 받아서 창업하기보다는 경험을 쌓고 작게 시작해서 또 다른 경험을 만들고 제대로 도전해야 해요.

도박에는 '초심자 행운'이라는 말이 있어요. 식당 창업에도 이런 행운을 타고난 사람들이 있어요. 다만, 여기서 제가 강조하고 싶은 부분은 초심자 행운의 결말이에요. 초심자 행운을 느껴본 자는 결국 패가망신하잖아요. 처음 그대로를 유지하지 못해 힘들어하고, 운이었음을 자각하지 못한 채 폐업해요. 확률 싸움에서는 영원한 승자가 없으니까요. 레드오션에 들어가더라도 알아야 할 건 배우고, 갖출 건 갖추었으면 좋겠어요.

80%가 내 가게의 존재조차 모른다

#마음점유율 #이벤트

동네에서 1년 이상 장사를 해보신 분들께 질문 하나 던져볼게요. 우리 동네 사람들의 몇 퍼센트가 우리 가게에 와봤을까요? 아니, 꼭 매출적인 접근이 아니더라도 얼마나 많은 동네 사람들이 우리 가게를 알고 있을까요? 우리 가게에 들어와 보거나 우리 음식을 먹어보지는 않았어도, 그래도 우리 가게의 존재는 대부분 알고 있을 거란 생각이 들지 않으세요?

우리는 보통 이렇게 생각해요. 매장에 간판을 달고 외관도 깔끔하게 했으니 사람들이 우리 매장을 잘 인지하고 있을 거라고 말이에요.

하지만 정말 놀랍게도 사람들은 우리 매장을 인지하지 못해요.

여러분도 그런 경험이 있지 않나요? '어? 우리 동네에 이런 매장이 있었나?', '와, 나는 여기서 3년이나 살았고 이 매장이 오픈한 지는 4년이 됐다는데도 한 번도 안 와봤네' 등등.

사람들은 익숙한 곳에 더 자주 가는 특성이 있어요. 늘 가던 식당, 늘 가던 미용실, 늘 가던 편의점, 늘 가던 카페만 가는 거예요. 우리 동네에 아무리 오래 있었다고 한들 제대로 인지를 시켜주지 않았다면 사람들은 절대로 방문하지 않는 거예요. 사실, 이런 부분에 대해서 심도 있게 다룬 강의가 있다면 정말 좋겠다는 생각으로 제가 창업한 '장사는 건물주다'에서 직접 해당 강의를 진행하기도 했어요. 거의 9시간 분량인데 오프라인 매장을 운영하고 계시다면 꼭 한 번 들어보셨으면 해요. 제가 보기에 국내에서 이런 형태의 강의를 하는 곳은 없거든요.

생각보다 사람들은 우리 매장이 있다는 걸 잘 몰라요. 우리 매장 앞을 지나가는 유동인구의 10%만이 우리 매장을 인지하고 있어요. 동네에서 아무리 오래 살았더라도 한 번도 방문하지 않은 사람이 80% 이상이에요. 그러니 새로운 경험을 시켜줘야만 단골이 될 가능성을 만들 수 있고, 자연스럽게 균형적인 매출을 만들 수 있어요. 그렇다면 우리는 뭘 할 수 있을까요? '이벤트'예요. 뻔한 이야기 아니냐고요? 단순히 이벤트의 중요성에 대해서 말씀드리고자 하는 게 아니라 이벤트가 주는 파급효과에 대해서 면밀히 얘기하려는 거예요.

이벤트는 준비하기도 힘들고, 해봐야 우리만 손해라는 생각을 할 수 있지만 사실 동네 장사에서는 필수로 해야 하는 '프로모션'의 일종이에요. 무조건 퍼주기만 하는 혜택이 아니라 재미에, 흥미에 포커스를 맞춘 이벤트를 하면 충분히 손님의 발길을 잡을 수 있어요.

'똑똑한 사장들의 모임(똑사모)' 세미나에 자주 오셨던 전라도 광주 소촌동의 송정연탄(지금은 급탄으로 상호를 변경함) 대표님은 추석 때 윷놀이 이벤트를 했어요. 이거 사실 상당히 귀찮거든요. 직원들한테도 다 교육을 해야 되고, 또 손님들이 참여하지 않으면 엄청나게 '뻘쭘'해요. 하지만 이걸 하는 이유가 있어요. '다른 매장과의 차별화' 때문이에요. 다른 매장은 팔기에 바쁘죠. 추석 대목을 노린 판매에만 집중해요. 하지만 이 대표님의 경우에는 늘 이런 이벤트를 준비해서 손님들과 소통하려고 노력해요. 대표님도 힘들겠죠, 당연히. 하지만 이런 진심을 전달받은 손님들은 한 번 올 걸 두 번 오고, 두 번 올 걸 세 번 오게 되어 있어요. 이렇게 윷놀이 외에도 수많은 이벤트를 진행하면서 진짜 단골을 확보하고, 소통하는 매장으로서 자리매김을 하고 있어요.

여러분, 단골손님이라고 해서 우리 집에만 오지는 않아요. 다른 매장들도 분명히 가거든요. 단, 이벤트는 우리 매장에 대한 퍼센티지, 여러 번 강조했듯이 '마음 점유율'을 넓히기 위한 하나의 전략이 될 수 있다는 말이에요.

성신여대 근처의 금뚜껑 고깃집 대표님들도 똑사모 세미나에 자주 오셨는데 이 매장에서는 스톱워치 이벤트를 상시로 하고 있어요. 스톱워치 이벤트에 참여하려면 카카오톡 친구 추가를 해야 되고요. 이벤트를 열면서 고객 DB도 확보하는 1석 2조의 효과를 보는 거죠. 이 이벤트는 스톱워치를 켜고 딱 3초에 멈추는 손님에게 선물을 주는 것인데 이게 또 하나의 바이럴이 돼요. SNS에 올리면서 말이에요.

'정보'를 촘촘하게 까는 것만으로도 손님의 발길을 잡을 수 있어요. 손님이 우리 매장에 오기까지의 과정을 생각해 볼까요? 먼저 인지하게 되고 검색하게 되고 의심을 하다가 무언가 확신을 가지면서 방문을 하고 구매를 하는 것이죠.

이 과정에서 단계별로 우리 매장에 대한 정보를 촘촘하게 배치해 둔다면 손님들을 끌어들일 수 있어요. 홈페이지를 만들고 현수막을 걸라는 단순한 이야기가 아니라 각 단계별로 망설이는 포인트에서 결정을 도울 수 있는 정보를 던지라는 거예요.

가령, 손님들이 의심을 가지는 단계에 우리 매장에서 선구매한 사람들, 즉 손님으로서 이미 후기를 남긴 사람들을 활용해 보는 거죠. 쌀국숫집을 예로 들어볼게요. A라는 손님이 쌀국수를 먹고 네이버 영수증 리뷰를 남겼어요. "이 집 국물 진하고 맛있네요. 베트남에서 먹던 그 맛이 나요. 고기도 풍부하고요. 잘 먹었습니다."

만약 이 영수증 리뷰가 사진과 함께 추천순으로 첫 페이지에 나와 있다면 반드시 우리는 여기에 '정보성' 답글을 달아야 돼요. 이렇게 말이에요.

"저희 집은 분말 스프로 국물을 만들지 않거든요. 많은 매장들이 편하게 조리하기 위해 분말로 맛을 내는데 저는 그게 용납이 안 되더라고요. 그래서 직접 양지로 국물을 우리고 있어요. 저희 아이들도 매일 한 그릇씩 먹고 있고요. 제가 베트남에서 3년 정도 쌀국수를 배우고 왔는데 그 맛이 난다고 하니 정말 뿌듯해요. 고기는 150g이 정량인데 제 손이 크다 보니까 자꾸 200g을 넣는 것이 습관이 되어서 아예 레시피를 200g으로 바꾼 지 꽤 되었답니다. 감사드리고요, 이런 초심 잃지 않는 ○○ 쌀국수가 되겠습니다. 고마워요!"

자, 어때요. 이 영수증 리뷰를 본 사람들은 이 매장에 당장 가고 싶겠죠. 게다가 추천순으로 첫 페이지에 나와 있는 리뷰라면 조회수도 아마 어마어마할 거예요. 즉 많은 손님들이 본다는 거예요. 본인이 쓴 영수증 리뷰의 경우 조회수를 볼 수 있는데요, 지방의 작은 매장임에도 제가 쓴 리뷰의 조회수가 거의 1000회 가까이 나오는 걸 여러 번 경험했어요. 서울권의 강남, 청담, 성수 쪽은 사람들이 자주 찾다 보니 조회수가 5000회, 1만 회, 심지어는 9만 회까지 되는 걸 보기도 했고요. 우리가 직접 조회수를 눈으로 보지는 못하지만 그만큼 노출이 많이 되고 있다는 뜻이에요.

리뷰가 많기로 소문난 노원구 상계동의 감동식당은 이런 마케팅 교육을 들은 후에 바로 실행에 옮겼어요. 이 매장은 리뷰가 무려 2만 3000개나 되는데요, 우리나라에서 리뷰 수로는 상위 5위 안에 들어요. 리뷰가 이미 충분한데도 추천순으로 노출이 되고 있는 리뷰에는 계속 답글을 달아요. 연매출 13억이 그냥 나온 것이 아님을 아시겠죠?

정말 사소하지만 우리가 놓치고 있는 많은 걸 알려드리고 싶었어요. 이런 세세한 부분들까지 실행에 옮기게 한 결과 실제로 매출이 상승하고 있음을 느꼈다고 하시는 분들이 많았고요. 머리로 이해한다고 다는 아니니까 실행으로 그 보답을 반드시 받으셨으면 해요.

미친 듯이 친절해도 위험합니다

#첫인상 #적당한친절

서비스 업종에서 빼놓을 수 없는 게 바로 '친절'이에요. 이건 아무리 강조해도 지나치지 않은 것이기 때문에 많은 사람들이 강조하죠. 당연한 일이에요. 친절하지 않으면 손님은 그 가게를 다시 찾지 않을 테니까요.

며칠 전 인천에서 프랜차이즈 고깃집 오픈을 준비 중인 D사장님과 상담을 진행했어요. 실무적인 상담이 끝나고 마지막에 그분이 질문을 하셨는데 깊은 인상을 받았어요. 그분은 제가 유튜브에 올려놓은 800개 가까이 되는 영상을 모두 보셨다면서 '친절'에 대해 고민하고 계셨어요. D사장님은 사람들에게 스스럼없이 다가가는 친근한 성격이라 고깃집 오픈에 자신감이 충만했는데, 제가 올린 '친절하지 마세요'라는 영상을 보고 의문이 들었던 거예요. 그 영상은 '친절하지 않은 친절한 식당'이라는 내용이 핵심이었는데 말 그대로 '적정선을 지키는 친절'에 대해 이야기한 거였어요.

미국 펜실베이니아대학교 심리학과 잉그리드 올슨 교수팀의 실험에 따르면 사람이 누군가의 첫인상을 평가하는 데는 단 0.13초밖에 걸리지 않는다고 해요. 굉장히 짧은 시간 안에 그 사람에 대한 판단이 내려진다는 거죠.

프린스턴대학교에서도 비슷한 실험을 해서 동일한 결과를 얻었어요. 첫인상이 좋지 않으면 계속 그 이미지가 유지된다는 거죠. 나쁜 첫인상을 극복하려면 수십 배의 노력이 필요하다는 얘기고요.

그런데 이 두 실험에는 '과하지 않을 정도'라는 전제조건이 꼭 필요해요. 첫인상에서 좋은 평가를 받기 위해 과한 미소를 짓거나, 좋은 이미지를 유지하기 위해 처음부터 엄청나게 친절한 '오버 응대'를 하게 되면 그게 유지되지 않을 경우 실망감은 배가된다는 거예요.

가령 미소의 크기를 10이 최대치라 가정해 보죠. 손님이 들어올 때마다 10의 미소를 지었어요. 그리고 목소리의 크기도 10이 최대치라 가정하고 손님이 부를 때마다 "네~" 하고 최대치로 대답했어요. 그런데 점차 미소의 크기도 목소리의 크기도 낮아져서 둘 다 5가 되면 손님은 분명히 실망을 한다는 거예요.

반대로 처음부터 미소도 5, 목소리도 5를 계속 유지하면 오히려 그게 더 좋은 결과를 가져와요. 서비스 평가에서 더 높은 점수를 받는다는 말이에요.

프랜차이즈 가게들이 오픈할 때 보통 일주일 정도 본사 직원들이 파견 나와서 철저한 서비스 마인드로 손님들을 응대해요. 최고의 응대를 선사하는 거죠. 그들은 베테랑이니까요.

그런데 일주일 뒤에 그들이 떠나고 나면 제대로 교육되지 않은 점주님과 알바생들은 그 최대치의 응대를 하지 못하게 돼요. 교육 기간이 짧은 데다 서비스 교육을 체계적으로 하는 곳은 드무니까요. 오픈 때의 기억이 좋아서 다시 찾은 손님들은 은연중에 최고의 서비스를 기대했다가 실망하기 쉬워요.

최근 어느 쌀국숫집 사장님이 키오스크를 도입했어요. 그분은 키오스크를 잘 모르는 손님들에게 하나하나 가르쳐 주기도 하고 일반 포스기로 대신 결제해 주기도 했죠. 그런데 사장님이 쉬는 날이면 항상 컴플레인이 들어오는 거예요. 직원들이 사장님과 같은 친절을 보여주지 못한 것이 문제였죠. 매니저 노릇을 할 사람이 없었거든요.

한 고깃집은 손님이 뜸한 시간에 사장님이 손님 테이블에서 정성스럽게 삼겹살을 구워드렸다고 해요. 다음에 그 손님이 가게에 왔을 때 사장님이나 직원이 고기를 구워주지 않는다면 서운한 마음이 드는 건 어쩔 수 없어요. 혹시라도 또 고기를 구워준다면 옆 테이블에서는 '우리는 왜 안 구워주지?'라고 생각할 수 있고요.

다시 한번 강조하지만 '친절하지 말라'는 이야기가 아니에요. 제가 하는 이야기의 요점은 '적당한 친절'이에요. 과한 접객, 과한 친절은 그만큼 높은 기대감을 형성해요. 물론, 365일 고단한 노동을 하는 식당 사업자의 경우 감정의 폭은 클 수밖에 없어요. 그에 따른 표정과 목소리 톤의 변화가 분명히 있을 수밖에 없죠. 그러니 반드시 친절의 개인적인 적정선을 찾아야 해요.

《논어》에 이런 말이 나와요. '과한 친절은 위선이기 쉽다.' 바라는 게 있기에 도를 넘는 선심을 쓰는 것이고, 바르지 못한 사람들이 넘치는 친절을 행하는 거라고요.

10만 원을 쓰는 손님과 1만 원을 쓰는 손님은 분명 다르죠. 사장도 사람이기에 어쩔 수 없이 두 손님을 대하는 행동이 달라질 거예요. 1만 원을 쓰든 10만 원을 쓰든 다 같은 우리 가게의 손님이고 1만 원을 쓰는 손님이 단골이 되어 연간 결제 금액이 10만 원을 쓴 손님보다 커질 수도 있어요. 그러니 친절의 크기를 조절하는 무의식 속의 오류를 범하지 않으셨으면 좋겠어요.

단숨에 친절의 크기를 조절하거나 접객 센스 또는 직원을 보는 눈을 키우기는 힘들어요. 그래서 많은 성공하신 분들이 '인문학'을 공부하라고 하는 것 같아요. 늘 공부하는 마음으로. 잊지 마세요!

별점 1점을 남기는 사람들의 심리

#리뷰 #별점테러

여러분은 별점 1점을 남겨본 적이 있으신가요? 아니면, 별점 테러를 하는 손님들을 경험해 보신 적은요? 평가를 받아보지 않은 사람들은 공감하지 못하는 이슈가 바로 이 '별점 테러'입니다.

의도적으로 별점 1점을 남기면서 악의적인 리뷰를 다는 사람들이 최근 많아지고 있어요. 이런 문제점 때문에 여러 배달 플랫폼에서는 리뷰 점수와 관련해 이런저런 방안들을 쏟아내고 있지만 이렇다 할 해결책이 없는 게 현실이에요. 악의적 리뷰 때문에 폐업을 하거나 사장님들이 스스로 목숨을 끊는 일이 생기기도 했고요. 별점이 권력화되어 가고 있는 게 아닌가 하는 생각까지 들어요.

도대체 별점 1점을 남기는 사람들은 왜 그러는 걸까요? 어떤 심리일까요? 5가지로 정리하고 간단한 해결책도 함께 알아볼게요.

첫 번째는 '사람'이에요. 악의적 리뷰를 쓰는 사람 자체의 문제라는 거죠. 어딜 가더라도 불만이 많은 사람이라는 의미예요. 그런 사람은 어떤 식당에서 배달을 시키든, 어떤 곳에서 숙박을 하든, 어떤 서비스를 받든 클레임을 제기할 거예요. 따지려고, 분풀이하려고, 본인의 스트레스를 해소하려고 말이죠.

미시간주립대학교의 심리학자 제이슨 모저는 부정적인 성향의 사람들을 대상으로 실험을 진행했어요. 결론부터 말씀드리면 부정적인 성향을 가진 사람들한테 강제로 긍정적인 생각을 하게 하면 뇌에 혼란이 생기면서 한층 더 비관적인 감정에 빠진다고 해요. 즉 그 무엇을 보더라도 불만이 가득할 수밖에 없다는 거예요. 심지어 음식을 먹고 별점을 남길 때에도 말이에요. 그냥 자기 생각이 다 옳고, 거기서 조금이라도 엇나가는 게 있으면 불만 표출이 시작되는 거죠.

이런 분들에게는 맛이나 위생이 중요한 게 아니에요. 그냥 본인이 상상한 그 맛이 아니라면 기분에 따라 별점 1점을 남겨요. 특히 이런 사람들은 주변 환경의 영향을 굉장히 많이 받아요. 그래서 '쓰레기 같다'라고 표현한 음식을 고급 레스토랑에서 먹는다면 '아주 맛있다'고 평가하기도 해요. 동네 식당에서 배달시켰기 때문에 처음부터 부정적인 생각이 스며든 거죠. 실제 미스터리 쇼퍼(고객으로 가장하고 매장을 방문하여 물건을 구매하면서 직원의 서비스 등을 평가하는 사람) 관계자는 이런 실험 결과를 여러 번에 걸쳐서 입증하기도 했어요.

식당 입장에서는 그저 한두 번은 어르고 달래서 업소에 피해가 가지 않게 처리하려고 해요. 그러나 이것이 먹히지 않는다면 답이 없어요. 똥이 무서워서 피하는 게 아니라 더러워서 피한다고 하잖아요. 식당 하는 사람은 더러워도 못 피하는 게 현실이라서 그냥 '재수가 없었다'고 생각하는 게 편해요.

두 번째는 '열등감'이에요. 첫 번째와 좀 비슷하죠. 다만, 이건 손님이 아니라 경쟁 업체와의 문제라는 게 달라요. 경쟁 업체가 일부러 별점 1점을 남겨서 상대방의 평점을 떨어뜨리려고 이런 행동을 한다는 거예요.

사실, 몇 년 전만 해도 경쟁 업체끼리 서로 얼굴도 보고 같이 밥도 먹으면서 친분을 쌓았어요. 하지만 지금은 그런 분위기가 많이 사라졌죠. 그렇다 보니 내 식당 리뷰에 손님이 경쟁 업체를 언급하면서 '어디가 더 낫네'라고 하면 없었던 열등감까지 생겨나기 마련이고요.

'와, 내가 딱 그런데'라는 생각이 드시나요? 아마 많은 분이 경험하셨을 거예요. 이건 식당뿐만 아니라 배달 플랫폼, 포털 영수증에서도 큰 문제가 되고 있어요. 경쟁 업체에서 직접 하지 않더라도 이걸 대행해 주는 업체들이 수두룩하니까요. 문제는 이게 평점만 낮아지게 하는 게 아니라 멘탈도 나가게 한다는 거예요. 플랫폼 입장에서도 이런 악의적인 리뷰에 대한 관리가 되지 않는다면 한 번 더 평가 시스템을 손볼 필요가 있다고 생각하고요.

돈을 벌려면 경쟁은 필수예요. 그저 앉아만 있으면 돈이 나오는 구멍은 없죠. 다만, 같은 장사를 한다면, 같은 일을 하고 있는 동료라면 '죽여야지'보다는 '배워야지'로 마인드를 바꾸는 것이 길게 보면 이득이에요. 평점이 높은 식당은 분명히 무언가 잘하는 게 있어요. 내가 만약 가족이든 친구든, 누군가에게 부탁해서 경쟁 업체의 음식을 시키고 별점 1점을 줬다면 그런 행동은 분명히 언젠가는 돌아오게 되어 있어요.

세 번째는 '남 탓'이에요. 내 탓이 아닌데도 별점 1점이 달리는 날이 있어요. 예를 들면 배달기사님의 실수로 국물이 쏟아졌다든지, 배달 시스템의 문제로 배달시간이 길어져 불편을 겪은 경우예요. 업주는 사실상 억울할 수밖에 없어요.

이런 문제들 때문에 현재 많은 플랫폼에서 평점 시스템을 세분화하는 등 뜯어고치고 있어요. 예를 들어 독일 현지의 어느 배달 플랫폼은 맛, 양, 가격, 배달, 서비스, 포장 등으로 세분화해서 평점을 달 수 있게 했어요. 우리도 이런 작업이 필요하지 않을까 싶어요. 시스템상으로 아예 분류해서 평가할 수 있도록 말이에요.

네 번째는 '무한경쟁'이에요. 네. 아쉽지만 그 손님은 이미 다른 경쟁 업체의 음식 맛에 적응되어 버렸어요. 우리 집 음식이 맛없는 게 아니라 이미 다른 식당의 음식을 먹던 사람인데 어떤 이유 때문에 우리 집에 배달을 시켰고, 그 결과 불만을 한껏 표현하게 되었다는 거예요. 어떻게 보면 새로운 고객을 만들 좋은 기회를 놓쳐버린 거지만 또 한편으로는 우리 집 음식이 더 맛있다고 해주는 손님들도 있기 때문에 너무 상심하지 않으셨으면 좋겠어요.

100명의 손님 중에 100명을 모두 만족시켜야 한다는 생각에서 비롯되는 심리적인 타격은 굉장히 커요. 내가 마진을 남기지 않고 최상급의 재료로 음식을 만들어도 '맛없다'라고 할 사람이 100명 중에는 분명히 있기 마련이거든요. 반대로 그간 우리 집에서 맛있게 음식을 시켜 먹던 사람들은 내가 새로 출시한 원가율 10%의 신메뉴를 먹으면서도 '맛있다'고 반응할 수 있어요. 이미 나를 신뢰하고 있으니까요.

단순히 신뢰도와 스타일의 차이, 그러니까 맛의 스타일 차이에서 오는 아쉬움 때문에 별점 1점을 남기는 거예요. '취향에서 살짝 벗어나는 정도'로 이해하고 넘어가시면 심리적으로도 안정이 되실 거예요. 그저 '스타일 차이'로 적당하게 답글을 달아주셔야 다른 손님들도 이해하고 넘어갈 수 있어요. 단, 손님을 이해시키려는 의도로 장문의 답변을 달지는 마세요. 이해시킬 이유가 없거든요. 어차피 손님은 이해하려고 하지 않을 테니까요. 또 대역죄인처럼 쩔쩔매는 사과가 그렇게 보기 좋은 것도 아니고요. 솔직히 석고대죄할 만큼 진짜 맛없는 음식은 거의 없어요. 웬만해서는 말이죠. 좀 더 당당해지셔도 괜찮습니다.

여기서 팁을 하나 드리자면 리뷰를 홍보의 도구로 적극 활용해 보세요. 예를 들면 칭찬과 감사의 리뷰가 달린다면, 답글을 다실 때 자랑을 한껏 하세요. 사람들은 사장님들이 얼마나 열심히 음식을 준비해서 선보이는지 잘 몰라요. "족발이 냄새가 하나도 안 나고 맛있어요!"라는 리뷰가 달리면 그저 "감사합니다"가 아니라 "저희 어머니께서 5년간 심혈을 기울인 비법으로 천연재료 15가지가 들어가요. 매장에서 직접 삶고요, 한방재료도 팔각, 정향, 계피 등등 다 적기도 힘드네요. 저희 가족도 3년째 먹고 있는데 하나도 안 질리고 맛있답니다. 다음에는 보쌈 세트를 한 번 드셔보세요. 족발의 쫄깃함과 보쌈의 구수함을 함께 즐기실 수 있어요. 오늘 리뷰 너무 감사드려요! 진심으로 만든 음식이라 이런 댓글에 굉장히 뿌듯하네요!" 하면서 은근히 정보를 흘려주세요. 리뷰를 남긴 사람을 위해서가 아니라 그 리뷰를 보는 수십, 수백 명의 사람을 위해서요.

마지막 다섯 번째는 '이미지'예요. 이건 반박불가인 경우가 가끔 있어요. 서비스에는 무궁무진한 것들이 포함돼요. 예를 들어볼까요. "지나가다가 보니까 직원이 나와서 담배 피우고 손도 안 씻고 주방에서 조리하던데 조심해 주세요", "가게 앞에서 침 뱉는 거 봤어요", "그쪽 손님이 술 마시고 욕하면서 고성방가하는 거 들었던 사람입니다" 등등.

참 힘든 세상이에요. 그런데 동네 장사에서는 사실 이런 부분이 중요해요. 백종원 대표의 책인 《백종원의 장사 이야기》에 이런 구절이 나와요. "식당 주인은 연기력이 필요하다." 네. 어느 정도 연기를 해서라도 중간 정도의 좋은 이미지를 구축하자는 거죠. 너무 꾸벅꾸벅 손님에게 끌려가는 것도 좋지 않지만, 그렇다고 평소 본인의 안 좋은 행동을 과감히 드러내진 말자고요.

별점은 권력이 아니에요. 그리고 사람에 대한 평가가 아니라 음식에 대한 칭찬이 그 목적입니다. 에어비앤비처럼 서로를 평가할 수 있는 시스템이 있다면 참 좋겠지만, 현실은 그렇지 못하죠. 별점으로 고민 중이신 분들, 이것만큼은 꼭 기억하셨으면 좋겠어요. 100명 중에 80명만 만족시켜도 정말 잘하고 있는 거라는 걸요.

뻔뻔한 식당이 손님도 많다

#파레토법칙 #롱테일법칙

뻔뻔함이라는 단어에는 부정적인 요소가 강하게 박혀 있어요. 그래서 안 좋은 뜻으로 많이 쓰이죠. 그런데 뻔뻔한 놈이 돈을 더 잘 번다는 사실, 알고 계신가요? 특히나 장사할 때 이 뻔뻔함은 필수예요.

예전에 제가 홍은동에 살았던 적이 있어요. 회사가 홍대라서 전셋집을 홍은동 쪽에 구했는데 돈이 3000만 원밖에 없어서 비탈진 오르막길에 있는 원룸에서 살았어요. 그때 동네에 중국집, 치킨집, 세탁소, 편의점이 몇 개씩 있었는데 그중 제가 자주 방문하는 가게들이 있었어요. 단골이 된 이유는 늘 같았고요. 저는 무언가 눈에 들어오는 문구를 가게 앞에 적어놓은 곳을 선택하더라고요.

예를 들면 치킨집의 경우는 레몬치킨이라는 신메뉴가 나왔음을 알리는 큼지막한 현수막을 걸어놓은 가게에 갔고, 세탁소는 '특허받은 어쩌고저쩌고를 사용해 때를 잘 빼준다'고 적혀 있는 곳에 갔어요. 편의점도 외부에 '오늘의 1 + 1 제품'에 대한 포스터를 붙여둔 곳에 갔고요. 저는 레몬치킨을 먹지 않았고, 특허받은 때 빼는 서비스를 이용하지 않았고, 1 + 1 제품을 사지도 않았는데 늘 그곳들을 이용했죠.

이유가 뭘까요? 네. 맞아요. 자신감 있게 어필하는 그 가게들이 마음에 들었던 거예요. 무언가 차이점이 있겠지 하면서 말이에요. 사실 그 가게들을 보고 '뻔뻔하다'고 할 수도 있어요. 그리고 요즘은 제대로 뻔뻔한 가게들이 정말정말 많이 보이기도 하고요. 동네에서 제일 맛있는 중국집이라고 광고를 하는가 하면 맛없으면 환불해 주겠다고도 해요. 진짜 환불을 해줄까 싶은 생각에 들어가 본 적도 있어요. 얼마 전에는 이제 막 오픈한 치킨집 현수막에서 이런 문구를 봤어요. "1단지 래미안을 접수하러 왔습니다." 이미 버젓이 장사하고 있는 치킨집이 바로 앞에 있는데 당당하게 저렇게 붙여놓았더라고요.

8대 2의 법칙을 많이들 강조해요. 파레토 법칙. 상위 20%가 전체의 80%를 차지한다는 말이죠. 특히나 동네 장사에서 그래요. 그런데 요즘은 어떤가요? 동네 장사에서 동네 사람들로만 먹고살기가 힘들어요. 3km가 넘는 거리로 배달을 가야 하고, 심지어 택배도 보내요. 10km가 넘는 거리에서 포장도 하러 와요. 어디서 보고 오는지 모르겠지만, 누군가에 의해 홍보가 되어 포장하러 온다는 거예요.

8대 2의 법칙과는 반대인 '롱테일의 법칙'에 해당되는 가게들도 분명히 있어요. 80%의 사소한 다수가 20%의 핵심 소수보다 뛰어난 가치를 창출한다는 것. 그러니까 파레토와는 아예 반대되는 개념인 거죠. 동네에서도 이제 롱테일을 무시할 수 없어요. 배달로 커버가 되거든요.

그러니 자기 어필은 더욱 중요해요. 내가 우리 동네에서 돈가스를 제일 맛있게 하고, 짜장면을 제일 잘 만들고, 어디 가서도 뒤지지 않는 김치찌개를 끓인다는 걸 꼭 표현하는 거예요.

제가 예전에 자주 가던 집에 이런 이야기를 해드린 적이 있어요. "사장님, 이 추어탕 너무 맛있어요. 밖에다가 뭐라도 하나 써 붙이세요. 우리 지역에서 최고로 잘한다고 말이에요." 그리고 제가 이사를 하는 바람에 한동안 못 가다가 오랜만에 다시 찾았더니 가게 안에 소심하게 붙여놓으셨더라고요. "추어탕 제일 맛있는 집." 저는 "잘 먹었습니다" 하고 크게 인사하고 가게를 나왔는데 한편으로 아쉬웠어요. 이걸 밖에다가 써붙이면 좋았을 텐데 결국 얼마 가지 않아 식당은 문을 닫았어요. 근방에 대형 프랜차이즈 추어탕집이 들어왔거든요. 그 추어탕집은 뻔뻔하게 "최고의 추어탕!", "특허받은 추어탕!", "7가지 한약 재료를 넣은 추어탕!" 등으로 계속 문구를 바꿔가면서 광고를 하더라고요. 맛은 그럭저럭 있었지만 제 입에는 예전 그 추어탕집이 훨씬 나았어요.

뻔뻔함도 용도만 잘 찾으면 우리가 하는 일에 큰 도움이 돼요. 한양대학교 경영학부 정기인 교수님의 저서 《뻔뻔해야 성공한다》는 출간된 지 거의 10년이 넘은 책인데 지금 봐도 아주 흥미로워요. 책에는 이런 내용이 나와요. "세상은 뻔뻔한 사람이 유리하도록 설계됐다. 뻔뻔한 세상에선 뻔뻔해야 살아남는다." 장사도 마찬가지예요. 뻔뻔함에서 자신감이 나오는 경우가 많거든요.

특히나 배달 시장이 폭발적으로 성장한 지금은 더더욱 그래요. 배달 앱에서 유독 손이 자주 가는 곳은 '뻔뻔한 집'이에요. 특별한 레시피가 있는 것처럼, 어디에서 1등을 찍고 이제 막 우리 동네를 점령하러 온 것처럼, 손님의 클레임에도 당당하게 사과하고 당당하게 어필하는 그런 집에 주문을 하게 된다는 얘기예요.

제가 정말 이렇게 뻔뻔할 수가 있나라고 느낀 가게도 있었어요. 전 어디를 가든 배달 앱을 열어서 그 동네 분위기를 보는 습관이 있어요. 그런데 배달 앱에 사장 본인의 얼굴을 떡하니 박아놓은 가게가 있었어요. 와, 진짜 뻔뻔하다 싶었죠. 그런데 그냥 신뢰감이 생겼어요. 평점도 좋더라고요. 나중에 보니까 배달 용기에도 그냥 '감사합니다'라고 적힌 스티커가 아니라 사장님의 '얼굴 스티커'가 붙어 있었어요. 덮밥에는 남편 얼굴, 샐러드에는 아내 얼굴이 붙어 있었죠. 뻔뻔함의 극치이지만 신뢰도는 상승!

누군가는 그렇게 말해요. "맛이 있으면 다 찾아오기 마련이다. 소란 떨 필요 없다." 물론 맞는 말이에요. 맛이 식당의 본질이니까요. 다만, 살짝, 아주 살짝 조미료를 좀 쳐주는 것도 나쁘지 않아요. MSG를 쓴다고 '나쁜 식당'이라고 부르는 사람은 안 와도 그만이거든요. 솔직히 그런 사람은 안 왔으면 하잖아요. 단, 여기서 중요한 건 굴소스를 쓰면서 MSG를 안 쓴다고 하는 거예요. 그러니까 한마디로 거짓말을 하면 안 된다는 거겠죠. 가령 다른 한방 재료는 하나도 들어가지 않고 고작 오가피 농축액 0.0001%가 들어갔을 뿐인데 과대 포장한다거나, 육수를 직접 우리지 않는데 직접 우린다고 하는 식이죠. 요즘은 워낙 뛰어난 미각을 가진 분들이 많아서 잘못하면 큰일 나거든요.

이런 고민을 하시는 분들도 있을 것 같아요. '난 동네에서 제일 맛있지 않은데…….' '우리 집은 프랜차이즈라서 완전히 천편일률적인 맛인데…….' 아니에요. 거기서부터 시작하면 돼요. 오늘 바로 문구를 생각해 보세요. 배달 앱에 쓸 문구, 가게 앞에 붙일 문구, 메뉴판에 넣을 문구, 우리 동네 온라인 카페 또는 동네 주민들이 볼 수 있는 공간에 당당하게 딱 하고 올릴 수 있는 문구. 우리 집이 최고라고 그렇게 한 번 광고를 해보세요.

이렇게 마케팅을 하기 시작하면 자기 자신이 바뀌어요. 내 말에 책임을 지려고 한다는 말이에요. 그저 손님이 오면 오고 말면 마는 운영을 하다가 스스로 최고라고, 맛있다고, 미친 맛이라고 선언하게 되면 그 선언을 따라가게 되어 있어요. 연구하고, 공부하고, 증명하기 위해서 노력한다는 거예요.

《자기 선언의 힘》이라는 책이 있어요. 거기에는 제가 아직도 가끔 들여다보는 구절이 있죠. "비즈니스에 필요한 능력을 자기선언문으로 만들어 보면 좋다. 인생의 Being이 명확하면 Doing 또한 분명해진다." 즉 내가 만들고 있는 이 음식이 동네에서 제일 맛있어야 많이 팔릴 것이고 그걸 먼저, 미리 손님들에게 선언하면, 이루어질 수 있다는 거예요. 일단 우리 동네에서는 1등을 찍겠다라는 선언이 필요한 거죠.

자기 자신을 낮추지 마세요. 우리 가게를, 우리 음식을, 우리 제품을 낮추는 건 겸손한 게 아니라 자존감, 자신감이 없는 거예요. 오늘이라도 그 맛있는 음식을 사람들이 먹고 환호할 수 있도록 문구를 바꿔보세요. 조금은 강렬하게, 그리고 약간은 뻔뻔하게 말이에요.

장사 2년이 최대 고비다

#미래먹거리 #커스터마이징

우스갯소리로 자영업은 매일매일이 위기이고 고비라고 하지만 정말 힘든 순간이 있어요. 바로 자영업 2년 차입니다. 어찌어찌 1년을 보내고 2년 차에 접어들면 여러 가지 문제들이 발생해요. 매출이 떨어질 수도 있고, 심리적으로 힘든 일이 많이 생길 수도 있거든요.

운전면허자격증을 따고 나서 가장 많은 사고가 발생하는 시기가 바로 2년 차라는 말이 있어요. 초보 때는 정말 주의 깊게 운전을 하지만 2년 차쯤 되면 조심성이 많이 떨어진다는 거죠. 방심하다가 쾅, 자만하다가 쾅. 주차장, 집 앞, 가까운 거리에서 자잘한 사고들이 연달아

일어나는 게 2년 차예요.

장사도 똑같아요. 처음에는 박력 있게 90도 인사를 하다가도 손님들에게 한두 번 상처를 입다 보면 인사도 제대로 못 하는 경우가 허다해요. 배달 리뷰 댓글을 꼬박꼬박 쓰다가도 상처를 한 번 받으면 리뷰 댓글을 달기 싫어지죠.

대부분의 프랜차이즈 계약이 2년이에요. 그래서 프랜차이즈 매장을 운영하시는 분들도 2년이 최대의 고비예요. 장사가 잘되면 '내가 잘해서 잘되는 건데 본사에 돈을 계속 줘야 하나'라는 생각이 들고, 장사가 안 되면 '장사도 안 되는데 물류는 비싸고 로열티까지 줘야 되네'라고 생각하죠.

2년이라는 시간은 꽤 길어요. 내가 좋은 상권을 골라서 좋은 아이템으로 들어갔다고 해도 2년이면 상권이 변할 수도 있고, 다른 경쟁자도 들어올 것이며, 신박했던 아이템은 이미 유행이 지났을 수도 있고, 다른 색다른 아이템이 무수히 쏟아져 나와요. 내 가게를 위협할 만큼 말이에요. 지금처럼만 장사가 잘되면 좋겠지만, 앞으로 2년간의 환경이 지금과 똑같을 거라는 보장도 없죠.

이 2년 차의 고비를 잘 넘기는 사장님들에게는 공통점이 있어요. 바로 미래의 먹거리를 찾느냐, 찾지 않느냐예요. 무슨 뚱딴지같은 소리냐고요? 거대한 기업을 운영하는 것도 아닌데 웬 미래의 먹거리냐고요? 장사도 기업을 운영하는 것과 똑같아요.

미래의 먹거리. 영어로 FCC, Future Cash Cow예요. 미래에 나에게 돈을 벌어다 줄 아이템을 말하는 거죠. 이렇게 말하면 좀 추상적으로 느껴지기에 사례를 들어볼게요.

국수는 배달로 먹으면 맛없다고 생각하시는 분들 계시죠? 그런데 국수 배달에 성공해서 이미 탄탄한 팬을 만든 식당들이 많습니다. 배달을 하면 국수의 맛이 떨어진다는 고객의 생각을 커스터마이징(고객의 요구에 따라 제품을 만들어 주는 일종의 맞춤제작 서비스)으로 날려버렸어요. 고명, 면, 육수를 다 따로 담아 면이 붓는 것을 방지하고, 아예 잘 붓지 않는 면을 개발하기도 했어요. 이걸 미래의 먹거리로 삼았다는 얘기예요.

짬짜면도 같은 맥락이에요. 지금은 어디서든 볼 수 있는 흔한 메뉴이지만 처음 나왔을 당시에는 커스터마이징된 메뉴였다는 말이에요. 처음에 짬짜면 용기를 개발한 사람이 중국집을 다니면서 영업을 했는데 잘 안 팔렸다고 해요. 중국집 사장님들은 커스터마이징이 싫었거든요. 이대로 장사하는 게 편하고 그런대로 할 만했으니까요.

빙수전문점 설빙에서 짜장면, 스파게티, 떡볶이, 볶음밥을 팔고 있다는 사실은 알고 계시죠? 설빙은 왜 이런 결정을 한 걸까요? 교촌치킨이 치킨만 파는 대신 식품 기업으로 거듭나려는 이유는 뭘까요? 전문점이 유일하게 살아남는다는 말은 이제 서서히 힘을 잃어가고 있어요. 미래의 먹거리, 커스터마이징이 필요하다고 느끼기 때문이에요. 이제 하나의 아이템으로는 살아남기 힘들다는 사실을 깨달은 거죠. 그렇다고 이걸 오해해서 카페에서 볶음밥을 팔거나, 짜장면을 팔면 안 돼요. 중심 축이 제대로 갖춰졌을 때 할 수 있는 방법들이거든요.

샵인샵을 잘하는 사장님들을 보면, 남들이 다 하는 그런 아이템이 아니라 사람들이 진짜 원하는 것을 팔아요. 우리 동네 사람들이 원하는 걸 판다는 말이에요. 직접 샘플을 수십 개씩 먹어보고, 이렇게 저렇게 조리해서 품평회까지 하고 나서 론칭을 하죠. 주방 동선까지 완벽하게 기획한 사장님들은 샵인샵으로 돈을 잘 벌고 있어요. 심지어는 이런 기획된 샵인샵 배달 전문 프랜차이즈들도 등장하고 있고요.

정말 작은 학원을 운영하는 친구가 뜬금없이 1년을 투자해서 보드게임 민간 자격증을 취득하더라고요. 돈을 들이면서까지 말이에요. 안 그래도 바쁜 시간을 쪼개어서 왜 저걸 배우나 싶었어요. 나중에는 이 보드게임이 학원 운영의 원동력이 되더라고요. 보드게임은 수학 사고력과 깊은 관계가 있어서 이미 대도시에는 보드게임 전문학원도 생겨나는 추세였는데 지방에서는 전혀 모르고 있었던 거죠. 초등학교 저학년생들이 사고력 보드게임 때문에 학원을 다니다가 결국에는 고등학교를 졸업할 때까지 같은 학원을 다니는 걸 보고 손바닥을 탁 쳤죠. '아, 작은 동네 매장의 미래 먹거리가 바로 저런 거구나' 하고 말이에요.

정녕 아이템으로 승부가 되지 않는다면 고객 응대, 접객으로라도 승부를 봐야 해요. 그것도 힘들다면 인테리어로라도 이겨야 하고요. 마케팅은 사실 그다음 문제예요. 무언가 가치가 있어야 마케팅으로 끌어당기고 그 가치를 입증하면서 오래도록 살아남을 수 있으니까요.

결국 최대의 고비인 2년을 넘긴다면, 그대로 장사할 생각을 하지 말고 계속 변화를 주면서 살아남을 수밖에 없어요. 이제는 버티는 자가 승리하는 게 아니라 방향 전환을 통해 다른 캐시 카우를 가지고 있는 사람이 승리하는 시대로 바뀌었으니까요.

진지하게 폐업을 고민해야 할 때

#폐업고민 #타이밍

〈헤어지지 못하는 여자, 떠나가지 못하는 남자〉라는 노래처럼 폐업을 고민하면서도 결정을 내리지 못해 꾸역꾸역 매장을, 사업을 이끌고 나가는 분들이 있어요. 왜 그런 걸까요? 우유부단해서? 아니면 조금만 더 하면 잘될 것 같아서? 그것도 아니면 투자를 많이 받아 크게 수익이 나지 않아도 걱정이 없어서?

사실, 폐업을 하고 싶은 사람은 세상에 없어요. 하지만 폐업을 해야만 하는 사람들은 있어요. 다음에 해당된다면 하루빨리 폐업을 해야 할 수도 있다고 생각해요.

첫 번째, 들어가는 노동력과 시간에 비해 수익이 현저하게 낮을 때.

얼마 전 모 고깃집에 코칭을 하러 갔다가 사장님께 폐업을 권해드렸어요. 이유는 들어가는 노동력과 시간에 비해 수익이 너무 안 나왔기 때문이죠. 50평 가게의 월세는 부가세를 포함해서 275만 원이었는데 매출은 1000만 원 남짓이었어요. 이번 달이 아니라 6개월 정도 꾸준히 수익이 100만 원 미만이었고요. 하지만 사장님은 폐업 결정을 못 하셨어요. 이유는 조금만 더 하면 매출이 올라올 것 같아서였어요.

그런데 제가 보기에 그 고깃집은 아무런 장점이 없었어요. 아주 평범했고, 주변의 더 작은 고깃집과도 아예 경쟁이 되지 않았죠. 심지어 옆 고깃집은 평수가 25평 남짓인데 매출은 2배 정도 더 나오고 있었어요. 늘 2배는 많은 손님이 자리를 차지하고 있는 게 눈으로 다 보였거든요. 근무시간도 13시간 이상이었고요. 이대로 가다가는 시설권리금도 받지 못한 채 월세는 월세대로, 철거비는 철거비대로 물어야 하는 상황이 오겠다는 생각까지 들었죠. 이제 남은 계약 기간은 1년 6개월 정도. 하루라도 빨리 부동산에 가게를 내놓고 최소한의 권리금이라도 받고 좋은 경험했다 정도로 마무리하는 게 훨씬 이득인 선택이 될 수 있는 상황이었어요.

〈백종원의 골목식당〉을 보면 망해가던 가게가 코칭을 통해서 문전성시를 이루는 장면이 나와요. 하지만 이건 백종원 대표의 코칭과 더

불어 폭발적인 매스미디어 마케팅이 함께 이루어지기 때문에 가능한 일이에요. 고깃집 사장님은 이미 컨설팅을 한 차례 받으셨어요. 전문 컨설턴트가 메뉴와 내부 인테리어에 변화를 줬지만 처음부터 잘못된 콘셉트를 단숨에 확 바꾸기는 쉽지 않아요. 들이는 노동력과 시간에 비해 매출은 나오지 않고 순이익도 월 100만 원 미만. 빠른 판단이 필요한 상황인 거죠.

매출이 현저하게 낮을 땐 폐업하는 것도 방법이에요. 만약 같은 상권의 동종 업종 가게와 비교했을 때 매출이 2배 이상 차이 난다면 빠르게 포기를 하는 것이 맞아요.

두 번째, 식당일이 나와 맞지 않을 때.

얼마 전 이제 막 군대를 제대한 20대 후반의 청년이 '돈을 벌기 위해' 식당을 차린다는 장문의 메일을 제게 보내왔어요. 제가 따로 답변을 드리진 못했는데 1년 정도 지나서 두 번째 메일이 왔어요. 이미 창업을 했는데 '포기해야 할까요'가 메일의 제목이었어요.

식당을 차릴 때 돈을 벌겠다는 목표도 중요하지만 '나와 잘 맞는지'가 더 중요해요. 돈을 벌기 위해 가게를 차렸는데 생각만큼 돈이 벌리지 않으면 정신적 스트레스가 심하거든요. 이때 식당일 자체를 좋아하지 않으면 멘탈이 무너지는 경우가 많아요.

저한테 메일을 보낸 그 청년은 우울증 약을 복용할 정도로 힘들어

했어요. 이 친구는 주방 경력도 있고 나름 공부도 많이 하고 창업했지만 술 취한 아저씨들을 상대하는 일은 견디기 힘들었어요. 일반 프랜차이즈 포차였고, 수입은 월 200만 원선. 미래가 없다는 생각이 든다고 했어요. 그저 회사에 취직하기는 싫고 내 사업을 하고 싶은 생각에 창업을 했지만 포차 일은 적성에 맞지 않았던 거예요.

식당에 유독 이런 사람들이 많은 이유는 식당 창업이 종착지 역할을 하기 때문이에요. 누구나 쉽게 진입할 수 있다 보니 나의 적성은 고려 대상에 없죠. 내 적성에 맞지 않는 일을 하고 있다면 양도양수를 하고 폐업하는 게 맞아요. 이 청년뿐만 아니라 매장을 운영하시는 모든 분들께 드리고 싶은 이야기이기도 해요.

마지막으로 내가 운영하고 있는 이 가게, 매장, 브랜드로 언제까지 먹고살 수 있을지 생각해 보신 적 있으세요?

아내, 남편, 친구에게 고민을 털어놓고 얘기해 본 적은요? 아마 그렇게 많진 않을 거예요. 조금 창피하기도 한 데다 이런 이야기를 꺼내는 건 장사도 잘 안 되고 힘들다는 걸 만천하에 알리는 것이니까요.

그런데 혼자서만 이런 생각을 해서는 안 돼요. 힘들어도 의견을 나누고 조언을 들어야 해요. 내가 하고 있는 이 가게가 앞으로도 괜찮을지, 제3자가 보기에 한번쯤 들르고 싶은 가게인지, 우리 동네에 어떠한 이슈는 없는지, 또 누군가가 나의 경쟁 업체로 들어오지는 않을지.

앞날은 아무도 알 수 없지만 만약 불길한 징조가 보이고 주변에서 이를 객관적으로 조언해 준다면 폐업해야 할 수도 있다는 거예요.

자, 정리를 좀 해볼게요. 내가 들이는 노동력과 시간에 비해 수입이 현저히 낮을 때, 그리고 이건 내 적성에 맞지 않는 업종이라는 생각이 심하게 들 때, 추가로 우리 매장의 매출이 동네 동종 업계 가게보다 2배 이하로 낮을 때도 방도가 없다면 폐업을 하는 게 오히려 나을 수 있어요. '다 잘될 거야'는 희망 회로만 돌리게 하는 악마의 메시지일 수 있어요. 하루빨리 양도양수를 준비해서 타이밍을 놓치지 않고 최대한 출혈을 줄이는 게 좋을 수 있다는 얘기예요. 너무 '팩폭'이라 조심스럽지만 어쩔 수 없어요. 시간이 지나고 보면 그게 그때 잘한 선택이었다고 생각되게끔 만드는 게 제 역할이니까요.

장사는 선택의 연속입니다. 우리는 장사를 하기로 선택하고 시작을 했지만 하루에도 수십 번씩 '아, 언제까지 이걸 해야 되나'라는 생각을 할 수 있어요. 처음 마음가짐이 끝까지 가지 못하는 건 모든 사람이 마찬가지예요. 나만, 여러분만 그런 게 아니에요. 단, 객관적인 사실들을 살펴보고 좀 더 빠른 결정을 한다면 후회 없는 경험이 될 수 있기 때문에 폐업이라는 것을 너무 두려워하지 않으셨으면 좋겠어요. 폐업은 또 다른 시작이고, 또 금방 지나가니까요.

직원이 최고다.
고객은 그다음이다

#직원 #진심경영

불경기임에도 매출이 오르고 순이익도 늘었다는 사장님들을 만나보면 다들 비슷비슷한 이야기를 합니다. 바로 '알바생'에 관한 이야기예요. 얼마 전까지 많이 힘들어하다가 다시금 원상복구가 되고 있다는 온라인 식품 계통의 사장님도 비슷한 이야기를 하시더라고요. 직원들과 알바생들에게 너무 고맙다고 말이죠.

어느 기업의 CEO가 취임하자마자 사규집을 내던졌어요. 출근길에 토끼 분장을 하기도 하고, 점심시간에는 직원들 앞에서 괴상한 복장으로 노래를 하기도 했죠. 심지어는 직원들 대상의 연설회장에 오토

바이를 타고 등장해서 모두를 깜짝 놀라게 하기도 했어요.

그런 그가 늘 입에 달고 사는 말이 "직원이 최고다. 고객은 그다음이다"였어요. 좀 특이하지 않나요? CEO치고는 말이죠. 직원이 총 1만 6000명 정도인 기업이었는데 직원들이 스스로 이런 광고를 내보내기도 했어요. "우리의 이름을 모두 기억해 주시고, 명절날 선물을 주시며, CEO가 아니라 친구가 되어주신 것에 감사드립니다."

정말로 1만 6000명 직원의 이름을 다 기억하고 있는지는 모르겠지만 직원들이 자발적으로 이런 광고를 한다는 것 자체가 CEO에 대한 엄청난 충성심의 표현이죠. 이 기업은 미국의 사우스웨스트항공사예요.

30년 평균 주가수익률 1위, 세계에서 가장 존경받는 기업, 단 한 번의 노사 분규도 없는 곳, 고객으로부터 한 달에 3500통의 감사 편지를 받는 회사. 현재 붙어 있는 수식어만 해도 어마어마하죠. 여기 소개한 CEO의 이름이 허브 켈러허인데 지금은 돌아가셨지만 늘 직원 중심의 경영이 방침이었어요. 그게 결국 고객 만족으로 이어졌다는 평가를 받고 있고요. 솔직히 조금 와 닿진 않죠. 너무 큰 기업이고 외국 사례니까요.

그럼 여기서 와 닿을 만한 제 사례를 하나 말씀드릴게요. 손님 중에 알바생에게 욕을 한 사람이 있었어요. 알바생도 자기가 잘못했다고 인정은 했지만 욕먹을 만큼의 중대한 사안은 아니었어요. 제가 판단했을 때 말이죠.

그래서 손님에게 알바생이 잘못한 부분에 대해서는 재차 제가 사과를 하고, 욕에 대해서는 알바생에게 사과해 줬으면 한다고 말씀드렸어요. 손님은 억울하다는 듯이 팔짝 뛰면서 끝까지 사과는 안 하시더라고요. 결국 상황은 악화되었고, 동네에 우리 가게에 대해서 안 좋은 소문을 퍼뜨리는 일종의 적을 만들게 되었죠. 그런데 우리 알바생은 저한테 '감사하다'고 하더라고요. 나중에 알게 된 사실이지만 손님이 먼저 반말을 했고 알바생이 반말에 대해 조금 언짢은 표정으로 시정을 요구하다가 사건이 일어난 것이었어요. 그 뒤로는 손님들이 반말을 하거나 욕을 하면 아예 내쫓아 버렸어요.

《돈의 속성》으로 유명한 김승호 회장이 SBS 뉴스에 등장한 적이 있어요. 바로 직원 때문이었죠. '손님이 직원에게 잘못하면 손님으로 취급하지 않겠다'는 메시지의 배너를 아주 당당하게 비치해 놓으면서 이슈가 되었던 거예요. 직원도 보호받을 권리가 있다는 거죠. 배너에는 이렇게 쓰여 있었고요.

"우리 직원이 고객에게 무례한 행동을 했다면 직원을 내보내겠습니다. 그러나 우리 직원에게 무례한 행동을 하시면 고객을 내보내겠습니다."

직원은 우리 가게에서 돈을 받고 일하는 급여자의 입장이지만 나의 일을 발전시켜 줄 수 있는 핵심적인 구심점 역할도 해요. 나 혼자서 하지 못하는 일을 해준다는 거예요. 거기에 더해서 그 친구들의 기분이 좋지 않으면 오늘 하루 우리 가게를 방문한 20명의 손님 중에 절반이 떨어져 나갈 수도 있다는 거죠. 잠재고객이 될 수 있었던 고객들인데 말이에요.

여기서 '직원들의 눈치를 보라는 말이냐'라고 반문하실 수도 있어요. 네. 어느 정도는 눈치를 보는 게 맞아요. 다만 '눈치'라는 개념으로 받아들이진 마시고 '진심'이라는 키워드로 바꾸시면 더 좋을 것 같아요. 김승호 회장님이 직원들에게 보인 그 진심처럼 말이에요.

많은 사장님들을 만나면서 제가 물어보는 게 있어요. '장사하면서 가장 힘든 게 무엇이냐'는 거죠. 그러면 다들 '직원 관리'라고 해요. 그래서 혼자 운영하는 가게를 하고 싶다고 하기도 하고 또 그런 이유 때문에 가족들끼리만 운영하는 가게로 탈바꿈하는 사장님들도 많아요. 좋은 직원, 나쁜 직원이 어디 따로 있겠습니까만은 나를 위해 일해주는 사람에 대한 기본적인 존경은 좋은 관계를 위해서라도 반드시 필요해요.

예전에 인천에서 휘귀집을 운영하는 사장님의 멘탈이 아예 무너진 적이 있었어요. 문제는 바로 직원이었어요. 지금 일하고 있는 직원이 아니라 퇴사한 지 6개월이 지난 직원이요. 이쯤이면 대충 눈치를 채셨겠죠. 그 직원이 노동청에 고발을 한 것은 아니에요. 가게에 대한 나쁜 소문을 온갖 SNS에 흘리고 다니는 바람에 여론이 너무나 안 좋았던 것이죠.

지역에서는 꽤 유명했던 가게여서 사장님이 SNS에서 직접 그런 게시물들을 확인하고 난 뒤에 스트레스로 병까지 나셨어요. 소화장애도 심했고 탈모도 생겼고요. 가게 위생, 원가, 사장 갑질, 인간성 등 모든 부정적인 것들을 아주 악의적으로 계속 들먹였거든요. 사실 식당의 위생은 누군가가 의도적으로 안 좋은 소문을 내려면 얼마든지 그럴 수 있는 부분이 있어요. 가령 사진이나 영상 증거가 없더라도 '거기서 일했던 직원이다. 이 식당 위생 최악이다'라고만 해도 사람들의 시선이 달라지니까요. 거기에다 음식물 쓰레기통 사진을 한 장만 찍어 올리면 아무런 문제가 없어도 어렵지 않게 위생 상태를 깎아내릴 수 있어요. 이런 직원들의 행태가 무서워서 직원들에게 잘해주자는 것보다는 우리 내부를 속속들이 알고 있는 게 직원이기 때문에 오히려 직원을 통해 마케팅을 하게 되면 좋은 효과를 볼 수 있다는 점을 말씀드리고 싶어요.

물론 '돈만 많이 주면 된다'라고 하시는 분들이 있어요. 네. 맞아요. 시급이나 월급이 많으면 당연히 좋아하지 않을 사람은 없겠죠. 다만,

돈은 노동 강도와 비례할 수밖에 없어요. 그게 육체적이든 정신적이든 말이에요. 초반에 이야기한 사우스웨스트항공사의 경우 노동 강도는 높고 직원의 급여 수준은 타사에 비해 평균적으로 낮은 축에 속했어요. 그럼에도 직원들의 충성도는 높았죠. 노사 분규도 없었고요.

저가항공사였기 때문에 이익을 많이 낼 수 없는 구조임을 직원들도 이미 알고 있었어요. 허브 켈러허 CEO는 경영상의 이유로 직원을 해고한 경우가 단 한 차례도 없었고, 심지어 911 테러로 항공 산업이 아예 마비되었던 때에도 직원들을 보호하고자 애썼어요. 물론, 큰 기업과 동네 가게를 비교하는 건 적절치 않을 수 있겠죠. 장사가 안 되면 직원을 내보낼 수도 있는 문제고요. 다만, 허브 켈러허 CEO와 김승호 회장이 직원들과의 관계를 그 어떤 것보다도 중요하게 여겼다는 사실은 그들의 책을 보면 충분히 공감하고 느끼실 수 있을 거예요. 두 CEO 역시 금전적으로 직원들을 충족시켜 준 부분이 분명히 있어요. 큰 기업이니까요.

김승호 회장이 직원들에게 벤츠를 뽑아줬다는 일화는 너무나도 유명하죠. 우리가 주목해야 할 건 값비싼 무언가를 주는 것이 아니라 관계의 중요성을 생각하는 거예요. 이 직원 덕분에 우리 가게 매출이 오른다는 사실을 반드시 인지해야 한다는 거죠. 사장님들의 눈에는 보이지 않는 기류가 손님과 직원들 간의 기류거든요.

제가 자주 가는 꼬막집이 있어요. 그곳에 갈 때마다 저는 신이 나요. 그 집은 일하는 아주머니가 정말 엄마 같거든요. 그 아주머니 때문에 간다고 해도 과언이 아닐 정도로 정말 자상하고 푸근하세요. 인상도 좋으시고요. 우리 가게에 100명의 손님이 있다면 적어도 10%, 아니 20%는 직원들 때문에 재방문을 한다고 생각하세요. 그리고 우리 직원이 오늘 밥은 먹었는지, 배고픈 상태에서 일을 하는 건 아닌지, 요즘 표정이 안 좋아 보이는데 이유는 무엇인지 궁금해하고 알아주세요. 그것만으로도 그들은 사장님을 따를 거예요.

SRT 수서역에 가면 제 단골 돈가스 가게가 있어요. 거기 직원들은 활기가 넘쳐요. 메뉴 추천도 정말 잘해주고요. 얼마 전에도 너무 고마워서 웃으며 감사 인사를 하고 나온 적이 있어요. 사장님도 없는 가게의 직원들이 그렇게 활기차게 손님을 반긴다는 건 개개인의 성격과도 관계가 있겠지만 사장님 혹은 매니저와의 관계가 정말 좋다고 생각할 수밖에 없어요.

직원과 알바생은 대체적으로 사장님들보다 나이가 어리고 아직은 견문이 그리 넓지 않아요. 그러니 사회생활을 좀 더 일찍, 많이 해본 입장으로서 사장님이 멘토가 되어주신다면 더할 나위 없이 좋을 것 같아요. 분명히 인생 경험으로 보자면 멘토의 자질을 갖추고 계신 것도 맞고요. 물론, 진상 손님 같은 그런 직원은 애초에 걸러내야 하겠지만 말이에요.

손님을 만족시키기 전에 직원을 먼저 만족시키는 것, 직원과의 관계를 돈독히 만들어 두는 것. 허브 켈러허 CEO와 김승호 회장의 사례를 보더라도 우리가 배울 게 많습니다. 결국 손님 끌어당김의 법칙에서 가장 선두에 있는 것은 직원일 테니까요.

"기억에 남는 식사가 있나요?"

#퍼포먼스 #스토리

누구나 한 번 왔던 손님이 또 왔으면 하는 바람을 가지고 장사를 해요. 동네 장사에서 단골이 가지는 의미가 크기 때문이죠. 한 번 왔던 손님이 또 온다는 건 분명히 우리 매장이 마음에 들었다는 거예요. 새로운 손님을 오게 하는 비용보다 손님을 재방문하게 하는 비용이 7배나 저렴하다는 연구 결과는 이미 널리 알려져 있죠. 그렇다면 한 번 온 손님을 다시 오게 하는 방법에는 어떤 것들이 있을지 우리는 늘 생각해 봐야 돼요.

《왜 맛있을까》의 저자 찰스 스펜스는 '음식은 혀가 아니라 뇌가 맛보는 것이다'라고 했어요. 찰스 스펜스는 옥스퍼드대학교 통합감각연구소 소장이자 괴짜 과학자들의 노벨상이라 불리는 '이그노벨상'을 수상한 적도 있어요. 스타벅스, 네슬레, 하겐다즈에서 1순위로 꼽는 요식 연구개발 파트너로도 유명하고요.

제가 찰스 스펜스의 이야기를 자주 꺼내는 이유는 손님을 다시 오게 하는 방법에 대해 가장 많이 알고 있는 인물이 아닐까 해서예요. 그의 책을 보면 국내 사정으로는 이해가지 않는 내용도 많지만 알짜배기로 뽑아 먹을 수 있는 것들이 많거든요. 그래서 그 내용을 토대로 이야기해 볼까 해요.

사람들은 '퍼포먼스'를 기억하고 다시 식당을 찾아요. 우리는 살면서 기억에 남는 식사를 그리 많이 하지 못해요. 당장에 "어제 점심때 뭘 먹었어?"라고 물어보면 다들 "아……" 하면서 바로 대답하지 못하죠. 기억에 남아 있지 않거든요. 그런데 "주말에 가족들과 무슨 외식을 했어?"라고 물으면 "아, 새로 생긴 갈빗집에서 양념갈비를 먹었어" 하고는 곧장 떠올려요. 이 차이가 바로 퍼포먼스예요.

"엥? 갈빗집에 별다른 퍼포먼스는 없었는데"라고 하시겠죠. 맞아요. 식당의 퍼포먼스는 없었지만 내 상황이 퍼포먼스였어요. 평소 매일 동료와 함께하던 식사가 아니기 때문이죠. 즉 기억에 남는 식사란 '평소 같지 않은 식사'를 의미해요. 무언가 특별한 게 아니고요. 그럼 좀 더 구체적으로 진짜 우리가 할 수 있는 퍼포먼스에는 어떤 게 있는지 한번 알아볼게요.

찰스 스펜스의 가까운 지인이 실험을 하나 했어요. 식사를 제공하고 1, 2주 뒤에 손님들에게 연락을 해서 식사가 어땠는지 물어본 거죠. 솔직히 1, 2주면 거의 다 잊어먹는 게 보통일 거예요. 역시나 '식사가 맛있었다'면서도 '특별히 기억나는 건 없다'는 답이 많았어요. 그런데 여기서 중요한 것이 있어요. 그중에서도 기억에 남는 장면을 설명하는 손님들이 있었다는 거예요. 그 장면은 바로 음식이 서빙되고 나서 그 자리에서 향신료를 뿌려주는 것이었어요. 손님들은 나머지는 다 기억나지 않아도 이것 하나만큼은 기억하고 있었어요.

우리의 기억을 더듬어 보면 머릿속에서 어렴풋이 기억나는 식당이 있을 거예요. 그런데 그런 식당들은 퍼포먼스가 있었다는 공통점이 있어요. 서빙된 소고기에 무언가를 뿌리더니 불쇼를 보여줬다든지, 오마카세집에서 셰프가 정성스럽게 만 초밥을 직접 입에 넣어줬다든지, 참치집에서 참치 눈물주를 셰프가 손수 따라줬다든지, 바로 눈앞에서 고기를 익혀서 듬성듬성 썰어줬다든지 등등. 머릿속으로 기억을 떠올려 보면 이런 퍼포먼스가 있는 식당은 기억이 잘 나지 않나요?

일반 음식점에서는 이런 퍼포먼스를 하지 못하는 것 아니냐고요? 아니에요. 찰스 스펜스 역시 이 점에 대해서 강하게 이야기해요. 바로

'음식 설명'이 퍼포먼스가 될 수 있다는 거예요. 음식에 대해 직접 설명하는 게 가장 좋지만 정 힘들다면 벽이나 메뉴판, 아니면 개인 테이블보에 써두는 거예요. 그것도 힘들다면 음식이 서빙될 때 관련 인쇄물을 주고요.

지금은 없어졌지만 망원동에 '엘디오스'라는 아주 작은 카페가 있었어요. 테이블이 2개였나 그래요. 커피가 나올 때 명함 같은 것을 한 장 줘요. 바리스타의 전문성을 쉽게 느낄 수 있는 퍼포먼스를 하는 거지요. 그의 경력, 메뉴에 대한 설명, 철학 등등을 적어서요. 저는 이걸 책갈피로 지금도 쓰고 있어요. 그때의 그 커피 맛을 잊지 못하고 있기도 하고요.

'스토리텔링'으로도 많이 기억해요. 이제 지겨울 정도로 많이 듣는 말인 스토리텔링. 하지만 여전히 어디서 어떻게 시작해야 할지 모르겠다고 어려움을 호소하시는 분들이 많아요. 제가 최근에 진행한 교육에서 이렇게 설명을 하니까 아주 쉽게 이해된다고 하시더라고요. '스토리텔링은 고개를 끄덕이게 만드는 것이다.'

매장이 오래되거나 희귀한 식재료를 사용하거나 셰프의 경력이 화려해야만 스토리텔링을 할 수 있는 게 아니에요. 단지, 손님들이 '이해할 정도의 이야기'만 있으면 돼요.

제가 가끔 가는 카페가 있어요. 두 아이의 엄마가 운영하는 아주 평범한 곳이죠. 제가 그 카페의 스토리를 알게 된 건 카페에 걸려 있는 스토리보드판 덕분이에요. 그냥 동네에 있는 작은 카페라고만 생각했는데 이 사장님은 스토리의 중요성을 알고 카페의 이야기, 자기의 이야기를 적어놨어요.

이렇게 이야기하면 "아, 그거 만들려면 돈이 100만 원 이상 나가잖아요"라고 하시는 분들이 있을 거예요. 그래서 일전에 제가 다녀왔던 노원구 상계동 감동식당의 스토리를 말씀드리면, 그냥 현수막으로만 표현을 했어요. 이렇게만 해도 충분히 동네 사람들은 이 매장의 스토리를 알 수 있거든요. 저희 B2K Branding이 오래전에 컨설팅했던, 두 명의 여성 셰프가 운영하는 인천의 감성연어는 메뉴판에 스토리를 짧게 추가함으로써 손님들이 무조건 읽게 만들었어요. 오래도록 인식되기 좋은 방법을 구사하고 있는 거예요.

찰스 스펜스는 스토리에 대해서 "이야기와 내러티브를 제공하면 손님은 전체 경험을 분석하거나 한 덩어리로 모으게 된다"라고 했어요. 이렇게 덩어리가 모이는 것 자체가 기억에 쉽게 남는다는 뜻이에요. 조각조각 나 있는 파편들보다는요. 여기서 내러티브는 약간은 서사적인 이야기라고 해석하면 좋아요. 스토리보다는 좀 더 상위 개념이죠.

'무드와 음악'도 중요합니다. 조금 뻔하게 들릴지 모르지만, 친절을 이야기하는 것보다는 찰스 스펜스가 강조하는 '무드와 음악'이 실질적으로 더 도움이 되지 않을까 싶어요.

사실, 무드는 인테리어가 이미 끝난 상황에서는 크게 바꿀 수가 없어요. 다만, 소품과 조명, 무드등이나 오브제들을 통해서 어느 정도 커버가 가능해요.

예를 들어 음악만 바꿔도 달라져요. 최신 가요를 틀어놓는 매장들이 많은데, 최신 가요는 빠른 템포와 느린 템포가 섞여 있고, 가끔은 랩이 나오고 발라드도 나오는 등 다 제각각이잖아요. 이게 어울리는 매장은 그렇게 많지 않아요. 햄버거 가게에 클래식 음악을 틀면 햄버거가 맛있지 않은 것과 같은 맥락이에요.

정말 디테일한 프랜차이즈 본사들은 음악까지 신경 써요. 그래서 본사에서 전 지점의 음악을 틀어주기도 하고, 그날의 날씨나 상황에 따라서 선곡 리스트를 주기도 하죠. 무드와 음악이 재방문과 어떤 관련이 있는지도 찰스 스펜스의 이야기에서 힌트를 얻을 수 있어요. '무드와 음악이 반대인 곳은 식사를 하면서 이미 스스로에게 재방문 약속을 하지 않는다'는 거죠. 즉 대부분의 손님들이 스스로 무드와 음악에 대한 평가를 하고 있는 거예요. 무의식 속에서 말이에요.

바를 하는 사람들과 이야기를 하다 보면 재미있는 에피소드를 들을 수 있어요. 가장 기억에 남은 건 바 사장님이 취하면 손님들도 취한다는 거였어요. 어떤 인과관계가 있는지 물었더니, 본인이 취하면 음악에 심취해서 음악을 좀 더 크게 튼다는 거예요. 그러면 손님들도 덩달아서 술을 더 많이 마시는 것 같다고 하더라고요. 이건 미국에서 실시된 한 실험 결과에서도 드러난 사실이에요. 《왜 맛있을까》에 관련된 실험 결과가 나와요. "바에서 음악 소리가 22% 커지면 손님들은 26% 더 빨리 마신다"고 말이에요.

매일매일의 식사를 기억에 남길 수는 없겠죠. 하지만 매장과 어울리고 음식과 결이 맞는 서비스와 한 몸이 된다면 시너지가 발생하게 되어 있어요. 우리 가게에 어울리는 퍼포먼스는 어떤 게 있을지, 스토리는 어떻게 만들 수 있을지 꼭 한번 고민해 보시는 시간을 갖기를 바랍니다.

부록

장사 권프로의 족집게 장사 과외

자영업자 필수,
일의 효율을 높여주는 13가지 툴

1. 미리캔버스

장사를 하다 보면 각종 포스터, 메뉴판, 이벤트 전단 등 그래픽 작업을 해야 할 때가 많아요. 그때마다 디자이너나 업체에 맡기게 되면 부담이 되기 때문에 직접 디자인을 하면 좋아요. 포토샵을 이미 할 줄 안다면 다행이지만 어디 포토샵이 쉬운가요? 미리캔버스는 쉽게 디자인 작업을 하도록 도와주는 사이트예요. 직관적이고 인터페이스도 간편해요. 각종 템플릿도 많고 식당이나 미용실 또는 학원 등을 하시는 분들이 사용할 수 있는, 이미 만들어 놓은 포스터나 전단도 있어요. 프로그램을 설치하는 개념이 아니라 인터넷에 접속해서 웹에서 바로 작업이 가능하기 때문에 언제 어디서나 손쉽게 디자인 작업을 할 수 있어요.

2. remove.bg

이미지의 '누끼'를 자동으로 따주는 곳이에요. 그러니까 이미지의 배경을 완벽하게 없애주는 곳이라는 뜻이에요. 지저분한 배경을 없애고 알맹이만, 내가 원하는 이미지만 사용하고 싶을 때 이용하시면 돼요. 단, 좀 더 높은 해상도의 원본 이미지를 원하면 유료결제를 해야 돼요. 뭐, 저도 무료로 충분히 잘 사용하고 있기 때문에 진짜 해상도 좋은 이미지가 필요하지 않은 이상 그냥 사용하시면 돼요. 음식 사진의 누끼가 진짜 기가 막히게 따집니다.

3. 상권정보

벌써 10년이 넘게 서비스되고 있지만 아직도 모르시는 분들이 많아요. 상권정보를 이용하면 실제 데이터를 통해 많은 것을 유추할 수 있어요. 동네마다 업종별 평균 매출이라든지 혹은 상권의 다양한 형태, 유동인구 등도 파악할 수 있고요. 지금 당장 우리 가게 주소를 한 번 넣어보세요. 우리 동네의 상권이 어떤지 과거 데이터를 볼 수 있고 어느 연령대가 어느 정도의 소비를 하고 있는지까지 알 수 있거든요. 물론 어렵다면서 사용하지 못하시는 분도 있는데 유튜브에 '상권정보시스템'이라고만 쳐도 사용법이 아주 상세히 나와 있어요.

이곳 외에도 무료로 상권을 분석해 주는 곳이 더 있어요. 서울은 '서울시 상권분석 서비스(golmok.seoul.go.kr)'가 좀 더 디테일하다고 보시면 되고 경기도는 '경기도 상권분석영향분석시스템(sbiz.gmr.

or.kr)'을 같이 이용해 보시면 좋아요.

4. EBP 손익분기점 계산 엑셀 서식

자영업계에서는 이걸 활용하는 곳이 거의 없더라고요. 스타트업이나 일반 기업에서는 이런 서식들을 참 많이 활용해요. 우리 매장의 데이터를 집어넣으면 손익분기점을 자동으로 계산해서 보여줘요. E.B.P는 Estimated Business Profit의 약자인데 '추정사업이익'으로 해석하면 돼요. 카카오에서 '똑사모' 또는 '똑똑한 사장들의 모임'으로 검색해서 친구 추가를 하게 되면 자동으로 다운로드할 수 있도록 메시지가 와요. 야간(오후 8시 55분 ~ 다음 날 오전 8시)에는 파일 전송 메시지가 오지 않으니까 그냥 기다리셨다가 오전에 메시지가 오면 다운로드받으세요. 엑셀 원본 서식으로 제공되기 때문에 우리 매장에 맞게 직접 수정도 가능해요.

5. 오픈업

다른 매장의 매출이 궁금하세요? 오픈업을 이용해서 추정해 보세요. 물론, 추정치이긴 하지만 꽤나 정확해요. 실제로 매출을 알고 있는 매장들을 여러 군데 확인해 본 결과 90% 이상 일치했어요. 빅데이터 기반이라서 100% 정확하지는 않지만 90% 이상의 정확도라서 매우 유용해요. 간략한 상권 분석, 배달 관련 깃발 최적화, 해당 상권에서 창업 할 때의 임차 비용 역시 유추해 볼 수 있어요.

6. 소상공인 지식배움터

소상공인 지식배움터는 예비 창업자뿐만 아니라 기존 자영업자들에게도 아주 유익한 교육 영상을 제공하고 있어요. 현장교육도 있지만 최근에는 대부분이 온라인으로 바뀌면서 방대한 양의 영상들이 카테고리별로 분류되어 있지요. 경영, 마케팅, 법률, 프랜차이즈 및 전통 시장 등등이 거의 총망라되어 있다고 보시면 돼요. 특히 정부정책과 관련된 강의는 '소상공인 지식배움터'가 가장 빠르고 정확해요. 아무래도 정부기관이기 때문에 그렇겠죠. 특히 소상공인 전자도서관에서 매달 무료로 전자책 2권을 읽을 수 있다는 것도 매력적이고요.

7. 서울시 자영업지원센터

서울시 자영업자들에게만 오픈되어 있는 공간이 아니에요. 전국에 있는 모든 자영업자들이 사용할 수 있다는 거죠. 로그인하지 않아도 물론 사용이 가능하고요. 사업계획 체험, 경영성과 체험, 손익분기점 체험, 창업적성 체험, 사업자 적성검사 등을 다양하게 활용해 볼 수 있는 곳이기 때문에 한번쯤은 방문해서 체크해 보시면 도움이 될 거예요.

8. 경기도자영업아카데미

소상공인 지식배움터 못지않은 교육 영상을 제공하고 있어요. 경기도 자영업자들만 볼 수 있다고 생각하시는 분들이 있는데 누구든 가입만 하면 영상 시청이 가능해요. 창업, 성장, 공통역량, 폐업 및 재창업 등 다양한 카테고리에 맞춰서 내게 필요한 교육 영상을 골라 보시면 돼요. 그 외 지식 콘텐츠에도 총 500여 개의 영상들이 있기 때문에 시간만 확보된다면 충분히 공부할 수 있어요.

9. 네이버 비즈니스 스쿨

자영업 마케팅 중 가장 효과적이고 핵심적인 것이 네이버 플레이스 아닐까 싶어요. 큰돈을 들여서 마케팅을 배우시는 분들이 많은데, 기초 교육 및 기본기가 되어 있지 않으면 다른 교육이 어려울 수밖에 없어요. 네이버 비즈니스 스쿨은 네이버에서 직접 만들어 관리하는 곳이기 때문에 그 어느 곳보다 교육의 질이 높고 정확해요. '뇌피셜'이 아닌 실제로 도움이 되는 내용들로만 구성되어 있고요. 만약 네이버 플레이스가 처음이라 낯설다면 여기서 기초 교육을 하는 것만으로도 매장의 기본 마케팅은 충분해요.

10. 마케팅 1번가

여러 가지 키워드 분석, 트렌드 및 조합 등을 제공해요. 자영업자에게 가장 유용한 것은 '플레이스 순위'예요. 입력만 하면 우리 매장의 플레이스 순위를 알려주거든요. 500위까지는 조회되니 우리 매장이 어떤 키워드에 몇 등으로 표시되는지 궁금할 때 간단하게 조회해 보세요.

11. 블랙키위

키워드 분석 툴 중에서는 가장 업데이트가 빠르고 관리가 잘되는 곳이에요. 인터페이스와 사용성이 좋다 보니 많은 광고 전문가들도 이곳을 활용하지요. 무료로도 사용이 가능하지만 베이직, 스탠더드, 프리미엄 등급으로 이용료를 내면 좀 더 디테일한 데이터 접근이 가능해요. 매장 1개를 운영하는 자영업자이면서 직접 마케팅을 한다면 월 1만 2000원인 베이직을 이용하면 충분해요.

12. M자비스(카카오톡 채널)

여러 키워드를 조회해 볼 수 있는 카카오 채널이라고 생각하시면 돼요. 따로 인터넷 창을 켜지 않고 카카오톡 대화창으로 검색이 가능하기 때문에 간편하다는 장점이 있어요. 동시에 여러 키워드의 월간 조회수도 알 수 있고, 세부 키워드, 파워링크 단가, 키워드 상위 노출 블로거도 대화창 안에서 모두 조회해 볼 수 있어요.

13. 어도비 라이트룸 앱

라이트룸은 사진 보정을 할 수 있는 어플이에요. 아마 그런 경우 많으셨을 거예요. 분명히 내가 찍으면 맛있게 나오지 않는데 인플루언서들은 어떻게 저렇게 맛있는 사진을 잘 찍을까 하는 경우요. 그들은 색감 좋은 카메라나 스마트폰을 쓰기도 하지만 대부분은 후보정 작업을 해요. 여러 가지 어플들이 있지만 저는 라이트룸을 적극 추천하는 편이에요. 일단 무료이기도 하고(유료 버전이 있지만 굳이 사용할 필요가 없어요) 간단하게 밝기와 텍스처만 만져줘도 사진이 달라지거든요. 보정 실력에 따라 차이는 있겠지만 그냥 찍은 사진과는 비교도 되지 않게끔 먹음직스럽게 표현이 돼요.

쉽고 빠르게 적용하는 9가지 식당 마케팅 전략

1. 객단가를 높이는 전략

객단가는 우리 매장에 오는 손님 1명이 구매하는 금액이라고 생각하시면 돼요. 만약에 1인 전문 식당을 운영하고 메뉴 가격이 1만 원이라면 객단가는 평균 1만 원이 되겠죠. 술집이고 여러 명이 동시에 오는 경우가 많으며 안주 가격이 평균 2만 원대라면 객단가는 1만 원이 훌쩍 넘어가고요.

한마디로 이 객단가가 높아야 매출이 늘어나고, 매출이 늘어나야 수익이 발생하는 거죠. 하지만 객단가를 높이기는 참 힘들어요. 왜 그럴까요? 네. 맞아요. 무조건 비싸게만 판다고 되는 건 아니기 때문에 그래요. 여러 가지 면에서 균형을 맞춰야, 합리적으로 소비하는 손님들까지도 우리가 끌어들일 수 있거든요.

매장에서 하는 프로모션을 보면 객단가를 높이는 전략들이 다양하게 이용되고 있어요. 실제 우리 주변에서 사용되고 있는 사례를 말씀드려 볼게요.

친구와 중국집에 갔어요. 저는 짬뽕을 좋아해서 짬뽕을 주문하고 친구는 간짜장을 주문했어요. 짬뽕이 8000원, 간짜장이 8000원, 합이 1만 6000원인데, 이상하게 중국집에만 가면 탕수육이 그렇게 당겨요. 그래서 탕수육을 주문하려고 보니 '소짜'가 1만 8000원이에요. 여기서 고민을 하게 되죠. 1명의 식사 가격이 8000원인데, 탕수육 하나가 1만 8000원, 게다가 '다 먹을 수 있을까?'라는 손해에 대한 심리적 방어기제가 발동하는 거죠. 그런데 이 자리는 제가 친구에게 밥을 사준다고 만난 거란 말이에요. 친구에게 카메라를 빌려 쓴 것이 고마워서 한 끼를 대접하는 것이기 때문에 극심한 고민에 빠지게 돼요. 간짜장 한 그릇만으로는 고마움을 표현하기에 다소 부족한 느낌을 저 스스로도 받으니까요.

이때 만약에 '미니탕수육 1만 원(점심시간 특별 제공)'이라는 메뉴가 있다면 어떨까요? 이런저런 고민 없이 바로 주문을 하겠죠. 객단가는 5000원씩 올라서 1인당 1만 3000원이 되고요. 저희만 이 탕수육을 주문할까요? 아니죠. 점심식사를 하러 온 사람들 대부분은 '점심시간에만 제공'되는 미니탕수육을 주문할 것이고, 중국집의 객단가는 평균적으로 많이 올라갈 거예요. 실제 많은 중국집에서 활용하고 있는 사례죠. 손님들이 고민하고 있는 부분을 적절히 파악해서 니즈를 해결하는 메뉴를 출시하는 것. 이게 바로 객단가를 올려주는 하나의 프로모션 방법이에요.

2. 미끼 메뉴를 활용해 판매율을 높이는 전략

먼저 객단가를 올리는 방법을 알아봤는데요, 아예 손님이 들어오지 않는다, 유입 자체가 안 된다라고 하시는 분들도 있어요. 그래서 준비한 내용이 '미끼 메뉴'에 관한 거예요.

낚시를 할 때 미끼를 주고 고기를 낚잖아요. 같은 개념이에요. 물론, 이게 과하면 '낚였다'라는 소리를 들을 수 있기 때문에 적절한 미끼 메뉴를 설정해야 해요. '균형' 있게 설계를 해야 한다는 거예요.

실제로 자주 쓰이는 미끼 메뉴의 사례를 한 번 말씀드려 볼게요. 제 조카는 이제 스무 살이에요. 대학교에 입학해서 여자 친구도 만들고 아주 재미난 캠퍼스 생활을 하고 있어요. 여자 친구와 만난 지도 100일이 다 되어가서 100일 기념 선물을 사고 데이트도 해야겠다고 생각했어요. 식사도 조금은 특별하게 하고 싶었어요. 그래서 생각해 낸 게 바로 스테이크였어요. 그런데 스테이크집을 예약하자니 가격이 너무 비싼 거예요. 고민 고민하던 찰나 어느 스테이크집 앞에서 메뉴를 보게 돼요. "커플 세트 프리미엄 스테이크 50% 할인 1인 2만 5000원." 다른 스테이크집보다 2배나 저렴해서 "이거다"를 외치고 가게 분위기를 스캔했어요. 그래도 명색이 100일 기념인데 있어 보이는 곳을 가야 되잖아요. 결국 이것저것 점검한 결과 인테리어 합격, 가격 합격, 맛은 사람들의 리뷰를 보니 나쁘지 않아서 예약을 하고 100일 당일날 방문을 했어요.

1인당 2만 5000원짜리 스테이크는 맛이 괜찮았어요. 서비스도 훌륭해서 만족했죠. 스테이크를 주문하고 서버님이 추천해 준 기념일에 할인되는 와인도 함께 주문했어요. 와인의 원래 가격은 3만 8000원인데 기념일 커플 세트 프리미엄 스테이크를 주문하면 50% 할인, 1만 9000원이 할인되었어요. 맛도 괜찮았고요.

자, 여러분 눈치채셨나요? 네. 맞아요. 스테이크 미끼 메뉴로 유입된 커플이 총 소비한 금액은 6만 9000원. 1인당 4~5만 원이 넘어가는 비싼 스테이크 가격 때문에 문턱이 높았는데 2만 5000원짜리 미끼 메뉴로 매장을 쉽게 방문하게 했어요. 거기다가 와인을 주문할 수밖에 없는 구조로 짜여 있었어요. 보통 우리는 이걸 '크로스셀링(이미 구매한 상품 및 서비스와 관련하여 유사하거나 보완적인 다른 상품이나 서비스를 제안해 구매 범위를 넓히는 것)'이라고 불러요. 실질적인 세트 메뉴는 아니지만 세트로 주문할 수밖에 없게 만드는 거죠. 커플 세트 프리미엄 스테이크를 주문하면 50%, 1만 9000원이나 할인되는 와인이니 주문 안 할 수가 없겠죠.

이 스테이크집은 미끼 메뉴 하나로 3가지를 얻었어요. 첫 번째는 테이블 단가가 5만 원 정도인 손님을 받았고 앞으로도 계속 신규 손님이 들어올 거예요. 두 번째는 와인까지 곁들여 할인을 해주기 때문에 테이블 단가는 5만 원에서 끝나는 게 아니라 6만 9000원으로 껑충 뛰어올라 갔어요. 마지막 세 번째는 한 번 이곳을 경험해 본 손님들은 2만 5000원짜리 스테이크만이 아니라 3만 원, 4만 원짜리 스테이크도 충분히 먹을 수 있고, 또 재방문을 함으로써 판매율이 전체적으로 올라갈 거예요.

이처럼 미끼 메뉴는 가게에 들어오지 않을 손님을 들어오게 해요. 그렇게 일단 들어온 손님에게는 크로스셀링, 업셀링(기존 구매한 상품이나 서비스와 관련하여 추가적인 상품이나 업그레이드 옵션을 제안해 구매액을 늘리는 것)형태로 테이블 단가를 높이는 전략을 쓰면 판매율이 올라갈 수밖에 없어요. 여기서 말하는 업셀링은 예를 들어, 50% 할인된 2만 5000원짜리 프리미엄 스테이크를 보고 들어갔지만 5000원을 추가하면 리코타치즈 샐러드를 준다든지, 품질이 더 좋은 고기를 준다든지, 가니쉬를 더 풍성하게 준다든지, 식전 샐러드를 고급으로 업그레이드해 준다든지 하는 걸 의미해요. 패스트푸드점에서는 1000원만 더 내면 감자튀김이나 콜라의 양을 더 풍성하게 주잖아요. 같은 개념이라고 생각하시면 돼요.

3. 뇌를 속이는 가격 설정 전략

자, 그럼 지금부터는 메뉴를 활용하는 프로모션 전략 중 마지막인 '가격 설정 전략'에 대해서 알아볼까요? 가격 설정 전략의 중요성은 어마무시해요. 이것 때문에 판매율이 올라가다가도 내려가고, 내려가다가도 올라가니까요. 아주 쉬운 예를 하나 들어볼게요.

어떤 카페에 가면 가격이 6000원이 아니라 0.6이라고 적혀 있어요. 이것도 어떻게 보면 하나의 가격 설정 전략에 속해요. 따지자면 가격 표기 방식을 바꾼 거죠. 2만 원짜리를 1만 9900원에 파는 것도 같은 맥락이에요.

'단수 가격 전략'이라고 해요. 자본주의 사회를 살아가는 인간은 '돈'이라는 단어를 듣게 되면 경제적 자유를 누리고 있지 않은 이상 우선은 '손해 보지 않겠다'라는 마음이 은연중에 들어요. 그러다 보니, 최대한 '돈'이라는 단어가 떠오르지 않게끔, '소비'와 관련된 단어가 떠오르지 않게끔 가격을 표시하는 거예요. 2만 원짜리 상품도 1만 원대로 표시해서 저렴하게 보이는 효과를 내고요.

또 하나의 사례로는 개수를 활용한 메뉴들이 있어요. 이를테면 꼬치나 호두과자 등등이요. 만약에 꼬치 3개에 9000원이라고 하면 1개에 3000원이라는 게 바로 머릿속에서 계산이 되잖아요. 이렇게 개당 가격이 얼마인지 머릿속에서 바로바로 계산하지 못하도록 가격 설정을 하는 것이 중요해요. 3개에 9000원이 아니라 9200원, 8700원이라는 식으로 말이에요. 호두과자도 마찬가지겠죠. 20개에 2만 원이라고 하면 개당 1000원이 되잖아요. 그러지 말고 20개를 17개로 줄인다든지, 아니면 20개에 2만 1700원으로 가격을 바꾸는 거예요. 이런 가격 설정 전략은 업종마다, 매장마다 적용하는 방법들이 다양해요.

세트로 주문하게 되면 가격을 할인해 주는 것도 있죠. 이때 중요한 건 가격 할인이 아니라 세트의 구성이에요. 예를 들어 마진이 많이 남는 품목 2개와 마진이 별로 남지 않는 품목 1개를 섞어서 할인을 해주게 되면 사 먹지 않을 제품도 사 먹게 됨으로써 마진이 높아지는 구조로 가는 거죠. 마진이 많이 남지 않는 메뉴와 마진이 많이 남는 메뉴가 합해지면서 서로의 마진 평균값이 균형을 맞추게 되고요. 균형을 맞추어서 품질도 높이고 마진도 동시에 가져가는 개념이에요.

카테고리별로 메뉴의 구성을 3가지로 해놓고 고가, 중가, 저가로 표기하는 전략도 자주 사용돼요. 비싼 것부터 나열하면 사람들은 항상 '대안'을 찾기 마련이라서 중가를 선택하는 비중이 높아지는 거죠. 고가와 중가의 가격 차이는 1.7~9배, 중가와 저가의 가격 차이는 1.2~3배 정도로 측정하면 중가의 메뉴가 많이 팔릴 수밖에 없어요. 기본적으로 인간의 뇌에는 항상 대안을 찾음으로써 살아남았던 DNA가 남아 있으니까요.

4. 쿠폰, VIP 제도 등을 활용한 재방문 전략

최근 카페들이 우후죽순으로 늘어나면서 쿠폰, VIP 제도 등을 아주 잘 활용하고 있는 곳들이 많아졌어요.

사무실 밀집 지역의 한 카페는 반경 100m 안에 카페가 10개 이상이에요. 그래서 적립을 무려 20%씩 해주면서 순조롭게 운영해 나가고 있어요. 저도 얼마 전에 거기를 한 번 갔다 왔어요. 그랬더니 그 주변에 가게 되면 다른 카페에는 잘 안 가게 되더라고요. 적립을 20%나 해주니까 말이에요. 제가 그때 결제했던 금액이 2만 원이 조금 넘었는데 4000원 이상 적립됐어요. 물론, 이런 적립 포인트를 사용할 때에는 구매 금액의 50%를 넘지 않게끔 규정을 정해놓는 것도 중요해요. 포인트를 다 써버리면 다시 안 올 수 있기 때문이죠. 포인트가 남아 있어야 재방문율도 올라가니까요.

카페든 음식점이든 경쟁이 심화되다 보니 계속해서 손님에게 혜택을 주고 우리 매장을 익숙하게 만드는 전략들이 갈수록 중요해지는 것 같아요. 그래서 VIP 제도를 활용하는 곳도 있어요. 어느 정도 구매 금액을 넘어서게 되면 전체적인 메뉴의 가격을 할인해 준다든지, 구매 금액에 따라서 무료 외식 상품권을 주는 곳도 있어요. 술집 같은 경우 자주 오는 손님에게 전용 잔을 마련해 준다든지, 단골들에게만 서비스되는 일종의 특별 혜택 프로모션도 진행해요. 일반 식당은 아까 말씀드렸던 포인트 적립을 통해 방문을 촉진하는 경우가 많고요. 실제 대부분의 프랜차이즈 매장들의 경우 테이블 오더를 통해 적립해 주거나 카카오톡 채널 친구 추가를 통해 쿠폰을 발급해 주면서 단골들에게 주는 혜택들을 늘려나가고 있어요. 일반 개인 브랜드를 운영하시는 분들도 적립 프로그램을 도입하거나 네이버 플레이스 쿠폰을 발행하면서 단골 관리를 하고 있고요.

5. 고객의 재방문을 끊임없이 유도하는 전략

무료 쿠폰과 VIP 전략 외에 고객의 재방문을 유도하는 전략들도 한 번 알아볼게요. 가장 대표적인 것이 '바운스 백'이에요. 말 그대로 공이 튀어 오르는 것을 뜻하는데, 무언가를 구매했을 때 또다시 혜택을 줌으로써 계속 방문하게 만드는 전략이에요. 속된 말로 '개미지옥'이라고도 표현하죠. 한 번 빠지면 멈출 수 없도록 끊임없이 혜택을 주는 거예요.

무료 쿠폰을 나눠주는 개념이 아니라 구매했을 때 얻게 되는 혜택이라고 보시면 돼요. 이는 프로모션이라기보다는 상시로 하는 '행사'의 성격이 강한데 보통 우리는 이걸 '록인 전략'이라고 불러요. 잠가놓는 거죠. 앞서 이야기했던 카페의 경우도 20%를 적립시켜주면서 계속 포인트를 쌓고, 또 쓰게 하면서 록인 전략을 펼치고 있는 거예요.

한 코다리 브랜드의 경우 주 타깃 고객이 40대임을 감안해서 20대의 젊은 손님들이 오게 되면 '1만 원 할인 쿠폰'을 제공해요. 모두에게 주는 게 아니라 잘 오지 않는 타깃이 방문했을 때 재방문을 유도하게끔 하는 거죠. 한 양식집은 파스타를 먹고 나오면 파스타가 아닌 다른 메뉴의 할인권을 제공하면서 유효기간을 30일로 제한했어요. 꼭 다시 오게 만드는 거죠. 이 할인권을 쓰지 않으면 손해를 보는 것 같은 느낌이 들게 해서요.

6. 매장의 콘셉트를 활용한 방문 유도 전략

매장의 콘셉트를 활용해서 방문을 유도하는 곳들이 있어요. 콘셉트 하나로 어떻게 손님을 유입시킬까요? 이 부분은 인테리어적인 측면을 고려해야 돼요.

쉬운 예로 고깃집의 경우 초벌실을 매장 전면으로 빼놓고 불과 짚불, 그리고 연기가 나는 장면을 지나가는 손님들에게 과감하게 보여줘요. 시선을 뺏긴 손님들은 자연스럽게 해당 매장으로 빨려들어 가고요. 수타 우동을 파는 집도 마찬가지로 전면에 제면실을 배치해 반죽하는 장면을 그대로 지나가는 사람들에게 노출시켜요. 유입이 잘될 수밖에 없겠죠. 화려하진 않지만 만드는 과정이 눈앞에서 펼쳐지는 퍼포먼스가 가득하니까요.

한 태국 쌀국숫집 브랜드는 고층에 매장을 오픈하면서 어떻게든 손님을 유입시키기 위해서 인테리어에 콘셉트를 줬어요. 마치 바다나 물가의 오두막에서 태국 음식을 즐기는 기분을 느끼게끔 말이에요. 고층에 있지만 사람들은 콘셉트 때문에 한 번씩 방문하게 되는 묘수가 숨겨져 있는 거예요. 피아노 건반을 활용한 매장도 있어요. 2층에 있는 한 매장은 계단을 하나씩 올라갈 때마다 소리를 나게 해서 손님이 올라오는 순간마저도 놓치지 않았어요. 이처럼 콘셉트를 통해서 손님의 방문을 이끌어내고, 나아가 매장 안에서 또다시 고객의 재방문을 유도하는 프로모션 전략들을 활용하면 방문을 크게 촉진시킬 수 있어요.

7. 식당에서 가장 중요한 네이버 플레이스

오프라인에서 여러 가지 프로모션을 통해 방문을 유도했다면, 온라인에서도 전략이 필요하겠죠. 최근에는 오프라인보다 온라인에서 다양한 전략들을 활용하는 곳들이 늘고 있어요. 오프라인의 경우는 내가 직접 무언가 프로모션을 기획하고, 안내지를 만들어 인쇄하는 등 조금 복잡한데 온라인은 그렇지 않거든요. 이미 뼈대가 갖추어진 곳에다가 내용만 넣으면 되니까요.

가장 대표적으로 '네이버 플레이스'가 있어요. 네이버 플레이스는 오프라인에 우리 매장이 있듯이, 온라인에 존재하는 우리 매장이라고 생각해도 무방해요. 그만큼 신뢰도 측면에서 사람들이 공식적인 매장으로 인식하기 때문에 잘 갖춰놓는 게 무엇보다 중요하겠죠.

네이버 플레이스에서 많이 간과하는 것이 바로 '온라인 쿠폰' 발급 기능이에요. 아까도 말씀드렸지만 이미 뼈대는 다 잡혀 있기 때문에 안에 내용만 채워 넣으면 돼요. 내가 무언가 만들어 인쇄해서 갖다 붙이거나 뿌리지 않아도 되고요. 단순히 텍스트와 그림 하나면 충분하거든요. 이 온라인 쿠폰에는 몇 가지 종류가 있어요. 기본적으로 '메뉴 증정'이나 '할인' 쿠폰이 많이 쓰여요. 단, 누구나 받을 수 있도록 설정할 수도 있고, '해당 매장의 플레이스 알림 받기'를 설정한 사람만 다운받을 수도 있어요. 예약을 해야만 받을 수 있게도 설정이 가능해요. 어쨌든 이 온라인 쿠폰 덕분에 손님들은 가지 않을 매장도 가게 되고, 이후 단골이 되는 경우도 많아요.

실제 저희 B2K Branding팀에서 리브랜딩 컨설팅을 받은 수제버거집의 경우 쿠폰을 다운받아서 오게 되면 아메리카노와 수제초콜릿을 무료로 제공해요. 그리고 미션을 부여해서 리뷰를 남기게 했지요. 해당 프로모션을 리브랜딩 오픈 후 지속적으로 해온 덕분에 6개월 만에 리뷰수가 벌써 800개가 넘었어요. 네이버 플레이스에서의 프로모션은 이처럼 연결된 시너지를 나게 해요. 리뷰수가 많고 좋은 리뷰가 끊임없이 올라올수록 온라인으로 검색하는 손님들의 방문이 많아질 수밖에 없거든요.

한 코다리 매장은 네이버 플레이스에서 예약을 하게 되면 만두를 증정하는 쿠폰을 발급해 줘요. 예약을 하지 않으려다가도 예약을 하게 되고 그렇게 예약 리뷰가 쌓이게 되면 예약을 하려는 사람들 사이에서 신뢰도가 상승하기 때문에 계속 예약이 발생하는 선순환이 일어나는 구조예요.

캠핑장의 사례도 있어요. 캠핑장은 업종에 맞게 마시멜로를 구워 먹을 수 있도록 마시멜로와 꼬챙이를 제공하는 쿠폰을 발급했어요. 아이들과 좋은 추억을 만들기에 더할 나위 없이 좋기 때문에 가족들의 방문이 늘어나는 사례로 소개되기도 했고요.

네이버 플레이스는 쿠폰 외에도 '네이버 톡톡'이라는 채팅을 이용해서도 방문을 촉진시킬 수 있어요. 리뷰를 남기거나 네이버 예약을 이용하거나 또 플레이스 알림 받기를 설정한 손님들에게 다이렉트로 메시지를 보낼 수 있어요. 이벤트를 하거나 할인 쿠폰을 보낼 때 사용하면 좋겠죠.

특히나 네이버 앱에는 푸시 기능이 있기 때문에 혜택 알림 받기를 설정한 손님들의 경우 메시지를 읽을 확률이 꽤나 높아요. 할인이나 증정을 하는 쿠폰도 이런 메시지에 포함해서 전송이 가능하기 때문에 따로 고객 DB를 모으지 않더라도 직접적으로 소통할 수 있는 수단이 되어주지요. 생일을 맞은 분들, 단체 예약을 하는 분들에게 추가 혜택을 준다든지 하는 메시지를 아예 포함시킬 수도 있고요.

8. 블로그를 활용한 방문 유도 전략

블로그를 활용해서도 매장 방문을 촉진할 수 있어요. 외식업에서 블로그는 직접 운영하기는 꽤 힘든 전략이에요. 그럼에도 최근 블로그 체험단을 통해 매장 방문을 유도하는 곳들이 많아졌어요. 해당 글에 다양한 프로모션 내용들을 포함시켜서 손님을 유도하기도 하고요. 블로그 글이 작성되면 네이버 플레이스 점수에 직접적인 영향을 미치기 때문에 꾸준히 블로그를 활용하는 사장님들도 있어요.

여기서 중요한 게 블로그 지수예요. 간략하게 설명을 드리자면 블로거는 많아요. 하지만 상위 노출이 될 수 있는 블로거, 네이버 플레이스에 많은 점수를 줄 수 있는 블로거들은 한정되어 있어요. 그러니까 아무리 블로그에 글을 많이 올린다고 해도 블로그 지수가 낮다면 방문을 촉진하는 노출이 안 되는 것이기 때문에 산골 속에서 장사를 하는 것과 마찬가지가 돼요. 블로그 글로 인해 네이버 플레이스 점수가 높아져서 노출이 되어야 고객들이 방문할 텐데 그게 안 되니까요.

보통 마케팅 회사에서는 블로그 지수를 준최적화 1~7, 준최적화+ 1~7, 최적화 1~4, NB 1~4 같은 식으로 나눠요. 조금 어렵죠. 굳이 외울 필요는 없고, 그냥 그들만의 등급이라고 생각하면 돼요. 표준 등급이 아니라 그들끼리 하는 언어에서요. 그런데 이걸 조금 쉽게 풀이해 보자면 초급, 중급, 고급, 프리미엄 정도의 단계로 나눌 수 있어요. 이런 블로그 지수는 하나하나 접속해 보거나 블로그 차트, 바루다, 데이터랩, 블덱스, 블로그 스탠다드 등을 통해서 파악할 수 있고요. 지수가 높아야 내가 원하는 키워드의 상위 노출이 되는 구조이기 때문에 이걸 알고 블로거들을 선택하면 좋겠죠.

많은 사장님들이 너무 경쟁이 심한 키워드에 목을 매고 비용을 들이세요. 오히려 경쟁이 덜하지만 우리 매장과 결이 맞는 키워드를 선택하는 것이 훨씬 도움이 될 수도 있다는 것을 기억하세요.

예를 들어, 대전에서 족발과 보쌈 그리고 수육을 판다고 해볼게요. 보통은 대전 맛집으로 상위 노출이 되었으면 하는 생각을 가지게 되죠. 그런데 대전 맛집을 사람들이 한 달에 몇 번이나 검색하는지를 알면 기절초풍할 거예요. 마피아넷에서 대전 맛집의 조회수를 살펴보면 21만 7800번이에요. 참고로 이런 수치를 볼 수 있는 사이트는 많아요. 마피아넷 말고도 블랙키위, 또는 카카오톡에서 자비스라는 플러스친구를 추가해도 쉽게 월간 검색수를 볼 수 있어요. 네이버 광고의 키워드 도구로도 가능하고요.

다시 돌아와서, 이렇게 검색수가 20만 건이 넘어가면 웬만한 블로거들이 글을 쓰더라도 상위 노출은 힘들어요. 제목에 대전 맛집이라고 키워드를 달아도 5페이지 안에 들기는 힘들다는 말이에요. 즉 우리가 자전거라면 대전 맛집은 자동차예요. 이길 수가 없는 거죠. 우리가 자전거라면 우리보다 아래 단계, 그러니까 전동킥보드, 또는 우리보다 조금 위에 있는 오토바이랑 경주를 해야 되는 거예요. 그래야 이길 가능성이 있죠. 대전 족발로 검색해 보면, 대전 맛집보다는 검색수가 훨씬 적어요. 이런 게 우리가 해볼 만한 키워드가 되는 거예요. 제목이랑 본문에 대전 족발이라는 키워드가 들어가야 대전 맛집보다 상위 노출의 가능성이 높다는 뜻이에요.

조금 더 깊숙이 들어가서 대전 대흥동에서 족발집을 한다고 해보죠. '대전 대흥동 족발'이라고 치는 거예요. 검색수가 220으로 확 줄었어요. 이런 경우 블로그 등급이 초급이나 중급 정도만 되어도 네이버 알고리즘에 의해서 상위 노출의 기회가 열려요.

보통은 '사는 지역 + 메뉴' 조합으로 키워드를 짜면 '맛집' 키워드보다는 상위 노출의 기회를 많이 얻을 수 있어요. 메뉴는 하나가 아니라 여러 개이고 지역도 구, 시, 군, 동네 이름, 지역 명소(랜드마크) 조합으로도 할 수 있고요. 우리 매장이 특정한 관광지, 관공서, 학교 근처에 있다면 그걸 조합 키워드로 넣는 거죠. 검색수를 봐가면서 말이에요.

마피아넷, 웨어이즈포스트, 블랙키위 등에서는 연관 검색어를 보여주기 때문에 그걸로도 다른 사람들이 어떤 키워드로 검색을 하는지 알 수 있어요. 이게 바로 블로거들이 글을 작성할 때 제목이나 내용에 반드시 넣어야 되는 키워드가 돼요. 참고로 지역 + 맛집 키워드의 경우 얼마 전 네이버가 업데이트되었어요. 스마트블록이라고 해서 주제, 테마 단위로 노출을 시켜주는 거예요. 거기에 자연스럽게 랜덤으로 올라가요. 그러니까 그 부분도 감안해서 너무 대형 키워드에 목을 매는 실수는 범하지 않았으면 좋겠어요.

블로그를 활용해서 방문을 촉진할 때에는 '가능성 있는 곳에 베팅하라'를 명심하세요. 자전거를 몰 경우 전동킥보드랑 싸워서 이기면 손님을 데려올 수 있는 거죠. 용꼬리보다는 뱀대가리로 우선 손님을 끌어모아야 나중에 용꼬리가 되고, 다시 용대가리가 될 수 있어요. 키워드와 연관된 프로모션을 기획하는 것도 잊지 마시고요.

9. 인스타그램의 효과적인 활용 전략

매장을 차렸는데 사람들이 우리 매장이 있는지조차 모른다면 어떨 것 같으세요? 우리가 마케팅을 하는 이유도 이 '인지' 단계를 좀 더 명확히 하고 방문을 통해 경험하게 하려는 목적이 강해요. 매장이 오픈했지만 동네에 사는 손님들이 이를 인지하지 못한다면? 어쩌면 굉장히 어려운 자영업이 될 수도 있어요.

최근 많이들 하시는 마케팅 중의 하나가 바로 '인스타그램'이에요. 인스타그램은 현재 우리나라 기준으로 약 1800만 명이 이용하고 있는 것으로 추정돼요. 최소한의 소비력이 있는 인구인 중학생 이상의 사용자들로만 봤을 때에는 우리나라 인구의 절반 이상이 사용하고 있는 SNS인 셈이에요. 즉 온라인에서 우리 매장을 인지시킬 수 있는 좋은 도구가 되는 거죠. 그런데 중요한 것은 이걸 어떻게 해야 '효과적으로' 사용할 수 있느냐는 거예요.

인스타그램이 좋은 가장 큰 이유는 지역 기반의 SNS라는 거예요. 그러니까 내가 동네 장사를 하고 있다면 우리 동네 사람들에게 먼저 인지시키는 게 중요하잖아요. 그걸 가능하게 하는 것이 인스타그램이에요. 즉 불특정 다수가 아니라 진짜 우리 매장을 쉽게 방문할 수 있는, 상권적으로 우리 매장과 동선이 겹치는 사람들에게 인지시킬 수 있다는 거죠.

보통의 사장님들은 인스타그램에 매장 이름, 매장 사진, 음식 사진, 가격, 이벤트 등등을 올려요. 절대로 이런 매장은 사람들이 팔로우하지 않아요. 프로모션도 무턱대고 진행하면 안 되듯이 인스타그램도 마찬가지예요.

인스타그램에는 지역 키워드와 스토리, 브랜딩이 되어 있어야 해요. "아니 매장 인스타그램을 운영하는데 지역과 스토리, 브랜딩이 뭐가 필요한가요? 맛있어 보이는 음식 사진이랑 매장 인테리어 좀 보여주면 되는 것 아닌가요?"라고 하시겠죠? 네. 맞아요. 그렇게만 해도 됐던 시절이 있었어요. 그런데 지금은 아니에요.

인스타그램의 본질은 소통이에요. 소통을 하려면 내가 누구인지, 어떤 사람인지, 어떤 이야기를 피드에 올리는지를 사람들이 알아야 돼요. 메뉴, 인테리어, 가격, 이벤트 같은 것만 올려놓으면 손님들이 팔로우하지 않아요. 도대체 누가 매장 인스타그램을 팔로우할까요? 심지어 유명한 브랜드도 아니잖아요.

자, 그러면 "매장의 음식 사진이나 인테리어도 올리고 우리의 스토리, 지역 키워드도 언급하면 되지 않나?"라고 할 수 있어요. 맞아요. 그런데 그렇게만 하면 저절로 팔로워가 많아질까요? 아니에요. 팔로워가 많아지기는커녕 금방 지칠 수 있어요. 우리의 목표는 뭐였죠? 사람들에게 인지시키는 거잖아요. 우리는 누구에게 인지를 시켜줘야 되죠? 우리 동네 사람들, 우리 매장에 실제로 올 수 있는 사람들에게 인지를 시켜야 하죠.

예를 들어 내가 창원에서 떡볶이 가게를 차렸다고 해볼게요. 그럼 서울에 있는 사람들에게 좋아요를 받는 게 큰 의미가 없겠죠. 우리 동네, 지역에 있는 사람에게 알려야 의미가 있어요. 그래서 먼저 우리 동네 사람들이 자주 쓸 것 같은 해시태그를 분석하면 좋아요. 우리 동네 사람들이 남겨놓은 태그의 흔적을 보고 들어가서 실제 창원에 살고 있는지 확인한 뒤에 좋아요도 누르고 댓글도 달면서 팔로우를 하는 거죠.

창원 ○○동으로 검색하면 창원에서 자영업을 하고 있는 사람들의 계정이 나와요. 일단 그들이 우리의 1차 타깃이 되는 거예요. 이후 그들과 연결된 사람들, 즉 창원에 생활 반경이 있는 사람들을 2차, 3차로 계속 타기팅해 나가는 거예요. 실제 유효 고객들을 찾아나서는 거죠. 이 과정에서 우리 계정을 팔로우하는 사람이 있다면 이 순간을 놓쳐서는 안 돼요. 우리 매장에 어느 정도 관심이 있기 때문에 팔로우하는 것이거든요. 이때 DM으로 프로모션 메시지를 보내면서 파격적인 쿠폰을 전송하면 더욱 효과적이에요.

창원과 관련한 게시물을 올리고 댓글을 다는 사람, 우리 계정을 팔로우하는 사람, 그들에게 DM을 발송하는 거예요. "팔로우 기념 프로모션을 진행 중입니다! 창원 ○○동 ○○떡볶이를 팔로우해 주셔서 감사합니다. 해당 쿠폰을 매장에서 보여주시면 리얼 새우튀김을 무료로 드리고 해물떡볶이를 50% 할인해 드립니다!" 하는 식으로요. 오프라인에서는 전단을 쥐여줘도 관심이 없으면 바로 버려버리지만 인스타그램은 그게 아니니 훨씬 효과적이죠.

아까 제가 해시태그를 말씀드렸죠? 지금은 해시태그가 그리 중요하지 않다고. 하지만 지역 비즈니스를 하는 우리에게 해시태그는 꽤나 중요해요. 우리 동네와 관련해서 피드를 올리는 사람들을 역추적할 수 있으니까요.

자, 이렇게만 말씀드리면 노가다를 통해 인스타를 운영해야 되는 느낌을 받으실 수도 있기 때문에 하나의 치트키를 말씀드릴게요. 바로 '인스타그램 지역 타깃 광고'를 통해 동네 사람들에게 우리 매장을 인지시키고 프로모션을 하는 거예요. 인스타그램이나 메타 광고 관리자를 통해서 광고를 하시게 되면 우리 매장 반경 1km까지도 타깃이 돼요. 이때 이미지를 활용하셔도 되고 영상을 활용하셔도 돼요. 최근 영상의 반응이 꽤나 올라가고 있기 때문에 영상을 추천드려요. 명심해야 할 건 동네 사람들에게 인지를 시키고 프로모션을 하는 것이기 때문에 이미지든 영상이든 초반에 우리 지역명이 바로 나와야 된다는 것, 그리고 프로모션을 한다는 내용을 꼭 넣어야 된다는 거예요.

아는 사람만 활용한다는 장사 고민 상담소 6곳

자영업자들의 고충 중에 하나는 문제가 있어도 물어볼 데가 없다는 거예요. 무언가 문제, 고민, 풀리지 않는 숙제가 있다면 제가 알려드리는 방법으로 한번 해결해 보세요. 적어도 속으로 끙끙 앓는 것보다는 훨씬 도움이 되실 거예요. 실제로 제가 지금도 꾸준히 활용하는 방법이에요.

1. 소소한 고민이라면, 네이버 카페 '아프니까 사장이다'

여기는 자영업자들이 모여 있는 네이버 카페예요. 전체 글이 130만 개 정도고 그중에는 우리에게 도움이 되는 글들이 꽤 있어요. 정말 구체적인 질문을 한다고 치면, 예를 들어 마늘을 써는 기계, 즉 마늘 슬라이서가 궁금하다면 키워드를 검색창에 넣으면 돼요. '마늘 슬라이서'라고 말이에요. 그러면 관련 후기 글들이 나오죠. 이렇게 아무것도 몰라도 검색을 통해 조금씩 정보를 알아갈 수 있어요. 이외에도 여러 내용의 글들이 꽤 오랫동안 쌓였기 때문에 이를 통해 자잘한 문제들은 해결할 수 있어요.

2. 정답이 없는 고민이라면, '소상공인컨설팅'

아무리 손품과 발품을 팔아도 해결할 수 없는 문제들이 있어요. 예를 들면 정부지원 정책자금이라든지 또는 단순히 매출이 너무 올라오지 않아서 고민이라든지 하는 문제요. 소상공인시장진흥공단에서 운영하는 '소상공인컨설팅'을 이용해 보세요. 사이트 이용이 어려우시면 국번 없이 1357번으로 문의하셔도 되고요. 국가에서 운영하는 곳이기 때문에 예산에 따라 모집 시기가 따로 있을 수도 있고 비용 부담이 있을 수도 있어요. 그리고 몇몇 제약이 따르기도 하고요. 하지만 직접 컨설턴트가 방문해서 문제를 진단해 주기 때문에 온라인 커뮤니티에 질문 글을 올리고 답글을 받는 것보다, 귀동냥으로 문제를 해결하는 것보다 10배, 아니 100배 이상 동기부여가 돼요. 스스로 어떠한 문제점이 있는지도 점검할 수 있고요.

3. 전화로만 상담받고 싶다면, '노란우산 경영지원단'

누군가가 직접 방문하는 게 부담스러워서 단지 전화로만 상담을 하고 싶다면 노란우산공제에서 제공하는 '노란우산 경영지원단'을 이용하세요. 7개의 상담 분야 서비스가 있는데 '경영컨설팅'을 신청하시고

비대면 서비스를 받으시면 돼요. 물론, 대면도 가능하고요.

4. 특강과 1:1 상담이 필요하다면, '똑사모' 카페

제가 운영하는 '똑똑한 사장들의 모임' 네이버 카페에서는 매월 정기 세미나를 진행하고 있어요. 세미나의 목적은 '누군가를 가르치는 것' 보다는 서로서로 정보를 공유하는 거예요. 다만 세미나만으로는 부족할 것 같아 특강을 포함시켜서 강연도 듣고 모임도 하고 서로 정보 공유도 하는 자리를 가져요. 3년째 운영 중인데 정말 다양한 분들이 제주도, 거제도, 부산 등 멀리서도 참석해 주셔서 깜짝 놀랐어요. '아, 자영업자들이 모일 공간이 이렇게 없구나' 하는 걸 느꼈고요. 세미나를 진행하다 보면 수많은 이야기들이 오가요. 그러다 보면 문제 해결을 떠나서 무언가 새로운 비즈니스가 도출되기도 하고 서로 간에 도움을 줄 수 있는 부분도 많더라고요. 아무래도 온라인상보다는 오프라인상의 만남이 더욱더 친밀하게 다가오기 때문에 그렇겠죠.

5. 업종 특화 교육이 필요하다면, '장사는 건물주다'

이곳은 제가 공동 창업해서 운영하고 있는 곳이에요. 자영업자분들이 본인 건물에서 장사를 할 수 있도록 도와주는 곳이라고 생각하시면 돼요. 장사를 잘하면 본인 건물에서 장사를 하게 될 확률도 높아지기 때문에 매출을 올릴 다양한 업종 특화 교육을 온·오프라인으로 진행하고 있어요. 실제 장사를 하는 사장님들이 본인 업종에 특화된 내용들을 9~12시간 동안 강의하시기 때문에 세세한 부분들까지 모두 배울 수 있어요. 오프라인 교육에서는 Q&A 세션이 1시간 이상 진행되기 때문에 개별적인 질문들도 할 수 있어요.

6. 전문가의 답변을 원한다면, '배민외식업광장'

배민외식업광장은 다양한 자영업 관련 정보들이 총망라된 곳이에요. 많은 분들이 '배달 관련 정보'만 있다고 오해하시는데 절대 그렇지 않아요. 장사와 관련된 웬만한 정보들은 다 있다고 봐도 무방해요. 특히나 전문가 Q&A 코너는 실제 검증된 전문가들이 노무, 창업, 폐업, 법률, 세무, 보험, 금융지원, 위생, 정책 등 여러 분야에서 실시간으로 답변을 달아주고 있어요.

식당 창업 전
반드시 점검해야 할 5가지

왜 우리 매장에는 손님이 이토록 오지 않을까? 약 5000명의 자영업자들을 만나면서 분석한 결과 5가지로 그 원인이 압축되더라고요. 많은 자영업 고수들은 이 5가지를 미리 대비하고 장사를 시작합니다. 그만큼 효과적이고 실제적인 방법이라는 얘기예요. 우리 매장을 직·간접적으로 체크해 볼 수 있는 수단이기도 하고요. 그러니 머릿속으로 우리 매장과 비교하면서 읽어보시면 좋아요.

1. 로케이션(Location)

로케이션은 상권과 입지를 의미해요. 상권은 손님을 오게 하는 아주 기본적인 조건입니다. 비유하자면 물 반, 고기 반인 어장에서 내가 뜰채로 얼마만큼 뜰 수 있느냐와 일맥상통하는 거죠. 만약 물이 전부고 고기는 10%밖에 없다면 아무리 뜰채를 휘둘러도 고기가 떠지지 않죠. 그래서 많은 자영업 고수들은 둘 중에서 하나를 선택해요.

첫째, 월세가 저렴하지만 유동인구가 없는 곳. 둘째, 월세가 비싸지만 유동인구가 많은 곳.

1번으로 가고 싶다면 주차 시설 확보가 용이한지, 주말 장사만으로도 먹고살 수 있는 극강의 맛을 보유한 메뉴가 있는지를 먼저 판단해야 합니다. 2번이라면 주차 시설도 극강의 맛을 가진 메뉴도 필요 없지만 어느 정도의 손님은 확보할 수 있는 아이템이 있어야 합니다.

장수촌은 경기도 의왕의 시골 끝자락에 있어요. 주차가 용이하고 평일보다는 주말 매출이 월등히 높아요. 월매출은 1억 원 정도고요. 한마디로 손님이 찾아가는 곳이라는 거죠. 20~30대는 거의 없어요. 손님층은 40대, 50대, 60대로만 이루어졌어요. 청계산이라는 랜드마크를 가지고 닭백숙과 오리백숙으로 공략하는 곳이거든요. 도심지는 이와는 반대의 경우가 많겠죠. 그래서 크게 2가지로 나누어서 선택을 할 때는 로케이션이 그만큼 중요하다는 거예요.

우리는 로케이션 전략을 더 자세하게 들여다볼 필요가 있어요.《알면 보이고 보이면 돈이 되는 상권의 비밀》의 이홍규 저자는 '보이는 것의 함정에 빠지는 사람들이 늘어나고 있다'고 거듭 강조하고 있어요. 상권에 숨겨진 이면이 있다는 거죠. 경리단길 상권과 익선동 골목상권의 차이점을 아시나요? 왜 광교신도시에 공실이 넘쳐나는지는요?

최근에는 상권을 분석하는 여러 가지 빅데이터 도구들이 많음에도 감과 느낌만으로 사업을 시작하는 경우가 많아요. 그만큼 로케이션을 중요하게 생각지 않고 사업을 시작한다는 반증이에요.

추가로 로케이션에서 빼놓으면 안 되는 것 중의 하나가 바로 상권의 쇠퇴와 쇠락이에요. 분명히 좋은 상권이었는데도 쇠락하거나 쇠퇴하는 경우가 너무나 많거든요. 지금 이대 상권을 보세요. 이렇게 몰락할 거라고 누가 생각했겠어요. 지방도 마찬가지예요. 지나다니기 힘들 정도로 사람으로 넘쳐났던 동성로를 보면 알 수 있어요. 지금은 한산하거든요.

2. 마케팅(Marketing)

마케팅에 대해서는 바로잡아야 할 2가지를 말씀드리고 싶어요. 첫째는 마케팅은 오픈 후가 아니라 오픈 전에 시작해야 한다는 거예요. 둘째는 노출 마케팅의 전환율을 알아야 한다는 것이고요.

보통 마케팅은 매장 오픈 이후부터 하는 것이라고 생각해요. 물론, 완벽하게 세팅하기 전이라 두려울 수 있어요. 하지만 요즘 MZ세대들은 사전 마케팅에 굉장히 공을 들여요. 매장을 차리지 않았고, 아니 아예 임대차 계약도 안 했지만 그때부터 마케팅에 들어가요. 내가 들어갈 동네에 있는 사람들을 인스타그램으로 모으고, 의견을 묻고, 함께 매장의 포지셔닝을 구축해요. 깜짝 놀랄 일이죠. 우리가 하는 마케팅은 매장을 차리고 나서 '저 이번에 오픈했으니 많이들 방문해 주세요'

라는 형태니까요.

노출 마케팅에만 집중하는 것도 바로잡아야 해요. 노출만 하는 매장과 노출에서 전환까지 이어지도록 마케팅을 하는 매장은 다르거든요. 진주에서 불고기 전문점을 운영하는 사장님은 오래전부터 노출 마케팅에 매달 100만 원씩을 썼어요. 벌써 2년이 지났으니까 마케팅에만 2400만 원을 썼다는 얘기죠. 그런데 노출 대비 전환율은 1%도 되지 않았어요.

《1페이지 마케팅 플랜》의 앨런 딥은 '우연에 기대는 광고는 절대로 하지 말라'고 말해요. 식당도 마찬가지예요. 노출에 우연히 걸려서 들어오는 손님을 기다릴 것이 아니라 그 손님이 한 달에 두 번 이상 방문하게 하는 마케팅이 수반되지 않으면 돈이 끊임없이 나가야 된다는 거예요. 결국 땔감이 떨어지면 불이 꺼지는 형국이 되죠.

3. 경쟁자(Competitor)

"나는 독보적이다"라고 말할 수 있는 곳이 얼마나 될까요? 나는 특별하고, 아무도 따라 하지 못하고, "우리만의 것이 있어"라고 하는 매장이요. 아마 없을 거예요. 그래서 경쟁자는 무섭습니다.

손님들은 우리 집에도 오고, 다른 집에도 가면서 번갈아 소비를 해요. 여기서 우리 집에 오는 비율을 조금이라도 높이는 방법을 마련하고 실행해야 하는데 그게 참 쉽지 않죠. 경쟁자가 없다면 우리 집의 매출은 높을 거예요. 장사는 제로섬 게임과 같으니까요. 그렇다면 왜 손님들은 우리 매장에 들어오지 않고 경쟁 매장으로 들어가는 걸까요?

강릉 안목해변에 가면 카페거리가 있어요. 카페만 다 둘러봐도 시간이 엄청 소비되는데 여기서 우리는 외관의 중요성, 브랜딩의 중요성을 쉽게 알 수 있어요. 안목해변에는 카페베네와 키크러스라는 카페가 붙어 있어요. 외관만 봐도 왜 매출 차이가 있는지 알 수 있을 정도죠. 그냥 지나가면서 봐도 키크러스에 가고 싶은 마음이 들어요. 카페베네는 브랜딩이 이미 한 번 무너졌었고 키크러스는 외관에 완벽한 브랜딩을 해놓았거든요. 특히 키크러스에는 연탄빵이라는 스페셜 아이템까지 있어요. 이걸로 메뉴 브랜딩을 계속 해오고 있고요. 외관의 브랜딩, 메뉴의 브랜딩, 마케팅의 브랜딩에서 경쟁자를 이길 수 있는 여러 가지 무기들을 가지고 있는 셈이에요.

자영업 전문 브랜딩 회사 B2K Branding의 김도현 대표는 늘 작업할 때 익스테리어에 굉장히 공을 들여요. '하루 동안 우리 매장을 지나가는 손님으로만 계산해도 그 가치는 어마어마하다'라고 하면서 말이에요. 즉 경쟁자를 이길 수 있는 가장 강력한 외부 요인이 디자인이고 그 디자인으로 압도하면 계속해서 이기는 게임을 할 수 있다는 거죠.

4. 서비스(Service)

이제 불친절한 매장은 거의 없어요. 대신 서비스가 좋아지고 있는 매장들이 늘어가고 있지요. 당연히 서비스가 좋아야 재방문이 일어나겠죠. 그럼 여기서 말하는 서비스는 뭐냐. 뭐 공짜로 더 주는 걸 말하는 거냐 하면 그건 아니에요. 여기서 말하는 서비스는 '가치 + 혜택'이에요.

부산에 있는 S사장님의 고깃집은 모든 손님에게 랜덤 선물을 줘요. 선물 바구니가 있고 거기에서 무작위로 꺼내주는 거예요. 아이들은 신이 나서 난리고요. 요즘은 뽑기나 돌림판, 다트 게임 같은 걸로도 손님들과 소통을 하고 의외성 있는 서비스를 하죠. 심지어 상구네돼지구이라는 프랜차이즈는 스톱워치 이벤트 기계를 자체 제작했어요. 3.90에 멈추게 하면 고기 한 판을 서비스로 주고요. 이게 일석삼조인 게 일단 재미가 있어서 좋고, 고기 한 판을 시켜야 응모 기회를 가지니 매출에도 도움이 되죠. 또 당첨되면 서비스를 받으니까 손님도 좋고요. 서비스는 당연하게 하는 것이 아니라 의외성 있는 곳에서 발생했을 때 효과가 있어요. 반드시 이 점을 명심하세요.

5. 경기(Economic Situation)

경기는 장사에 엄청나게 큰 영향력을 미치지만, 우리는 항상 경기 탓만 할 수는 없습니다. 그러면 개인이 할 수 있는 게 없으니까요. 경기가 좋지 않아서 손님이 안 오는 건 방법이 없어요. 다만, 우리 매장의 확실한 USP(Unique Selling Point)가 있다면 경기도 이겨낼 수 있어요.

개그맨 고명환 대표가 운영하는 일산의 '메밀꽃이 피었습니다'를 아실 거예요. 이 매장은 코로나 기간을 포함해서 10년째 연매출이 10억 원 이하로 내려가 본 적이 없어요. 꾸준히 매출 볼륨을 지키고 있다는 말이에요. 고명환 대표는 그 이유로 부지런함, 아내, 그리고 책을 꼽았어요. 그리고 무려 300권이 넘는 책을 읽은 걸로 화제가 되기도 했고요. 제가 보는 '메밀꽃이 피었습니다'의 USP는 일단 맛은 둘째치고, 대표님이 굉장한 노력파예요. 손님들이 어떻게 하면 더 많이 가져갈까를 생각하는 사람이거든요. 낸 돈이 아깝지 않게 만드는 게 USP에서 가장 큰 부분이 아닐까 싶어요.

제가 운영하는 B2K Branding 아카데미에서는 각 매장과 브랜드의 USP를 잡기 위해서 부단히 노력해요. 이유는 앞서 말씀드렸던 것처럼 경기에 상관없이 차별화된 강점을 가져야 오래 살아남을 수 있기 때문이에요. 그런데 대부분의 사장님들은 USP를 찾으려고만 해요. USP는 만드는 것인데 말이에요. USP가 확실한 매장은 절대 휘둘리지 않아요. 묵묵히 갈 수밖에 없어요. 남들과는 다르니까요. 독보적인 존재니까요.

페이팔 창업자로 유명한 피터 틸의《제로 투 원》이라는 책에 이런 내용이 나와요. '경쟁의 함정에 빠지지 말고 독점하라'라고 말이에요. 우리는 당연히 경쟁해야 한다고 생각하지만 생각을 바꾸면 경쟁하지 않게 되는 거예요. 독점하는 USP를 만들게 되면 말이죠.

참고문헌

《1페이지 마케팅 플랜》, 앨런 딥 지음, 홍석윤 옮김, 알파미디어

《90년생이 온다》, 임홍택 지음, 웨일북

《권도균의 스타트업 경영 수업》, 권도균 지음, 위즈덤하우스

《기브 앤 테이크》, 애덤 그랜트 지음, 윤태준 옮김, 생각연구소

《김밥 파는 CEO》, 김승호 지음, 황금사자

《나는 13평 대박집 사장이다》, 다나카 도시유키 지음, 이선화 옮김, 학고재

《뇌, 욕망의 비밀을 풀다》, 한스-게오르크 호이젤 지음, 강영옥·김신종·한윤진 옮김, 비즈니스북스

《당신의 뇌는 서두르는 법이 없다》, 양은우 지음, 웨일북

《데일 카네기 인간관계론》, 데일 카네기 지음, 임상훈 옮김, 현대지성

《돈 공부는 처음이라》, 김종봉·제갈현열 지음, 다산북스

《돈의 속성》, 김승호 지음, 스노우폭스북스

《림비》, 베르너 티키 퀴스텐마허 지음, 한윤진 옮김, 엘도라도

《배민트렌드 2021》, 우아한형제들 지음, 우아한형제들

《백종원의 장사 이야기》, 백종원 지음, 알에이치코리아

《부의 추월차선》, 엠제이 드마코 지음, 신소영 옮김, 토트출판사

《부자 탄생 시크릿》, 틸만 페르티타 지음, 엄성수 옮김, 시목

《뻔뻔해야 성공한다》, 정기인 지음, 어드북스

《상위 1%의 압도적 대화법》, 김형준 지음, 떠오름

《설득의 심리학》, 로버트 치알디니 지음, 황혜숙·임상훈 옮김, 21세기북스

《승자의 뇌》, 이안 로버트슨 지음, 이경식 옮김, 알에이치코리아

《시그니처》, 이항심 지음, 다산북스

《알면 보이고 보이면 돈이 되는 상권의 비밀》, 이홍규 지음, 새로운제안

《왜 맛있을까》, 찰스 스펜스 지음, 윤신영 옮김, 어크로스

《육일약국 갑시다》, 김성오 지음, 21세기북스

《음식의 언어》, 댄 주래프스키 지음, 김병화 옮김, 어크로스

《자기 선언의 힘》, 유카와 쿄코 지음, 송수영 옮김, 넥서스BIZ

《장사의 신: 실천편》, 우노 다카시 지음, 김영주 옮김, 쌤앤파커스

《제로 투 원》, 피터 틸·블레이크 매스터스 지음, 이지연 옮김, 한국경제신문사

《책 읽고 매출의 신이 되다》, 고명환, 라곰

《포지셔닝》, 잭 트라우트·알 리스 지음, 안진환 옮김, 을유문화사

처음 하는 장사 공부

초판 1쇄 발행 2024년 5월 9일
초판 3쇄 발행 2024년 6월 12일

지은이 권정훈
펴낸이 최지연
마케팅 김나영, 김경민, 윤여준
경영지원 김민선
디자인 표지 [★]규, 본문 수오
교정교열 윤정숙

펴낸곳 라곰
출판신고 2018년 7월 11일 제 2018-000068호
주소 서울시 마포구 큰우물로 75 성지빌딩 1406호
전화 02-6949-6014 **팩스** 02-6919-9058
이메일 book@lagombook.co.kr

ISBN 979-11-93939-01-7 03320